Gute-Laune-Geschichten

Es gibt solche Tage: Da steht man schon mit dem berühmten falschen Bein auf, der Bus fährt einem vor der Nase weg, man hat Zahnschmerzen wie verrückt oder wird von der Freundin versetzt, da geht alles schief und man könnte vor Wut nur noch heulen. Es gibt solche Tage, da möchte man am liebsten im Bett bleiben. – Tun Sie's doch einfach! Dann haben Sie endlich Zeit, die Gute-Laune-Geschichten zu lesen. Und Sie werden sehen: Alles wird gut!

Es unterhalten Sie gut gelaunt:

Dietmar Bittrich, Heinrich Böll, Claudia Brendler, Katinka Buddenkotte, Alex Capus, H. P. Daniels, Rena Dumont, Horst Evers, Frank Goldammer, Axel Hacke, Gabriele Haefs, Birgit Hasselbusch, Elke Heidenreich, Dora Heldt, Diana Hillebrand, Mascha Kaléko, Erich Kästner, Ranka Keser, Siegfried Lenz, Felix Lobrecht, Caro Martini, Milena Moser, Haruki Murakami, Elke Pistor, Jutta Profijt, Rafik Schami, Anton Tschechow, Mark Twain, Jan Weiler.

Gute-Laune-Geschichten

Zusammengestellt von
Karoline Adler

dtv

MIX
Papier aus verantwortungsvollen Quellen
FSC® C019821

Originalausgabe 2016
10. Auflage 2023

Umschlaggestaltung: dtv unter Verwendung eines
Bildes von Gerhard Glück
Gesetzt aus der Garamond 10/12,5'
Gesamtherstellung: Druckerei C.H.Beck, Nördlingen
Printed in Germany · ISBN 978-3-423-21655-5

Inhalt

Dora Heldt

Ela heißt jetzt Manu

Ich liebe Geburtstage. Meine eigenen sowieso, aber auch die der Familie. Wir feiern immer groß und immer mit allen. Es würde mir wirklich etwas fehlen, wenn wir diese Ereignisse aus irgendeinem Grund abschaffen würden, aber weil sie uns allen so gut gefallen, besteht die Gefahr nicht. Leider wohnen nicht mehr alle hier im Dorf. Die meisten sind zum Glück nur ein paar Kilometer weit weggezogen, man kann sie immer noch mit dem Fahrrad besuchen. Alle, bis auf Ela. Daran habe ich mich noch nicht gewöhnt. Sie ist meine Lieblingscousine, und weil sie so klug und schön ist, wohnt sie in Hamburg. Mitten in der Stadt. Und leider von uns fast sechzig Kilometer entfernt.

Am Sonnabend ist sie vierzig geworden. Das ist ja heute kein Alter mehr, habe ich gelesen, im Gegensatz zu früher, da wurde man an dem Tag zur alten Jungfer, aber heute? Ela hat nämlich weder Mann noch Kinder, ich finde das nicht schlimm, weil sie so immer noch Ela ist und nicht Frau Soundso oder die Mutter von Dingens. Aber meine Tante Gerhild ärgert sich. Sie ist nämlich die Einzige aus dem Dorf, die noch keine Enkel hat. Für meinen Onkel Hans ist das völlig in Ordnung, sagt er zumindest, aber Ela war ja immer schon ein Papa-Kind, sagt Tante Gerhild. Sie ist die Schwester von meiner

Mutter, die wiederum fünf Enkel hat, weil meine beiden Schwestern dauernd Kinder kriegen. Ich noch nicht, ich bin ja die Jüngste. Und ich habe keinen Freund. Außerdem habe ich vor zwei Jahren endlich mit einer Ausbildung angefangen, in »Bruhns Gasthof«. Die muss ich erst mal zu Ende bringen. Ich werde nämlich Köchin, das nützt mir auch noch später. Aber ich schweife ab.

Also: Meine Lieblingscousine Ela ist am Sonnabend vierzig geworden. Während sie noch hier wohnte, hat sie oft auf mich aufgepasst, sie war ja schon siebzehn, als ich geboren wurde. Eigentlich heißt sie Manuela, aber alle sagen Ela. Sie war schon immer die Schönste aus dem Dorf, und sie hat als Beste Abitur gemacht. Es gibt nichts, was sie nicht kann. Na ja, ausmisten vielleicht nicht, aber dazu hatte sie auch nie viel Lust. Dafür hat sie sogar die Melkmaschine und das Getriebe von unserem Trecker repariert.

Onkel Hans und Tante Gerhild haben vor zehn Jahren ihre Landwirtschaft aufgegeben. Sie haben eben nur Ela, und die wollte den Hof nicht. Unseren hat der Mann von meiner mittleren Schwester übernommen, da bleibt alles, wie es ist. Tante Gerhild hilft jetzt beim Roten Kreuz, und Onkel Hans löst Kreuzworträtsel. Einmal im Jahr fahren sie in den Harz zum Wandern. Ziemlich langweilig das Ganze, deswegen regt Ela sich wohl auch immer auf, wenn sie hier ist. Aber Onkel Hans guckt sie nur stolz an und sagt, dass alles gut sei. Es würde doch reichen, wenn eine aus der Familie Karriere mache. Er spricht es »Kajärr« aus, weil er glaubt, dass es so eleganter klingt.

Ela hat nämlich einen Superjob in Hamburg. Die Firma hat ein riesiges Büro mit Blick auf die Elbe, in einem

Stadtteil, der direkt am Hafen liegt. Toll. Alles ist ganz modern, mit großen, weißen Schreibtischen, silbernen Lampen und roten Ledersesseln, wie im Film. Ela ist jeden Tag sehr schick angezogen, sie hat auch ziemlich viel zu sagen, glaube ich, aber sie hat ja auch studiert. Irgendetwas mit Werbung, was sie genau macht, das habe ich nicht richtig verstanden. Leider hat sie so viel zu tun, dass wir sie nur noch ganz selten sehen. Manchmal schickt sie mir Pakete, in denen Anziehsachen von ihr sind, die sie nicht mehr braucht. Zum Glück haben wir dieselbe Kleidergröße, deshalb bin ich mit Abstand die bestangezogene Köchin in ganz Niedersachsen.

Meine Mutter schüttelt immer den Kopf und wundert sich, dass Ela so viel Geld für Klamotten ausgibt, die sie nur zweimal trägt. Aber ich finde das klasse.

Aber zurück zum Thema. Letzte Woche habe ich wieder einmal ein Paket von Ela bekommen. Ein roter Blazer war drin, eine Leopardenbluse und eine weiße Jeans mit Stickereien auf dem Hintern. Sehr schön. Am Abend wollte ich ihr einen Brief schreiben, um mich zu bedanken. Ich kann mir nie ihre Postleitzahl merken, deswegen habe ich in meinem Adressbuch nachgesehen, und dabei lief es mir siedend heiß den Rücken hinunter, weil da stand, dass Ela am Sonnabend Geburtstag hat. Und dann noch einen runden.

Ich habe es sofort meiner Mutter erzählt, die war auch ganz erschrocken und sagte: »Großer Gott, da wird das Kind schon vierzig. Das wird doch bestimmt gefeiert.«

Jetzt haben wir seit einiger Zeit ein kleines Problem. Unser Hund, der Jogi Löw heißt, weil er dieselbe Frisur hat, mag keine Postboten. Also zumindest nicht unseren aktuellen. Neulich hat er ihn gebissen, nicht richtig natürlich, nur so ein bisschen. Darum bekommen wir im

Moment aber keine Postzustellung und vergessen andauernd, die Sendungen beim Postamt abzuholen. Ich finde das übertrieben, weil der Postbote den Jogi Löw immer provoziert hat, aber so einem Hund glaubt man ja nicht. Auch wenn er aussieht wie der Bundestrainer.

Meine Mutter hat mich böse angesehen und gesagt: »Und weil deine blöde Töle so schlecht erzogen ist, haben wir jetzt Elas Einladung nicht.«

Wenn Jogi Löw etwas falsch macht, gilt er immer als mein Hund. Es ist nicht gerecht.

Meine Mutter hat sofort ihre Schwester Gerhild angerufen. Ich konnte nicht hören, was die antwortete, es war aber leicht zusammenzureimen.

»Wie? Sie feiert nicht?«

…

»Das ist doch kein Grund. Es ist ein runder Geburtstag.«

…

»Früher hat sie alles gefeiert. Denk mal an die Führerscheinparty. Im Stall. Fast hundert Leute, und bis die Polizei kam, war das doch wirklich schön.«

…

»Du regst dich schon wieder auf, denk an deinen Blutdruck, Gerhild. Aber was machen wir denn jetzt?«

…

»Das finde ich aber traurig. Das Leben besteht doch nicht nur aus Arbeit. Das müsst ihr als Eltern auch mal sagen. Na ja, ich denke noch darüber nach, sie ist schließlich auch meine Patentochter. Bis später, grüß Hans.«

Meine Mutter legte den Hörer auf und wandte sich langsam zu mir.

»Tante Gerhild wird komisch. Genau wie Oma. Die hat sich auch nur noch über alles beschwert. Fürchterlich.«

»Und was ist jetzt mit Elas Geburtstag?«

Tante Gerhild war mir im Moment ziemlich egal, ich wollte die Aussicht auf eine Geburtstagsfeier. Und ich wollte Ela wiedersehen. Weihnachten war schon ein halbes Jahr her, und selbst da war sie nur zum ersten Feiertag gekommen. Und nur zum Kaffeetrinken.

Meine Mutter verschränkte die Arme vor der Brust und runzelte die Stirn. »Ela will nicht feiern, weil sie arbeiten muss.«

»Aber es ist Sonnabend. Wochenende. Da hat sie doch frei.« Mit diesem fadenscheinigen Grund gab ich mich nicht zufrieden. »Das glaube ich nicht. Es muss etwas anderes sein.«

Entschlossen griff meine Mutter wieder zum Hörer. »Ich ruf sie mal an. Vielleicht hat sie Kummer oder kein Geld, das kann man doch alles lösen.«

Tatsächlich ging meine Cousine am anderen Ende dran.

»Hallo Elakind, hier ist Tante Monika.«

...

»Nein, es ist nichts passiert. Alles in Ordnung. Hör mal, was ist denn mit deinem Geburtstag am Sonnabend? Willst du nicht nach Hause kommen? Und feiern?«

...

Ihr Gesichtsausdruck wechselte von freudig zu abwartend, von verständnislos zu mitleidig.

»Ach je«, sie nickte. »Das ist ja Pech. Aber du bist nicht allein, oder? Gut. Aber dann holen wir das im Sommer nach. Versprochen? Ja. Und ...«

Sie sah hoch, als ich wilde Zeichen machte. »Und Grüße von Daniela. Willst du sie ... Ach so. Dann tschüss, bis bald.«

Sie legte auf und sagte zu mir: »Grüße zurück, sie hat jetzt eine Besprechung und meldet sich später bei dir.«

»Und was ist jetzt mit Sonnabend?« Gespannt wartete ich auf ihre Antwort.

»Ela hat sich das Knie verdreht und kann nicht laufen. Sie hat ordentlich Schmerzen. Deshalb kann sie weder kommen noch irgendetwas einkaufen, das ist natürlich blöd. Sie will im August feiern, vielleicht hier. Und irgendeine Freundin kommt sie besuchen und bringt Pizza mit. Na ja, schöner Geburtstag.«

Vor dem Fenster entdeckte meine Mutter einen ihrer Enkel auf dem Hof, der sich gerade auf ein Huhn warf.

Empört schoss sie nach draußen. Es handelte sich um eines ihrer Lieblingszwerghühner, das von meinem dreijährigen Neffen gerade platt gewalzt wurde.

Ich blieb nachdenklich zurück. Es war bestimmt nicht komisch, vierzig zu werden. Und dann noch ein verdrehtes Knie zu haben, das einen hindert, diesen Tag würdevoll und freudig zu begehen. Mitleid für Ela stieg in mir hoch. Das hatte sie einfach nicht verdient.

Bevor mir die Tränen in die Augen stiegen, betrat meine mittlere Schwester das Zimmer.

»Was ist los?« Nach einem kurzen Blick auf mich beugte sie sich ans Fenster. »Jogi Löw hat ein totes Huhn im Maul.«

»Das war Jasper.«

»Nein.« Gabriele zog die Gardine wieder zu. »Ein totes Huhn. Übrigens hat Ela Sonnabend Geburtstag. Kommt sie oder fahren wir hin?«

»Sie hat ein verdrehtes Knie. Sie kann nicht gehen.«

»Dann müssen wir wohl zu ihr.« Im Vorbeigehen griff sie nach einem Apfel, kurz darauf hörte ich sie mit vollem Mund rufen: »Jaschper, lasch das Huhn schufrieden, sonscht kannscht du was erlebn.«

Mit dem heulenden Jasper auf dem Arm kam meine Mutter kurz darauf zurück. »Dieser Junge macht mich wahnsinnig«, sagte sie und setzte ihn auf die Küchenbank. »Und Gabriele lacht nur.«

»Gabi mag die Hühner ja auch nicht«, antwortete ich und sah zu, wie Jasper einen Weinkorken in den Mund steckte und würgte. Ich griff ihm schnell in den Mund, um den Korken zu erwischen.

Natürlich biss Jasper zu. Und fing an zu heulen. Ich überlegte, ob ich ihn einfach wieder verkorken sollte. Er machte einen wirklich wahnsinnig.

»Gabi hat gemeint, dass wir am Sonnabend zu Ela fahren können.«

Meine Mutter überlegte. »Und was ist mit Essen?«

»Nehmen wir mit. Kerzen und Kuchen auch.«

»Gut.« Ein kleines Lächeln flog über ihr Gesicht. »Dann kriege ich auch mal mein neues Kleid an. Ich sag den anderen Bescheid. Passt du auf Jasper auf?«

Sie war schon weg, bevor ich antworten konnte.

Das Gute an unserer Familie ist, dass wir alle nett sind. Allerdings sind wir ziemlich viele. Das ist manchmal anstrengend, dann aber auch wieder schön. Und sehr praktisch, weil immer irgendeiner gerade etwas kann oder besitzt, was ein anderer braucht. Für wichtige Dinge gibt es eine Telefonkette, so muss jeder immer nur einen anrufen, der dann wiederum mit dem Nächsten telefoniert. Die Reihenfolge ist festgelegt.

Deshalb kam meine Mutter auch schon nach einer Minute wieder und sagte: »Es läuft. Wir treffen uns heute Abend bei Heidi und Jochen, um alles zu planen. Heidi macht Häppchen. Was hat Jasper denn da im Mund?«

Leider hatte ich nichts von Heidis wunderbaren Häppchen, ich musste arbeiten. Der Schützenverein hatte seine Jahreshauptversammlung. Anschließend gab es Schnitzel, da bekam natürlich niemand frei. Schnitzel braten sich ja nicht allein.

Als ich um Mitternacht nach Hause kam, saßen neben meinen Eltern, meinen Schwestern, ihren Männern, Tante Gerhild und Onkel Hans auch noch meine beiden anderen Tanten Eva und Marlies bei uns in der Küche.

»Jogi Löw hat bei Heidi in die Diele gekotzt«, verkündete mein Vater. »Der muss was Schlechtes gefressen haben.«

»Zwerghuhn«, sagte ich, während ich einen Stuhl an den Tisch schob. »Jan ist Erster Vorsitzender bei den Schützen geworden und hat gesagt, dass Gabriele ihm gesagt hat, dass wir Sonnabend zu Ela fahren. Er will mit.«

Tante Gerhild verdrehte die Augen. »Nicht, dass das Ärger gibt.«

Jan war nämlich der Exfreund von Ela. Das ist schon fünfzehn Jahre her, aber er kommt nicht darüber hinweg. Deshalb ist er auch so dick geworden, sagt seine Mutter, das ist alles Elas Schuld. Wenn Jan zu viel getrunken hat, wird er immer traurig, redet von Ela und heult.

»Lass den Jungen doch.« Onkel Hans mochte ihn. »Er ist ein Guter, irgendwie habe ich ja immer das Gefühl, die beiden kommen doch mal wieder zusammen. Das passte schon gut.«

»Onkel Hans.« Meine älteste Schwester Maren schenkte allen Korn ein. »Jan ist ein fetter, langweiliger Sack. Außerdem arbeitet er im Friedhofsamt, das ist doch nix für Ela.«

»Der hat ein sicheres Einkommen. Und keinen Stress bei der Arbeit. Da kann er in seiner Freizeit den Garten machen.«

Maren tippte sich an die Stirn und schrieb weiter an einer Liste.

»Was ist das?« Ich beugte mich nach vorn, um etwas lesen zu können, aber Maren hat eine so winzige Schrift, dass es unmöglich war. Sie arbeitete halbtags als Arzthelferin bei unserem Dorfdoktor, deshalb kriegten wir alle immer so leicht Termine.

»Ich habe mal alle aufgeschrieben, die am Sonnabend mit zu Ela wollen. Ist ja nur gut, dass sie jetzt so eine große Wohnung hat. Heute Nachmittag hatten Jutta und Rosi Termine bei uns, denen habe ich auch gesagt, dass wir fahren. Sie kommen mit, Rosi kauft eine Kiste Bier und Jutta macht Frikadellen.«

Mit Rosi und Jutta war Ela früher zur Schule gegangen. Zu der Clique gehörten aber auch noch Helga und Dorit. Die wussten bestimmt auch schon Bescheid.

»Das ist ja nett.« Ich lächelte, als ich den Namen vom Doktor las. »Und Gerd kommt auch mit?«

»Der war damals ja so in Ela verknallt«, stichelte meine Mutter in Richtung ihrer Schwester, die nie verwunden hatte, dass ihre Tochter den einzigen Arzt im Dorf abgewiesen hatte. »Schade eigentlich. Und jetzt ist er geschieden und zahlt so viel Unterhalt für die blöde Tina. Pech.«

Tante Gerhild schnaubte nur.

Ich mochte keinen Streit und fragte mit versöhnlicher Stimme: »Hat Ela denn gesagt, wann wir da sein sollen?«

»Sie hat …«, begann Maren, bevor ihr Blick an meinem Ohr vorbei zur Küchentür ging und sie hektisch aufsprang. »Nein! Jogi Löw reihert auf meine neuen Schuhe. Daniela, mach was!«

Natürlich war es ärgerlich, vor allem weil die Schuhe aus Wildleder und nicht zu retten waren. Aber ich fand es auch nicht gerecht, dass ich den Schaden bezahlen sollte. Hätte Gabrieles Sohn nicht das Zwerghuhn umgebracht, hätte mein Hund es nicht fressen können, dann hätte er auch nicht gereihert. Aber alle gaben Jogi Löw die Schuld. Und ich musste Maren neue Schuhe kaufen.

Weil ich dann doch etwas beleidigt war, habe ich am nächsten Tag mit keinem geredet. Stattdessen war ich lange mit Jogi Löw wandern, nach Magenverstimmungen brauche ich auch immer frische Luft.

Als ich zurückkam, hatte mein Chef schon angerufen. Margitta, unsere Köchin, hatte sich den Arm verbrüht, und ich musste einspringen. Obwohl ich eigentlich ein paar freie Tage haben sollte. So hatte ich keine Gelegenheit, mich mit meinen Schwestern zu vertragen oder mit ihnen über Elas Geburtstag zu sprechen. Sie organisierten einfach alles allein. So sind sie.

Erst am Freitag kam Margitta wieder zur Arbeit. Sie lobte mich, weil ich alles so gut hinbekommen hatte, und ich bekam dafür auch am Sonnabend und Sonntag frei. Das passte ja gut, weil mittlerweile die Familie Elas Geburtstag generalstabsmäßig geplant hatte. Ich war zwar überhaupt nicht mehr einbezogen worden, dafür musste ich aber auch nicht kochen. Das hatten schon meine Tanten, meine Mutter, meine Schwestern und ein paar von Elas alten Schulfreundinnen erledigt.

Auch wenn Ela schon so lange nicht mehr im Dorf wohnte, so war sie doch immer noch wahnsinnig beliebt. Das merkte auch der Letzte, als wir uns am Sonnabendmittag bei Tante Gerhild und Onkel Hans auf dem Hof trafen.

Wir waren insgesamt sechsunddreißig Personen und ein Hund. Ich konnte Jogi Löw ja schließlich nicht den ganzen Tag alleine lassen, und er fuhr so gern Bus.

Das ist, wie gesagt, so praktisch an einer großen Familie, man hat immer alles parat. Albert, der Mann meiner ältesten Schwester, hat zum Beispiel ein Busunternehmen. Er kam mit dem modernsten Bus, den er hat. In dem gibt es sogar eine Toilette.

Ich setzte mich mit Jogi Löw in die letzte Reihe, das war schon früher mein Lieblingsplatz gewesen. Man sitzt bequem und hat alles im Blick. Der dicke Jan saß mit einem riesigen Rosenstrauß genau vor mir. Er hatte ein ganz rotes Gesicht und war furchtbar aufgeregt.

Rosi und Helga stießen sich an und kicherten, was ich blöd fand. Die beiden waren richtig aufgedonnert, Rosi trug ein gelbes Kleid mit passenden Schuhen und hatte sich eine neue Dauerwelle machen lassen. Sie zog zwei Zettel aus der Tasche und drückte Helga einen in die Hand. Als sie sah, dass ich sie beobachtete, sagte sie: »Ach, Daniela, du kannst eigentlich auch mitsingen, du hast doch so eine schöne Stimme.«

»Was denn?« Ich war skeptisch.

»Wir haben das Lied ›Verdammt, ich lieb dich‹ von Matthias Reim umgedichtet. ›Verdammte Vierzig‹, der Text ist ganz super geworden, habe ich mit Helga und Jutta gemacht. Und Gerd spielt dazu Akkordeon. Machst du mit?«

Sie reichte mir den Zettel, ich überflog die Zeilen:

»Verdammte Vierzig, verdammte Zahl.
Das klingt so heftig, da wird man kahl.
Verdammte Vierzig, verdammter Tag,
gekommen sind alle, die man mag …«

»Mal sehen«, sagte ich bloß, und dabei fiel mir ein, dass Ela überhaupt keine Akkordeonmusik mochte.

Jogi Löw legte seinen Kopf auf meine Beine und schloss die Augen. Sofort wurde ich auch müde, ich hatte wirklich sehr viel gearbeitet, weil Margitta ausgefallen war. Das sanfte Ruckeln im Bus, die Wärme, das vertraute Stimmengemurmel und Jogi Löws Schnarchen verhalfen mir zu einem friedlichen Schlaf.

Als ich wieder aufwachte, stand der Bus schon mitten in Hamburg an einer roten Ampel. Alberts Stimme hatte mich geweckt. Er brüllte ins Mikrofon: »Kann denn nicht mal jemand auf den Stadtplan gucken?«

Ich schob meinen Hund vom Bein und setzte mich gähnend auf. Vor mir verfielen alle in hektisches Treiben und riefen Albert irgendetwas zu.

»Nicht alle auf einmal! Ich werde irre. Maren, komm doch mal nach vorn. Ich kann doch nicht einfach hier stehen bleiben.«

Meine älteste Schwester konnte Stadtpläne lesen, beruhigt lehnte ich mich wieder zurück, und richtig, der Bus fuhr langsam weiter. Zehn Minuten später hielten wir vor Elas Wohnhaus, ich erkannte es sofort wieder. Es gab ein großes Hallo und einzelnen Applaus für den Fahrer. Albert stellte den Motor aus und drehte sich mit dem Mikrofon in der Hand zu uns um.

»Wir sind da. Wer geht zuerst hoch? Maren? Daniela?«

»Lass mal Daniela gehen.« Maren winkte mir zu. »Die hat ja sonst nichts gemacht. Ela soll ja nicht gleich einen Herzinfarkt kriegen. Sie ist jetzt schließlich in einem gefährlichen Alter.«

Rosi, Helga, Jutta und Dorit gackerten zwerghuhngleich. Jogi Löw knurrte.

Ich ging langsam nach vorn. Neben meiner Mutter

blieb ich stehen und fragte sie überrascht: »Weiß Ela denn nicht, dass wir kommen?«

Sie sah mich fröhlich an. Ihre Wangen waren rot, in der Hand hatte sie ein leeres Schnapsglas. Anscheinend war die Feier im vorderen Busteil schon in vollem Gange, ich hatte das verschlafen.

»Nö«, sagte sie lächelnd und bekam einen Schluckauf. »Wir haben zu spät dran gedacht. Und da war schon alles organisiert. Sie freut sich bestimmt. Überraschungspartys sind die besten.«

Hinter ihr klatschten Heidi und Jochen sich ab.

Ich holte tief Luft und stieg aus dem Bus.

Ela wohnte im zweiten Stock links in einem sehr schönen Sechsfamilienhaus. Ich drückte draußen kurz auf die Klingel. Nichts. Dann drückte ich ein zweites Mal. Wieder nichts. Dann drückte ich lang. Lang, kurz, lang.

Die Lachsalven aus dem Bus waren deutlich zu hören. Plötzlich wurde die Haustür von innen aufgerissen und eine ältere, elegante, aber etwas verblüfft blickende Dame stand vor mir. Fragend sah sie erst auf mich, dann auf den Bus.

»Ja? Zu wem wollen Sie denn?«

»Zu meiner Cousine.« Ich war immer noch erschrocken. »Sie hat Geburtstag.«

»Meinen Sie Frau Jansen?«

»Ja. Ela Jansen. Sie wird vierzig.«

Die Dame nickte. »Aber was wollen Sie denn hier? Und was ist das für ein Bus?«

Ich warf einen Blick auf Elas Freunde und Familie, dann sah ich wieder die Frau an. »Der gehört Albert, das ist mein Schwager. Und Ela wohnt doch hier. Wir wollen sie besuchen.«

»Oh.« Mit unergründlichem Gesichtsausdruck blickte

die Dame mich an. »Manu feiert an der Elbe. Das Lokal heißt ›Beach Bar‹. Ich muss jetzt los. Schönen Abend noch.«

»Manu? Aber sie heißt doch Ela. Von Manuela.«

Die Frau war so schnell verschwunden, wie sie aufgetaucht war, und ich ging langsam zum Bus zurück.

Nachdem ich den anderen mit Hilfe des Mikrofons mitgeteilt hatte, dass unsere Ela gar nicht da war, sondern in einer Strandbar feiert, gab es zunächst leichtes Murren. Tante Gerhild war beleidigt.

»Und ich habe extra noch gefragt«, sagte sie. »›Nein, Mama, mein Knie tut doch so weh. Ich hole die Feier im August nach.‹ Und jetzt stehen wir hier, wie bestellt und nicht abgeholt. Toll.«

»Wir sitzen doch.« Meine Mutter reichte ihr ein Schnapsglas. »Trink mal einen. Wir fahren da jetzt einfach hin. Das ist doch bestimmt keine Feier, das ist doch am Strand. Die sitzt da vielleicht mit ein paar Freundinnen und grillt.«

»Genau.« Onkel Hans blieb gelassen. »Genug zu essen und trinken haben wir ja mit. Die freuen sich bestimmt, wenn Nachschub kommt. Also los, Albert. Gib Gummi.«

Albert war ziemlich sauer. Er musste mit dem Bus rückwärts gegen die Einbahnstraße fahren, weil er vor Elas Haus nicht wenden konnte.

»Wenn jetzt hier die Bullerei steht und Geld haben will, dann zahlt ihr das«, pöbelte er ins Mikrofon. »Das kann man doch alles vorher abklären. Maren, hast du jetzt diese Bar gefunden?«

Meine Schwester hielt den Stadtplan mit ausgestreckten Armen, sie hatte anscheinend ihre Brille schon wieder in der Praxis liegen lassen. Ihre Antwort konnte ich natürlich nicht hören, sie saß ja ganz vorn neben Albert.

Und in der Mitte vom Bus wurde lautstark ›Verdammte Vierzig‹ geübt. Es klang tatsächlich mit jedem Durchgang besser. Jogi Löw hatte schon aufgehört zu jaulen.

Wir zuckelten gemütlich an der Elbe entlang. Albert ignorierte die hupenden Fahrzeuge hinter ihm. Er fuhr mitten auf der Straße, weil er Angst hatte, sich an den parkenden Autos die Seitenspiegel abzufahren. Sein Bus war noch ganz neu, gerade mal zwei Wochen alt, und deshalb hatte Albert auch sofort zugestimmt, die ganze Bagage nach Hamburg zu fahren. Damit auch Ela das neue Prachtstück mal sehen könnte.

Jetzt rollte er langsam auf einen Parkplatz zu, der vor einer Reihe moderner Gebäude an der Elbe lag.

»Das ist doch kein Strand.« Marens Stimme war auch hinten zu verstehen, weil sie ganz in Gedanken immer noch das Mikrofon in der Hand hielt. »Hier kann man doch nicht grillen. Das sieht aber sehr vornehm und teuer aus. Albert, ich glaube, wir sind falsch.«

»Das ist mir ganz egal«, antwortete ihr Mann mit genervter Stimme. »Hier ist ein Busparkplatz, und hier stelle ich ihn ab. Du hast mir diese Adresse gesagt, wir sind da und nach mir die Sintflut.«

Still stand der Bus auf dem Platz. Rechts und links parkten jede Menge Autos, glänzende und teure Wagen. Ich hörte Gerds begeisterte Stimme: »Guckt mal, Leute, da vorn ist ein Maserati. Wahnsinn. Und wo ist hier jetzt Ela?«

Sofort erklang der Chor: *»Happy Birthday to you …«*

Maren gab Gabriele und mir ein Zeichen, gefolgt von Tante Gerhild und Onkel Hans kletterten wir unter den Gesängen von Familie und Freunden aus dem Bus und gingen auf die Gebäude zu.

Onkel Hans war nicht mehr ganz sicher auf den Beinen, ich dachte erst, er hätte schon zu viel Schnaps getrunken, aber er klopfte mir jovial auf die Schulter und sagte: »Ich bin immer schaukelig, wenn ich zu lange Bus fahre.« Dann bekam er Schluckauf.

An der Tür stand ein großes Schild: »Geschlossene Gesellschaft«. Gabriele drehte sich zu Maren um.

»Das ist doch die falsche Adresse. Du hast gesagt, du bist sicher. Ganz toll.«

Etwas ratlos blieben wir stehen und zuckten zusammen, als uns plötzlich ein Paar überholte.

»Wir sind ja doch nicht die Letzten«, rief die Blondine im schwarzen, engen Kleid mit Hochsteckfrisur. »Schönen guten Abend.«

Dann sah sie uns genauer an und wurde plötzlich unsicher. Sie trug sehr roten Lippenstift. »Wollen Sie auch zu Manu? Oder ... nicht?«

»Manu?« Tante Gerhild guckte die Frau skeptisch an. »Also, wenn Sie Manuela meinen ... Aber hier ist doch eine geschlossene Gesellschaft.«

»Kein Mensch sagt Manuela«, lachte die Frau. »Wie auch immer, wir müssen. Partytime.«

Ich hatte ein ganz komisches Gefühl. »Ähm, entschuldigen Sie bitte, also, feiert hier meine Cousine Ela, äh, Manuela Jansen? Geburtstag?«

»Ja, sicher.« Die Frau zog ihren Begleiter ungeduldig an uns vorbei. »Komm, Fabian, ich brauche Schampus.«

Die Tür klappte hinter ihnen zu, wir sahen uns an.

»Tja«, sagte Maren. »Sie feiert doch. Das hat dann wohl jemand falsch verstanden. Und nun?«

Ich zuckte mit den Achseln. »Zurück?«

»Ich glaube, es hakt.« Onkel Hans schnappte nach Luft. »Wir fahren doch nicht sechzig Kilometer mit dem

Bus für nix. Und der ganze Kofferraum ist voll mit Essen und Trinken. Ne, ne, wir feiern jetzt. Und dann sagen wir der blonden Schickse gleich mal, dass Manu Ela heißt. So was Affiges. Geht ihr mal gucken, wo wir hinmüssen, ich hole die anderen.«

Als er auf den Bus zuschwankte, war ich mir nicht mehr sicher, ob das Schaukeln wirklich nur von der Fahrt kam.

Tante Gerhild straffte sich, hob das Kinn und verkündete: »Ich muss mal. Ich kann nicht im Bus. Wir fragen da jetzt einfach mal nach. Wenn Ela nicht da ist, dann fahren wir eben nach Hause. Kommt ihr?«

Sie drückte die Tür auf, und wir mussten uns beeilen, um hinter ihr zu bleiben.

Kurz darauf standen meine Schwestern und ich in der Tür eines großen Raumes. Der Fußboden war schwarz gefliest, an der Decke hingen die größten Lampen, die ich je gesehen hatte. Es gab keine gedeckten Tafeln, sondern jede Menge Stehtische, deren weiße Decken bis auf den Boden fielen. Überall standen Kerzen, aber nur weiße, es gab eine Art Bühne, keine richtige, aber ein Podest, auf dem ein Mann vor einem Laptop saß. Er hatte langes Haar und wiegte sich im Takt einer komischen Klaviermusik. Alles sehr eigenartig. Und eigenartig wurde auch Elas Gesicht, als sie uns sah.

Ganz langsam ließ sie ihr Glas sinken, schloss ihren Mund und kam mit unsicheren Schritten auf uns zu.

»Wie kommt ihr denn hierher?«, fragte sie leise, als sie endlich vor uns stand.

In diesem Moment fiel mir auf, was so komisch war: Fast alle Leute in dem Raum trugen schwarze Kleidung. Wie auf einer Beerdigung. Auch Ela hatte ein schwarzes Kleid an. Sehr kurz und mit Spitze an den Ärmeln. Ich hoffte, sie würde es nicht so bald entsorgen, es gefiel mir nicht besonders. Mein Kleid war lila, auch von Ela. Aus dem vorletzten Paket.

»Herzlichen Glückwunsch, Ela«, trompetete Gabriele. »Wir dachten, dein Knie ist kaputt, und wollten dich überraschen. Deine Nachbarin hat uns gesagt, wohin wir müssen.«

Elas Antwort klang wie: »Ich bringe sie um«, aber das hatte sie bestimmt nicht gesagt. Ihre Augen weiteten sich, als sie über unsere Schultern schaute. Ich musste mich nicht umdrehen, Tante Gerhilds Stimme übertönte alles.

»Zweite Tür rechts, ganz tolles Klo, sogar richtige Handtücher.«

Ela sah mich mit Panik in den Augen an. »Blamiert mich bitte nicht! Diese Party ist wirklich wichtig für mich.«

Ich lächelte sie beruhigend an. Wir würden ihr doch niemals schaden wollen.

Während die Frauen zur Toilette gingen, hatte uns Onkel Hans, gefolgt von Dr. Gerd, erreicht.

»Elamädchen«, rief er und riss seine Tochter an die Brust. »Alles Gute, Liebes, da guckst du, was? Wir lassen dich an deinem Geburtstag doch nicht allein. Wozu hat man Familie und Freunde?«

Gerd bückte sich und fasste Elas Knie an, sie quietschte wie Jogi Löw, wenn man auf ihn tritt. »Lass mal sehen. Das ist ja gar nicht mehr geschwollen.«

Er klang enttäuscht, schließlich hatte er extra seine Arzttasche mitgeschleppt.

Nach und nach kam die ganze Busbesatzung nach oben. Es gab ein großes Hallo, alle wollten Ela drücken, was schwierig war, weil Gerd immer noch vor ihr hockte und das Knie untersuchte.

Mich hatten sie ein bisschen zur Seite geschoben, ich konnte Ela nur von hinten sehen. Sie wurde von einem zum anderen gereicht, ihre Frisur kam ganz durcheinander, und Gerd robbte immer hinterher. Diejenigen, die gratuliert hatten, gingen weiter, um sich einen Platz zu suchen. Die schwarz gekleideten Gäste guckten komisch. Die Musik war inzwischen aus.

Jochen, Helga, Marlies und Hannes gingen die Reihen ab und gaben jedem die Hand, während sie sich vorstellten. Die anderen folgten, es wirkte, als würden sie kondolieren.

Jan stand mit seinem Rosenstrauß immer noch am Ende der Gratulanten. Es dauerte lange, bis alle drankamen, jeder wollte ja auch etwas Nettes zu Ela sagen. Jans Rosen sahen ein bisschen traurig aus. Es waren nicht mehr alle Köpfe an den Stielen, Albert hatte den Strauß beim Aussteigen eingeklemmt. Jan schwitzte furchtbar, das kam wohl daher, dass er so dick war und so aufgeregt.

Mein Schwager Jörg stand inzwischen neben dem Mann mit dem Laptop. Jörg war sowohl beim Feuerwehrfest als auch beim Sportlerball der DJ, ihm war es noch nie passiert, dass die Musik mittendrin ausging. Ich hoffte, er hatte ein paar von seinen CDs dabei, er machte immer tolle Musik, zu diesem Klaviergeklimper von vorhin wollte ja niemand tanzen.

Ela konnte nur froh sein, dass Jörg sich jetzt kümmerte. Er nahm dafür noch nicht einmal Geld.

Meine Mutter und Tante Gerhild hatten auch schon gratuliert, ich war immer noch nicht drangekommen und folgte den beiden erst mal zum Büfett. Dann würde ich Ela eben zum Schluss gratulieren, aber das könnte ja noch einen Moment dauern.

»Was soll das denn sein?«, fragte Tante Gerhild und

hielt skeptisch eine Auberginenrolle zwischen Daumen und Zeigefinger.

»Antipasti«, erklärte ich ihr, schließlich lernte ich Köchin und hatte so etwas schon einmal in der Berufsschule gemacht. »Italienisch.«

»Das ist ja nur eingelegtes Gemüse.« Meine Mutter schüttelte den Kopf. »Ich dachte, die grillen. Gut, dass wir genug mithaben.«

Sie drehte sich zur Tür, um zu sehen, wie lang die Schlange war. Jetzt standen nur noch zehn von uns vor Ela an, der Rest hatte sich schon im Raum verteilt, und die bunten Kleider und Blusen machten sich gut zwischen den vielen schwarzen Menschen.

Zwischendurch guckte ich immer wieder zu meiner Cousine, um den Moment abzupassen, in dem ich sie beglückwünschen könnte. Es dauerte ewig, aber plötzlich war nur noch Jan mit seinen Rosen vor ihr. Gerade als er sie ihr geben wollte, kam Jogi Löw angeschossen. Er hatte ein Hühnerbein im Maul, deshalb konnte er auch nicht richtig bellen, sondern sprang Ela nur stumm an. Sie guckte starr erst auf Jan, dann auf Jogi Löw und fiel um.

Es sah erst schlimmer aus, als es war. Tante Gerhild klopfte ihrer Tochter ein paarmal auf die Wange und sagte, dass es kein Wunder sei. »Die ist so dünn, die hat doch bestimmt den ganzen Tag noch nichts gegessen. Gerd, lass doch mal, sie kommt schon wieder.«

Trotzdem hörte Gerd ihr Herz ab und zählte den Puls, auch als Ela schon lange wieder wach war. Ich wollte ihr schnell eine Cola holen, das hilft bei mir immer, wenn mir schwindelig ist.

»So, alles wieder im Lack«, rief Jochen schnell in Richtung Zuschauer. »Sie sitzt schon wieder und trinkt. Jetzt macht mal nicht solche Gesichter, jetzt wird gefeiert.«

Ela machte eine schwache Handbewegung und verzog das Gesicht, als wollte sie lächeln. In diesem Moment setzte die Musik wieder ein. Und es war eindeutig Jörg, der die Regie übernommen hatte.

»Happy birthday, darling, may all your dreams come true.« Dazu konnte man auch schön tanzen. Rosi nahm das als Startzeichen und rief: »Damenwahl!«

Während die ersten Paare im Foxtrott über die Tanzfläche glitten, blieb Ela auf ihrem Stuhl sitzen. Sie hatte jetzt wieder Farbe im Gesicht, sah aber trotzdem noch sehr angestrengt aus. Ich nutzte die Gelegenheit, um ihr endlich zu gratulieren.

»Herzlichen Glückwunsch«, sagte ich. »Geht es wieder?«

Mit komischen Augen sah sie mich lange an und sagte dann leise: »Ach, Daniela, ich …« Sie wurde von einem lauten Geräusch unterbrochen und drehte sich mühsam um.

Maren und meine Mutter kamen gerade mit den letzten Kühltaschen von unten und schleppten sie an die Seite, wo mein Vater einen Tapetentisch aufgestellt hatte. Heidi tackerte eine Papiertischdecke fest.

»Wir können hier nicht einfach eigenes Essen …«, versuchte Ela mit letzter Kraft, aber Maren legte ihr beruhigend eine Hand auf die Schulter. »Das ist ein Geschenk, das geht. Aber wir lassen die Getränke im Bus, das wollen die hier nicht. Albert baut unten eine kleine Bar auf. Da darf dann auch geraucht werden. Bist du okay?«

Ela antwortete nicht. Ich hielt immer noch ihre Hand in meiner und drückte sie tröstend. Vermutlich tat ihr Knie sehr weh, vielleicht war sie vor lauter Schmerzen umgekippt.

Maren war schon wieder weg, um unser Büfett aufzubauen. Ela starrte immer noch hinter ihr her.

»Vielen Dank für das Paket«, versuchte ich sie abzulenken. »Die Jeans mit den Stickereien ist ganz toll.«

»Was …?«, wollte sie gerade fragen, als sie sah, dass sich, angeführt von Rosi und Jutta, alle an der Tür versammelten. Es sah aus, als wollten sie gehen. Ich beruhigte Ela sofort. »Keine Sorge«, flüsterte ich ihr zu, »wir fahren noch nicht.«

Unter dem ungläubigen Staunen der Schwarzgekleideten formierte sich unser Chor vor der Bühne und wartete darauf, dass Gerd sich sein Akkordeon umgeschnallt hatte. Er spielte ein paar Töne, hob auffordernd den Kopf und lächelte erst Ela, dann dem Chor zu. Und schon ging es los.

»Verdammte Vierzig, verdammte Zahl,
das klingt so heftig, da wird man kahl.
Verdammte Vierzig, verdammter Tag,
gekommen sind alle, die man mag.«

Ela war so gerührt, dass ihr eine Träne über das rote Gesicht lief. Und wir gaben alles.

Auf der Rückfahrt war es viel stiller als auf der Hinfahrt. Wir hatten uns alle müde gefeiert. Albert hatte noch nicht einmal gemeckert, als Jogi Löw auf die hintere Sitzreihe reiherte. Er hatte zu viele Antipasti gefressen und vertrug keinen Knoblauch. Aber die Sachen mussten ja weg, schließlich waren sie bezahlt und die meisten Gäste hatten nur noch von unserem Büfett gegessen.

Aber Albert war kaputt, das merkte man. Er hatte auch den ganzen Abend gearbeitet. Seine Busbar war ein voller Erfolg gewesen. Wir hatten nur noch Leergut im Bus, die Schwarzgekleideten hatten ganz schön geschluckt. Jede Gruppe, die zum Bus gekommen war, hatte beim Trinken und Rauchen ›Verdammte Vierzig‹ gesungen. Es klang zwar nicht so schön wie bei uns, trotzdem hatte sich Rosi gefreut, dass ihr Text so gut ankam.

Der Karaoke-Wettbewerb war auch toll gewesen. Jörg hatte schon Erfahrung damit, er machte ihn immer auf dem Sportlerball. Elas Chef hatte ganz klar gewonnen. Er hatte wirklich eine gute Stimme und war mit ›Lady in red‹ ganz klarer Sieger geworden. Obwohl seine Frau ein schwarzes Kostüm trug.

Die hatte den ganzen Abend Jogi Löw auf dem Schoß gehabt und war ganz verliebt in ihn. Wahrscheinlich hat sie ihn auch mit Antipasti gefüttert. Zum Glück hatte er erst im Bus gekotzt, das wäre sonst unangenehm geworden. Jogi Löws schwarze Haare hatte man ja auf ihrem schwarzen Rock nicht gesehen.

Der Mann, der vorher so einsam vor dem Laptop gesessen hatte, blieb den ganzen Abend bei Albert im Bus und trank Schnäpse. Das war auch nicht schlimm, seine Musik war nicht so doll gewesen, und wir hatten ja Jörg. Seit der die CDs mit den fünfzig besten Partykrachern gespielt hatte, war die Tanzfläche voll gewesen.

Es war schade, dass Ela wegen ihres Knies überhaupt nicht hatte tanzen können, nicht einmal bei der Polonaise hatte sie mitgemacht. Stattdessen war sie auf ihrem Stuhl sitzen geblieben, hatte uns mit zerzauster Frisur und müden Augen etwas verwirrt zugeguckt, aber wenigstens Nudelsalat und kleine Frikadellen gegessen. Und sehr viel Rotwein getrunken. Gerd hatte den ganzen Abend neben ihr verbracht, irgendwann hatte Ela ihren Kopf an seine Schulter gelegt und war eingeschlafen.

Jan hatte nur ganz kurz geweint, dann war er von einer Svenja angesprochen worden. Die hatte rote Haare, trug einen schwarzen Hosenanzug, war eine Kollegin von Ela und sehr nett. Sie tanzte sogar später eng mit Jan. Er hatte Ela ganz vergessen. Erst später weinte er noch einmal, das war, als wir alle zum Bus sollten. Abschiede machen ihn fertig.

Wir haben Ela dann mit dem Bus nach Hause gefahren. Sie war so erschöpft vom Rotwein und ihren Schmerzen, sie hätte das mit dem Taxi niemals geschafft. Gerd ist bei ihr geblieben, das fand Tante Gerhild auch beruhigend, auch wegen Elas Kreislauf.

»Gerd kommt dann morgen mit dem Zug zurück. Das ist doch nett von ihm.«

Ich habe die Party einfach toll gefunden. Je länger sie gedauert hat, desto mehr schwarze Jacken hingen an den Stuhllehnen. Elas Freunde haben so viel getanzt und unser Lied so oft gesungen, dass sie alle völlig verschwitzt waren.

Am besten hat mir Fabian gefallen, das ist der Auszubildende von Ela. Er trug eine schwarze Jeans und einen schwarzen Pullover und ist sehr hübsch. Er hat den ganzen Abend mit mir getanzt und irgendwann gesagt, dass er Manu noch nie so gesehen und dass er sich ihre Familie völlig anders vorgestellt habe. Als ich ihn gefragt habe, warum er Manu sage und nicht Ela, antwortete er nur, dass sie doch so heiße. Ich habe ihn nicht korrigiert. Sie ist ja seine Chefin. Aber Manu klingt nach schwarzem Hosenanzug, finde ich, eigentlich passt das gar nicht zu unserer Ela. Ihre Lieblingsfarbe war doch immer Gelb. Butterblumengelb.

Alex Capus

Mein Nachbar Urs

Ich habe fünf Nachbarn, die mit Vornamen Urs heißen. Der erste Urs wohnt schräg gegenüber von mir, unsere Gärten stoßen aneinander. Wenn ich morgens auf meinem Balkon Zeitung lese, kann ich ihn sehen, wie er in seiner Küche sitzt und Kaffee trinkt. Natürlich gucke ich nicht. Ich schaue nur kurz, ob er da ist, dann lese ich wieder Zeitung.

Hinter dem Haus des ersten Urs führt die Elsastraße durch. Dort fährt jeden Morgen um zwanzig nach sieben der zweite Urs auf seinem Rad vorbei. Am Ende der Straße biegt er rechts ab zum Bahnhof, wo er den 07:32-Uhr-Zug nach Bern nimmt. Er ist Jurist im Bundesamt für Veterinärwesen. Abends spielt er Bassgitarre in einer Hillbilly-Band.

Der dritte Urs ist Chemielaborant in einer Fabrik, die Sonnencreme herstellt. In seiner Freizeit restauriert er italienische Motorroller, die er uns Nachbarn freigebig ausleiht, wenn wir Lust auf eine Spritzfahrt haben. Seine Frau Sandra ist Lehrerin im Frohheimschulhaus. Ihr gemeinsamer Sohn Tobias geht mit unserem Louis in den Kindergarten.

Der vierte Urs ist geschieden und wohnt allein in einem zu groß gewordenen Haus. Am Tag, an dem seine Frau die Koffer packte, hat er erstmals nach Jahren wieder eine Packung Camel gekauft. Ohne Filter. Seither unterhält er häufig wechselnde Liebschaften und ist starken Stimmungsschwankungen unterworfen.

Der fünfte Urs versorgt uns alle mit ausgezeichnetem Birnenschnaps, den ein Onkel von ihm auf einem abgelegenen Hof im Entlebuch schwarzbrennt. Man bringt ihm zwanzig Franken und eine leere Cola- oder Sinalcoflasche, ein paar Tage später stellt er einem den Schnaps vor die Tür.

Dann gibt es in unserer Nachbarschaft noch einen sechsten Urs, aber der will nicht, dass ich über ihn schreibe. Also sage ich, es seien nur fünf Urse.

Oft treffe ich meine Urse auf dem kleinen Kiesplatz an der Elsastraße, wo wir ein paar Stühle, einen Tisch und einen Grill aufgestellt haben. Wir führen kurze Gespräche über den Fahrradlenker hinweg oder trinken zusammen ein Glas. Dabei erfahre ich die interessantesten Sachen.

Letzten Samstag zum Beispiel hat mir der dritte Urs zur Kenntnis gebracht, dass es auch unter Taubstummen Stotterer und unerträglich langweilige Redner gibt, die einfach zu wenig Pfiff im Ausdruck ihrer Hände und Gebärden haben.

Tags darauf habe ich vom ersten Urs erfahren, dass der typische Kopfschmuck der Indianer – Stirnband mit Feder – eine Hollywood-Erfindung ist. Zur Pionierzeit des Westernfilms waren die in Kalifornien verfügbaren Indianer-Darsteller ebenso kurzhaarig wie die Cowboy-Schauspieler, deshalb musste man sie mit Perücken ausstatten. Und damit das Kunsthaar während der Kampfszenen nicht verrutschte, befestigte man es mit federgeschmückten Stirnbändern an den Schädeln.

Vorgestern hat mir der fünfte Urs berichtet, dass in Paris die China-Restaurants, die in den Achtzigerjahren zwecks Verpflegung der Touristen wie Pilze aus dem Boden geschossen waren, jetzt eins ums andere zu Sushi-Lokalen umgestaltet werden. Die Angestellten in Küche und Service bleiben dieselben, sie erhalten nur neue Kostüme; traten sie zuvor als Chinesen auf, verkleiden sie sich jetzt als Japaner. Die Touristen sehen keinen Unterschied. Schlitzauge ist Schlitzauge.

In diesem Zusammenhang berichtete der vierte Urs, dass in allen Tätowierstudios weltweit die chinesischen Schriftzeichen für »Weisheit« und »Gelassenheit« zu den beliebtesten Motiven gehören. Das Problem ist nur, dass außerhalb Chinas kaum ein Tätowierer des Chinesischen mächtig ist, weshalb die Schriftzeichen oft spiegelverkehrt von der durchgepausten Vorlage auf die Haut gestichelt werden.

Und heute, als ich wiederum mit dreien meiner Urse auf dem Kiesplatz stand, ging's um Eichhörnchen.

»Weißt du, wieso es im Stadtpark keine Eichhörnchen mehr gibt?«, fragte der erste Urs. »Die Katzen haben sie gefressen.«

»Meinst du?«, sagte ich.

»Natürlich«, sagte Urs. »Je mehr Katzen, desto weniger Eichhörnchen.«

»Es gibt wirklich zu viele Katzen«, sagte der zweite Urs. »Früher hatten die Leute Kinder. Jetzt haben sie Katzen.«

»Je mehr Katzen, desto weniger Kinder«, sagte der erste Urs.

»Was habt ihr gegen Katzen?«, fragte ich. »Fressen die wirklich Eichhörnchen?«

Urs schaute mich an. »Eichhörnchen sind Nagetiere«, sagte er. »Für eine Katze ist ein Eichhörnchen nichts anderes als eine Maus oder eine Ratte. Oder ein Maulwurf.«

Da kam der dritte Urs herbei und stellte seine Einkaufstaschen ab. »Und die Blindschleichen – wieso haben wir keine Blindschleichen mehr in unseren Gärten?«

»Wegen der Katzen?«

»Natürlich«, sagte der dritte Urs.

»Je mehr Katzen, desto weniger Eichhörnchen, Blindschleichen und Kinder.«

»Klingt ganz so, als ob Katzen auch Kinder fressen würden.«

»Und Eidechsen«, sagte der zweite Urs.

Nun stieß auch der vierte Urs dazu. »Wisst ihr, wo der Urs ist?«, fragte er. Er meinte den fünften Urs. Wir schüttelten die Köpfe.

»Du, Alex«, sagte er und deutete mit dem Kinn auf mein Velo. »Du solltest die Reifen an deinem Fahrrad wieder mal aufpumpen.«

»Ach ja?«

»Du fährst nächstens auf den Felgen.«

»Das heißt Pneu und Velo«, sagte ich. »Wir sind doch hier nicht in Deutschland.«

»Du sagst manchmal auch Rad.«

»Trotzdem«, sagte ich.

»Das Wort Felgen darf ich aber benutzen, ja?«

»Felgen ist o.k.«, sagte ich.

»Und o.k.?«

»O.k. ist auch o.k.«, sagte ich.

»Jedenfalls ist dein Velo immer schlecht gewartet«, sagte Urs. »Keine Luft in den Pneus. Fuchsrote Kette. Schlecht eingestellte Bremsen. Kein Licht. Der Sattel zu tief.«

»Das ist mir auch schon aufgefallen«, sagte der zweite Urs. »Noch nie hat man dich auf einem ordentlichen Velo gesehen. Diese zwanghafte Nachlässigkeit – irgendwie kindisch finde ich das.«

»Wenn's nur das Velo wäre«, fügte der dritte Urs hinzu. »Bei dir ist aber, wenn man genau hinguckt, alles immer ein bisschen vage und ungefähr. Irgendwie lasch. Nichts für ungut.«

»Ein bisschen lauwarm«, sagte der zweite Urs und nickte.

»Ach ja?«, sagte ich.

»Nicht, dass uns das etwas anginge«, sagte der erste Urs. »Versteh das bitte nicht falsch.«

»Aber ihr scheint euch in dieser Sache doch ausgetauscht zu haben«, erwiderte ich. »Dann erklärt sie mir doch bitte genauer.«

»Lass gut sein«, sagte Urs.

»Ich bitte darum.«

»Es geht uns ja wirklich nichts an. Aber wenn du es partout wissen willst ... schau dir zum Beispiel dein Kopfhaar an. Das ist so halb lang und halb kurz, eine Frisur kann man das wirklich nicht nennen. Und dann deine Kleidung.«

»Was ist mit meiner Kleidung?«

»Du kleidest dich, nimm's mir nicht übel, wie ein Blinder. Du ziehst einfach irgendwas an – n'importe quoi, wie der Franzose sagt. Und deine Schriftstellerei, die du als deine Arbeit bezeichnest ...«

»Was ist damit?«

»Nichts. Eine Art Arbeit wird das schon auch sein, was du so machst«, sagte er. »Ich will gar nichts gesagt haben.«

»Aber?«

»Schon gut«, sagte Urs.
»War's das?«
»Ja.«
»Darf ich jetzt auch etwas sagen?«
»Aber bitte«, sagten Urs und Urs gleichzeitig.
»Ich verstehe, dass euch mein Lottervelo ein Dorn im Auge ist«, sagte ich. »Aber nehmt bitte zur Kenntnis, dass ich mich genauso ärgern könnte über eure oberprall gefüllten Velopneus und eure atmungsaktiven Mammut-Regenjacken, ebenso über eure jederzeit funktionstüchtigen Halogenscheinwerfer und die doppelten Scheibenbremsen vorn und hinten. Ich tu's nicht, aber ich könnte mich ärgern.«
»Wieso das denn?«, fragte Urs.
»Dieser Perfektionswahn hat etwas Totalitäres«, sagte ich. »Und dann eure Velohelme. Und die Handschuhe. Alles wollt ihr kontrollieren. Alles beherrschen. Jedes Risiko ausschalten. Ausmerzen. Eliminieren. Alles müsst ihr im Griff haben, nichts darf sich eurem Willen entziehen. Ich hingegen lasse den Dingen ihren Lauf mit meinem klapprigen Velo. Meine schlechten Bremsen sind ein Zeichen von Menschlichkeit und Gottvertrauen.«
»Sind wir etwa Faschisten, nur weil wir ordentliche Räder fahren?«, fragte Urs.
»Das nun nicht gerade«, sagte ich. »Aber mein Velo ist der bessere Demokrat als deins. Und wenn wir von Frisuren sprechen: Aus welchem Grund muss heute jeder Mann sich gleich eine Glatze scheren, wenn sich an der Stirn und am Hinterkopf das Kopfhaar lichtet? Wieso sind die guten alten Geheimratsecken und Tonsuren nicht mehr erlaubt?«
»Deswegen bin ich doch kein Nazi«, brummte Urs und strich sich über seinen Borstenschädel.

»Bei euch gibt's immer nur Weiß oder Schwarz«, sagte ich. »Ganz oder gar nicht. Vollhaar oder Glatze. Leben oder Tod. Große Liebe oder dann gleich Scheidung, eine freundlich-lauwarme Ehe hat in eurem Lebenskonzept keinen Platz. Und dann müsst ihr euch immer schwarz kleiden, meine lieben Freunde, das habt ihr in Zürich gelernt und findet es smart. Da lobe ich mir doch mein rostiges Velo und die schlecht gepumpten Pneus.«

»Du kommst ja richtig in Fahrt«, sagte Urs.

»Ich habe Lammkoteletts im Kühlschrank«, sagte ich. »Wollen wir den Grill anwerfen?«

Dietmar Bittrich

Bei den schwedischen Elchen

Das Värmland ist eine wundersame Landschaft im Westen Schwedens. Es gibt dort glasklare Seen und unermessliche Wälder, reine Luft und Stille, hölzerne Häuschen, die sich im Wasser spiegeln, kleine bunte Städte mit lauter freien Parkplätzen. Es gibt keine Industrie, wenig Verkehr und auch nicht sonderlich viele Menschen. Aber es gibt viele, viele Elche. Das wird jedenfalls behauptet, und bis jüngst habe ich es auch geglaubt.

Jawohl, im Värmland lebten erheblich mehr Elche als Menschen, sagte man im Reisebüro. Die Menschen im Värmland seien sehr humorvoll, die Elche jedoch nicht. Mit warnendem Unterton wurde ich davon in Kenntnis gesetzt, wie ich mich zu verhalten hätte, falls ich auf freier Wildbahn einem Elch begegnete: ruhig, sehr ruhig. Vor allem eine Elchmutter, die ihre Jungen beschützt, könne beim Anblick eines Touristen ziemlich böse werden. Es habe schon Fälle gegeben, da hätten Elche die Autos neugieriger Touristen mit dem Geweih so misshandelt, dass nicht einmal mehr das Fabrikat zu erkennen war.

Ich hatte ein entlegenes Hotel in Edaskog gebucht. Von Karlstad fährt ein Bus der Älg-Linie (älg heißt Elch) bis zum Ufer eines großen Sees. Dort holte mich der Hotelwirt mit einem Boot ab. Es tuckerte gemächlich übers

Wasser und dann einen schmalen Fluss hinauf. Der Wirt zeigte auf platt getretene Stellen am Ufer: »Da kommen jeden Abend die Elche und trinken!« Je näher wir dem Hotel kamen, desto abgetretener wirkte das Ufer. »Hier müssen ja ganze Herden kommen!«, staunte ich.

Er winkte lässig ab: »Es sind so viele, dass sie schon zur Plage werden! Sie in Deutschland, Sie kennen Elche nur vom Möbelhaus und vielleicht vom Elchtest, bei dem mal eines Ihrer Autos spektakulär versagt hat. Für Sie ist ein Elch was Besonderes. Aber wir hier im Värmland, wir sind froh, wenn mal ein Tag ohne so ein Tier vergeht.«

Über dem Hoteleingang prangte ein Elchgeweih. Ein Elch lächelte vom hauseigenen Prospekt. Als Andenken aus Plastik stand er in der Vitrine. Als Anstecknadel war er in Gold, Silber und Bronze zu haben. Es gab keine Postkarte, auf der nicht ein Elch freundlichst die Zähne bleckte.

Das Eda-Brunn-Hotel lag auf einer Anhöhe, zur einen Seite mit Blick auf einen See, zur anderen mit Sicht auf Wiese und Wald. Ich spähte in die Dämmerung. Zu Hause über dem Sofa habe ich ein ererbtes Gemälde. Es zeigt einen Hirsch, der majestätisch in den Abend röhrt. Man sieht seinen Atemhauch. Hier würde ich diese meine Lieblingsszene in Wirklichkeit sehen. Und das mit einem königlichen schwedischen Elch.

Am ersten Abend wurde noch nichts daraus. Stattdessen bat der Wirt zu einem Willkommens-Imbiss. Es gab Elchschinken. Ich schmeckte keinen Unterschied zu gewöhnlichem Schinken. Aber es war doch etwas Besonderes.

Am anderen Tag spazierte ich zum See hinunter. Der Wirt warnte: »Falls Sie Boot fahren wollen – jetzt um die Mittagszeit kann nichts passieren. Aber wenn Sie abends immer noch draußen sind, bitte Vorsicht! Die Elche gehen manchmal tief ins Wasser und tauchen dann plötzlich prustend vor Ihnen auf! Dass Sie dann nicht vor Schreck über Bord kippen!«

Ich ließ mich bis zur Dämmerung übers Wasser treiben. Einmal meinte ich ein verdächtigtes Rascheln am Ufer zu hören. Etwas später erschrak ich, als ein Fisch aus dem Wasser schoss; aber er tauchte gleich wieder ein. Na gut, dachte ich, die Elche können auch nicht immer im selben See baden. Heute waren sie wohl mal woanders schwimmen gegangen. Im Hotel gab es Elchpastete.

Am folgenden Tag sagte der Wirt: »Ihre Landsleute sind leider abgereist. Sie waren mit dem Auto hier und wollten eigentlich noch eine Woche bleiben.«

»Und?«

»Jaha! Sie hätten deren Auto heute Morgen sehen sollen! Die beiden wollten gestern Abend die Straße nach Arvika fahren, und da stand plötzlich ein Elch im Weg. Sie hupten, sie blinkten, sie ließen den Motor aufheulen. Er wollte nicht weichen. Im Gegenteil. Er trabte auf das Auto zu!«

»Das ist ja unheimlich!«

»Und als die beiden zurücksetzen wollten, stand hinterm Auto ebenfalls ein Elch. Sie waren umzingelt!«

»Elchkühe, die ihre Jungen schützen wollten«, warf ich fachmännisch ein.

»Wahrscheinlich«, sagte der Wirt. »Sie waren extrem aggressiv. Sie stießen mit dem Geweih gegen das Auto, immer wieder, immer aufs Neue, und als sie endlich abließen, war der Wagen demoliert. Man konnte kaum noch das Fabrikat erkennen.«

Das kam mir bekannt vor. »Kann es sein, dass ich diese Geschichte schon mal gehört habe?«

»Bestimmt eine ähnliche«, sagte der Wirt. »Es kommt immer wieder vor.«

Ich kaufte Postkarten mit Elchen und schrieb nach Hause, was hier alles zu erleben war. Abends gab es drei verschiedene Sorten Elchwurst.

Am folgenden Morgen sagte der Wirt: »Das war ja was, heute Nacht, wie?! Wahrscheinlich haben Sie bei dem Lärm überhaupt kein Auge zutun können! Das tut mir natürlich leid. Entschuldigung.«

»Was denn? Streit unter den Gästen?«

Er lachte laut auf. »Na, Sie sind ja einer! Eine ganze Elchherde ist hier durchgezogen, direkt am Hotel vorbei! Mensch, und Sie schlafen?!«

Ich biss mir auf die Lippe. Tatsächlich habe ich einen viel beneideten festen Schlaf. Diesmal war mir das zum Nachteil geraten.

Zum Dinner wurden Elch-Medaillons gereicht.

Ich habe an den anderen Abenden noch weitere Köstlichkeiten der värmländischen Küche probiert. Elch-Consommé, Elchsteak, Elch gehackt, Filetspitzen vom Elch, Elchburger und einen handfesten Elchsauerbraten. Es hätte genauso gut Hasenbraten sein können, sogar falscher Hase.

An keinem Tag aber und in keiner Dämmerung habe ich einen kompletten, lebenden, unverarbeiteten Elch zu Gesicht bekommen. Stattdessen berichtete mir der Wirt beharrlich, wer wo am vergangenen Tag Elche gesehen hatte, wer von Elchen in die Zange genommen, in Schach gehalten oder angeröhrt worden war.

Als der Mann mir wenige Tage vor meiner Abreise Elchklößchen servierte, verspürte ich einen Anflug von Unbeherrschtheit. »Darf ich offen sein?«

Er wusste sofort Bescheid und hob beschwichtigend

die Hände. »Gut, gut, nicht aufregen. Ich habe bereits mit dem hiesigen Jäger gesprochen. Sie dürfen morgen Nacht mit ihm auf die Pirsch gehen.«

Glücklich saß ich auf dem Hochsitz. Der Jäger, ein stämmiger Mann mit rotem Gesicht, spähte durch sein lichtverstärkendes Nachtfernglas.

Plötzlich durchfuhr ihn ein Ruck. »Da!« Er reichte mir das Glas. Ich brauchte eine Weile, bis ich die bezeichnete Stelle im Sucher hatte. Ein paar Hasen hoppelten durchs Gras. Ich lächelte höflich und gab den Feldstecher zurück. Wenig später bekam ich ihn wieder mit bedeutungsvoller Geste. Ich spähte hinein. Rehe. Im Laufe der Nacht sahen wir noch einen Rehbock, einen Fuchs, auch etwas Plumpes, das ein Wildschwein gewesen sein könnte, und allerlei geflügelte und ungeflügelte Klein- und Kriechtiere.

»Wir haben riesiges Glück gehabt!«, sagte der Jäger, als wir am Morgen die Heimkehr antraten.

»Wieso?«, fragte ich ärgerlich.

»Weil wir so viele verschiedene Tiere gesehen haben! Wenn ein Elch gekommen wäre, hätten wir nur ihn gesehen. Dann hätten sich andere Tiere nicht herausgetraut. Aber so – diese Vielfalt! Herrlich!«

Ich wagte nicht zu widersprechen.

Und schließlich habe ich mich sehr gut erholt im Värmland. Es war still und voller Natur. Ich meine auch bemerkt zu haben, warum die Menschen dort als besonders humorvoll gelten.

Bevor ich von Karlstad aus zurückfliegen konnte, hatte ich noch ein paar Stunden Aufenthalt. Am Informationsschalter erkundigte ich mich nach städtischen Sehenswürdigkeiten. Man empfahl den Zoo. Gute Idee! Wenn es mir schon nicht vergönnt war, einen Elch in freier Wildbahn zu erleben, würde ich ihn durchs Gitter fotografieren! Eilig ging ich an den Königstigern vorbei, an den Lamas, Schimpansen, Kängurus, ich passierte Eisbären, Braunbären, rosa Flamingos, zwei Giraffen und ein kleines Warzenschwein. Das einzige Tier, das im Zoologischen Garten nicht zu sehen war, war der Elch.

Im Flughafenrestaurant gab es keine Speisekarte. »Traditionellerweise servieren wir Elchbraten«, erklärte der Kellner. Ich bestellte. Etwas anderes wäre inzwischen wohl auch zu fremd für meinen Magen gewesen.

Ich beäugte das Fleisch. Ich probierte. Es schmeckte anders als alles, was ich in den vergangenen Tagen als Elchfleisch gegessen hatte. Der Kellner beobachtete mich.

»Was ist das?«, fragte ich.

»Elchfleisch.«

»Nein. Das glaube ich nicht.«

Er ging den Geschäftsführer holen. Ich lehnte mich zurück. Ich fühlte mich stark und kraftvoll.

Der Geschäftsführer war überaus höflich. »Mein Herr, ich verbürge mich dafür, dass dies reines Elchfleisch ist. Und es ist selbstverständlich frisch. Frischer geht es gar nicht. Sehen Sie sich um! Sie sind am Flughafen! Frischer können Sie es nun wirklich nicht bekommen.«

Ich stutzte. »Wieso? Weshalb ist das Elchfleisch am Flughafen am frischesten?«

»Na, das – das ist doch klar«, stotterte er. In diesem Augenblick muss ihm bewusst geworden sein, dass er dabei war, ein ungeheuerliches Geheimnis zu verraten.

»Das Elchfleisch ist importiert!«, rief ich.

Der Kellner erbleichte. Der Geschäftsführer murmelte in seinen Kragen und wandte sich verstummend ab. Ich vernahm noch so etwas wie: »Kanada.«

Tja. Lustigerweise wollte ich demnächst nach Kanada fliegen. Irgendwie scheue ich mich jetzt davor. Ich habe das Gefühl, es gibt Geheimnisse auf dieser Welt, an die sollte ein Reisender nicht rühren.

Elke Heidenreich

Serienfinne

Ich lese, meine Freundin surft. Sie war schon mit mir auf der Buchmesse, ich mit ihr auf der »Boot«, der Messe für Wassersport in Düsseldorf. Sie brauchte ein neues Brett. Der Verkäufer war ein kleines, agiles Kerlchen aus dem Ruhrgebiet, das eine Sprache sprach, die in der Literatur gemeinhin nicht vorkommt. Er sagte etwa Folgendes:

»Wenn ich datt gezz richtich tacker brauchstu en 127-Liter-Brett. Da hasse dann satt noch Volumenreserve. Datt hier issen Raceboard mit gutmütige Eigenschaften, VKP 1250. Freestylewave, nä, 44er-Finne is dabei, kannze aber aufrüsten, ich zum Beispiel, ich fahr mit drei Finnen, eine Referenzfinne, eine drunter, eine drübber. Aber für dich reicht ne Serienfinne, sonz wird datt Brett im obern Windbereich unruhig. Watt hasse fürm Mastbaum? 4/60er? Watt, kein Karbon? Dann nimmze ne Säge un sächst dein Mast schön klein, der hat nämmich ne Biegekurve, da gibtatt ga kein Segel mehr für, Mädchen.

Watt wiechze? 60 Killo? Also Gewicht plus fuffzich macht 110, hier, Fanatic Triple X. 129 Liter. Datt is gezz kein gutes Brett, aber kumma GP, un hat chanels, gibtet auch in Karbon, geht aber der Preis hoch, is klar.

Wennze sonne Waveschnitte has, brauchze watt inne

Gabel. Hier, kumma, Hightech im Surfbereich, da kannze dein Steinzeitbrett sonzwohin. Mit 90 Litter kannze hier gut bis 8 fahren. Du wiechz donnix, da wirsse im Unterwindbereich alles nageln, watt auffem Wasser is, da gehsse ein 110 Killo Kerl orntlich anne Fahne mit. Un der Mast muss Flextop und Constantcurve haben, nä, un der 4.60er muss ne 25er-Härte haben, da is datt Segel für geschnitten. 44er-Finne, un wenn datt Brett unruhich wird, kaufze ne 40er un fertich. Aber wie gesacht, eintlich reicht für dich ne Serienfinne. Wennze ma so richtich schrubben willz, dann kannze ja ne andere Finne nehm un dann schrubbze.«

Es wurde ein 2.60 mal 71 Brett Karbon 127 Liter mit Serienfinne, VKP 1480. VKP ist Verkaufspreis. Und Serienfinne ist jetzt mein Lieblingsschimpfwort.

Der da? Für den reicht doch ’ne Serienfinne.

Caro Martini

Langsam tanzen, 1985

Ich hole mir Anja«, verkündete Heiko Wagner.

Wir anderen Jungs aus der 8 a nickten schweigend und voller Neid. Dem war nichts hinzuzufügen. Heiko Wagner und Anja Seidel gingen miteinander, das war offiziell, auch wenn sich die Beziehung hauptsächlich dadurch manifestierte, dass er Anja im Unterricht von Zeit zu Zeit mit einem Lineal in den Rücken pikte.

»Menno!«, sagte sie dann glücklich.

Wir übrigen Sterblichen mussten einen geheimen Plan entwickeln, wie wir es schaffen konnten, bei der anstehenden Schuldisko mit einem halbwegs attraktiven Mädchen langsam zu tanzen, ohne uns schon im Vorfeld tödlich zu blamieren. Erste Faustregel dabei war, niemandem etwas von dem Objekt seiner Begierde zu verraten. Andernfalls brachten die gemeinen Klassenkameraden es fertig, einen bei der Schuldisko an Armen und Beinen vor die Angebetete zu zerren und mit den Worten »Der will dich!« fallen zu lassen wie einen Sack Kartoffeln. Danach konnte man im Grunde genommen seinen Parka nehmen und nach Hause verschwinden.

Ich war bis über alle Ohren in Sonja verliebt. Bei einer bestimmten Lichteinstrahlung und wenn sie den Mund leicht öffnete, sah sie aus wie Nena, besonders an den Tagen, an denen sie ihr hellblaues Glitzertuch um den Hals gebunden hatte. Es war nicht zu erwarten, dass Sonja überhaupt etwas von meiner Existenz wusste. Meine Liebe war mehr von der stillen, schwärmenden Art. Kam sie mir auf dem Gang entgegen, floh ich panisch auf die Toilette. Sie war ein Jahr älter als ich und eine Göttin. Einmal redete sie sogar mit mir.

»Stehst du hier an?«, fragte sie mit ihrer immer leicht heiseren Stimme, als ich an der Essensausgabe herumlungerte. Ja – ich stand an. Ich hatte wahnsinnigen Hunger auf den Eintopf, aber die Angst schnürte mir die Kehle zu. Was, wenn ich die gelbliche Erbsenbrühe in ihrem Beisein verkippte?

»Nein«, stammelte ich. »Ich stehe hier. Nur. Da.«

Sonja streifte mich mit einem gleichgültigen Blick und schob sich vor mich in die Reihe.

Wie also sollte ich dieses himmlische Wesen im Gefunkel der Diskokugeln in meine Arme bekommen?

»Scheißmusik«, beschwerte sich Marko. Sich über die Musik aufzuregen, war immer eine gute Idee. Damit konnte man den ganzen Abend verbringen und immer behaupten, dass man zu solch bescheuerter Musik einfach nicht tanzen könne. Marko war sowieso fein heraus. Humpelnd war er zur Disko erschienen, seinen Fuß hatte er mit einer weißen Binde umwickelt.

»Nur verstaucht«, erklärte er abwinkend. Die angebliche Verletzung ermöglichte es ihm, hautnah dabei zu sein, aber dennoch nicht tanzen zu müssen. Es sei denn, es kam langsame Musik. Aber da er ja nicht richtig laufen konnte, musste er warten, bis eine, die vielleicht einmal Krankenschwester werden wollte, kam und ihn aufforderte. Ein genialer Plan!

Ich hatte mir heimlich den schlabbernden, übergroßen Strickpullover meines Bruders geborgt und angezogen. Dazu trug ich mein Palästinensertuch um den Hals und schwitzte wie ein Schwein. Getanzt hatte ich auch schon, mit Anja zu »Ich will Spaß, ich will Spaß!«. Aber da Anja offiziell zu Heiko gehörte, zählte das nicht so richtig. Die meiste Zeit beobachtete ich Sonja.

An dem Abend trug sie ein rosa Tuch um den Hals, dazu ein schwarzes T-Shirt und eine Karottenhose, die von einem breiten Gürtel mit Riesenschnalle gehalten wurde. Sie tanzte mit konzentriertem Gesicht hochkomplizierte Schrittfolgen mit ihren Freundinnen. Ab und zu brachen sie in grundloses Gelächter aus und rannten aus dem Saal.

Mit Entsetzen hatte ich jedoch zweimal zusehen müssen, wie Frank Meissner, größter Angeber in den Annalen der Schulgeschichte und leider schon in der zehnten Klasse, Sonja zum Tanzen aufforderte.

Nach jeder Runde rannte er vor die Tür, um eine zu rauchen. Sein Atem musste schon penetrant nach Aschenbecher riechen und dennoch ließen sich die Mädchen bereitwillig von ihm abführen. Das Leben war so ungerecht.

Die erste langsame Runde begann. Irgendein Lied von BAP, das kein Mensch verstand, aber das war egal. Englisch verstand schließlich auch niemand. Unser Deutschlehrer, Herr Peters, hatte Diskoaufsicht und starrte verlegen aus dem Fenster in die Dunkelheit hinaus, um sich den Anblick der schmusenden Schülerschar zu ersparen.

Es wurde ernst. Gerade tanzte der widerliche Meissner mit meiner schönen Sonja und grub sein stinkendes Maul in ihr Tuch. Ich wünschte ihm den Tod.

Danach ging er rauchen, wie immer, und plötzlich stand Sonja neben mir und schenkte mir den Hauch eines Lächelns. Sie war allein, ich war verliebt, der Feind stand vor der Tür und vergiftete sich selbst – eine bessere Gelegenheit würde sich nie wieder bieten.

»Willsdutanzn?«, nuschelte ich und sah dabei auf meine Schuhe. Und da geschah das Wunder.

»Klar«, sagte Sonja.

Mechanisch folgte ich ihr auf die Tanzfläche, wo ich ihr meine Arme hölzern um die Schultern schnallte und meinen Kopf schräg wie ein pickendes Huhn über ihre Frisur hielt. Ein heftiges Rauschen in meinem Kopf machte es mir unmöglich, etwas von der Musik zu hören. Ich hätte auch zu »Oh, du lieber Augustin ...« mit ihr getanzt.

Plötzlich zog sie mich energisch an sich heran, wahrscheinlich war ihr meine respektvolle Haltung zu unbequem. Eng umschlungen tappten wir wie alle anderen von einem Bein auf das andere. Dann war das Lied zu Ende und Sonja wollte sich von mir lösen.

Es ging nicht. Sie ruckelte ein bisschen hin und her, aber sie kam nicht von mir los. Mir brach der Schweiß aus. Was ging hier vor?

Ein neues Lied setzte ein, »Irgendwie, Irgendwo, Irgendwann« von Nena. Wir tappten also weiter. Ich sah die erstaunten Blicke meiner Freunde. Sie verstanden es nicht. Ich verstand es ja selbst nicht. Sonjas Hand fuhr plötzlich nach unten und griff nach etwas in Nähe meiner Hüfte. Etwas zupfte an mir und auf einmal wurde mir klar, was hier passiert war. Mein idiotischer Strickpullover hatte sich mit seinen losen Maschen in ihrem strassverzierten Gürtel verheddert. Wir waren mehr oder weniger aneinandergefesselt.

»Ich hänge fest«, hörte ich sie leise fluchen.

»Warte mal«, murmelte ich. Meine Hand glitt zwischen unsere Körper und versuchte, die riesigen Fäden aus der Metallschnalle zu ziehen.

Marko sah mir mit offenem Mund vom Rand aus zu und hielt den Daumen hoch.

Unsere Hände fuhrwerkten hektisch herum, aber nichts tat sich. Es war zum Verrücktwerden. Mittlerweile sang Nena schon den zweiten Refrain, wir aber klebten immer noch zusammen. Frank Meissner sah mich hasserfüllt an.

»Wir müssen raus«, meinte Sonja schließlich. Engumschlungen humpelten wir hinaus wie siamesische Zwillinge. Wir verdrückten uns in eine dunkle Ecke vor der Tür und Sonja herrschte mich an: »Jetzt reiß doch mal!« Ich hielt ihren Gürtel fest und zerrte mit aller Kraft an meinem Pullover. Es ratschte.

Ich war frei, der Pullover meines Bruders hatte ein Loch und an Sonjas Gürtel hing ein Büschel Wolle wie ein Skalp.

Wortlos ließ sie mich stehen.

Von diesem Tag an änderte sich mein Leben. Wildfremde Zehntklässler machten mir respektvoll auf dem Flur Platz, die Mädchen aus meiner Klasse wurden freundlicher zu mir und ich hatte mir quasi über Nacht einen Ruf als unangetastete Autorität in Sachen Beziehungsfragen geschaffen.

Mit Sonja redete ich nie wieder, aber wenn wir uns begegneten, grinste sie mich immer an. Ich grinste zurück. Wir hatten ein gemeinsames Geheimnis. Und das war mehr, als sich der eingebildete Frank Meissner je erhoffen konnte.

Jan Weiler

Das demenzielle Syndrom

Es gibt da einen Werbespot, der mir echt Angst einjagt. Er läuft bei den öffentlich-rechtlichen Programmen, richtet sich also eher an ältere Mitbürger und handelt davon, wie ein Herr in einem hellen Trenchcoat einem anderen Herrn begegnet, den er freundlich grüßt. Leider fällt ihm jedoch der Name seines Gegenübers nicht ein, deshalb stammelt er: »Guten Tag, Herr, äh, hmm.« Der Rest des Spots ist nicht so wichtig, aber kurz nach dieser Spielszene wird ein Begriff eingeblendet, der wirklich rockt. Da steht nämlich: »Demenzielles Syndrom«. Was wollen uns die Werbeagentur und ihr Kunde, ein Hersteller von Mitteln gegen das Vergessen, damit sagen? Etwa, dass wir alle ein bisschen plemplem sind, wenn uns der Name eines Herrn nicht einfällt, den wir zuletzt als Latexwurst verkleidet auf dem Karnevalsball der Freiwilligen Feuerwehr Pinneberg gesehen haben? Da muss ich doch entgegenhalten: Wenn wir den Namen jetzt parat hätten, würde doch wohl viel eher etwas mit uns nicht stimmen. Ich jedenfalls brauche eine Ewigkeit, bis sich Namen und Gesichter in meinem Gehirn zu einer Person verbinden. Diesbezügliche Informationen krauchen bei mir schneckenartig von Synapse zu Synapse.

Selbst Ehepaare, die schon bei uns zum Essen waren, kann ich nicht von solchen unterscheiden, die ich immer schon einmal einladen wollte, oder jenen, deren Bestandteile längst geschieden sind oder ohnehin nie zusammengehörten. Ist das schon ein Zeichen von Demenz oder lediglich Ignoranz? Letzteres ist eine Annahme von Sara, die mich neulich schalt, mich nicht genug für ihre alten Schulfreunde zu interessieren, um ihre Namen zu behalten. Da ist was dran. Sie macht sich manchmal einen Spaß daraus, bei Partys oder anderen Stehveranstaltungen an mich heranzutreten und mir von der Seite ins Ohr zu flüstern: »Du hast keine Ahnung, mit wem du dich da gerade unterhältst, stimmt's?« Meistens hat sie recht. Sie hat sich deshalb angewöhnt, Leute immer mit Namen zu begrüßen, damit ich mich wenigstens daran erinnern kann, dass ich ihn schon einmal gehört habe. Meine kognitiven Fähigkeiten entsprechen jenen eines Cockerspaniels, der die Ohren spitzt, wenn er ein vermeintlich vertrautes Wort hört.

Ich kann aber nicht nur Namen nicht behalten, ich kann mir überhaupt nichts merken. Teile meines Hirns nehmen erst dann ihre Tätigkeit auf, wenn ihnen klar ist, wofür diese von Nutzen sein könnte. Warum sollte sich mein überlasteter Arbeitsspeicher mit dem Namen einer Schulkameradin meiner Frau abquälen, wenn ich diesen Namen niemals von selber benötige? Wieso muss ich mir merken, wie man sehr guten Crêpe-Teig macht, wenn ich jederzeit in einer zerfledderten Kladde nachsehen kann? Dabei freue ich mich jedes Mal über die glamouröse Information, dass man zerlassene Butter einrühren muss. Wenn ich das Rezept im Kopf hätte, gäbe es mir nichts. Außerdem wäre eine Gehirnzelle bereits besetzt, wenn eine weit wichtigere Information anklopft, die man dringend in seinem Kopf und in seinem Herzen aufbewahren muss (Beispiel: Es lohnt sich, alte Steely-Dan-Platten anzuhören).

Ich bin also keineswegs dement, und Sie sind es auch nicht, bloß weil Sie nicht wissen, wo genau Kabel eins auf Ihrer Fernbedienung liegt. Sie und ich, wir haben einfach Besseres zu tun, als sämtliche öden Umweltinformationen abzuspeichern. Lassen Sie sich von der doofen Fernsehwerbung nicht verunsichern.

Schön wäre, wenn der TV-Spot folgendermaßen abliefe: Der Mann sagt also: »Hallo, Herr, äh, hmm. Ach, wissen Sie was? Ich habe keinen Schimmer, wer Sie sind, und Ihnen geht es sicher genauso. Kommen Sie, wir gehen in einen Pils-Pub und stellen uns noch einmal richtig vor.« Dann gehen sie in einen Pils-Pub, verlieben sich ineinander und fangen noch einmal ganz von vorne an. Und am Ende erscheint das Logo eines Herstellers von Trenchcoats. Zum Beispiel, äh, hmm. Die Marke habe ich gerade vergessen. Ist ja auch egal.

Heinrich Böll

Anekdote zur Senkung der Arbeitsmoral

In einem Hafen an der westlichen Küste Europas liegt ein ärmlich gekleideter Mann in seinem Fischerboot und döst. Ein schick angezogener Tourist legt eben einen neuen Farbfilm in seinen Fotoapparat, um das idyllische Bild zu fotografieren: blauer Himmel, grüne See mit friedlichen, schneeweißen Wellenkämmen, schwarzes Boot, rote Fischermütze. Klick. Noch einmal: klick, und da aller guten Dinge drei sind und sicher sicher ist, ein drittes Mal: klick. Das spröde, fast feindselige Geräusch weckt den dösenden Fischer, der sich schläfrig aufrichtet, schläfrig nach seiner Zigarettenschachtel angelt, aber bevor er das Gesuchte gefunden, hat ihm der eifrige Tourist schon eine Schachtel vor die Nase gehalten, ihm die Zigarette nicht gerade in den Mund gesteckt, aber in die Hand gelegt, und ein viertes Klick, das des Feuerzeuges, schließt die eilfertige Höflichkeit ab. Durch jenes kaum messbare, nie nachweisbare Zuviel an flinker Höflichkeit ist eine gereizte Verlegenheit entstanden, die der Tourist – der Landessprache mächtig – durch ein Gespräch zu überbrücken versucht.

»Sie werden heute einen guten Fang machen.«

Kopfschütteln des Fischers.

»Aber man hat mir gesagt, dass das Wetter günstig ist.«

Kopfnicken des Fischers.

»Sie werden also nicht ausfahren?«

Kopfschütteln des Fischers, steigende Nervosität des Touristen. Gewiss liegt ihm das Wohl des ärmlich gekleideten Menschen am Herzen, nagt an ihm die Trauer über die verpasste Gelegenheit.

»Oh, Sie fühlen sich nicht wohl?«

Endlich geht der Fischer von der Zeichensprache zum wahrhaft gesprochenen Wort über. »Ich fühle mich großartig«, sagt er. »Ich habe mich nie besser gefühlt.« Er steht auf, reckt sich, als wollte er demonstrieren, wie athletisch er gebaut ist. »Ich fühle mich phantastisch.«

Der Gesichtsausdruck des Touristen wird immer unglücklicher, er kann die Frage nicht mehr unterdrücken, die ihm sozusagen das Herz zu sprengen droht: »Aber warum fahren Sie dann nicht aus?«

Die Antwort kommt prompt und knapp. »Weil ich heute Morgen schon ausgefahren bin.«

»War der Fang gut?«

»Er war so gut, dass ich nicht noch einmal auszufahren brauche, ich habe vier Hummer in meinen Körben gehabt, fast zwei Dutzend Makrelen gefangen ...«

Der Fischer, endlich erwacht, taut jetzt auf und klopft dem Touristen beruhigend auf die Schulter. Dessen besorgter Gesichtsausdruck erscheint ihm als ein Ausdruck zwar unangebrachter, doch rührender Kümmernis.

»Ich habe sogar für morgen und übermorgen genug«, sagt er, um des Fremden Seele zu erleichtern. »Rauchen Sie eine von meinen?«

»Ja, danke.«

Zigaretten werden in Münder gesteckt, ein fünftes Klick, der Fremde setzt sich kopfschüttelnd auf den Bootsrand, legt die Kamera aus der Hand, denn er braucht jetzt beide Hände, um seiner Rede Nachdruck zu verleihen.

»Ich will mich ja nicht in Ihre persönlichen Angelegenheiten mischen«, sagt er, »aber stellen Sie sich mal vor, Sie führen heute ein zweites, ein drittes, vielleicht sogar ein viertes Mal aus und Sie würden drei, vier, fünf, vielleicht gar zehn Dutzend Makrelen fangen ... stellen Sie sich das mal vor.«

Der Fischer nickt.

»Sie würden«, fährt der Tourist fort, »nicht nur heute, sondern morgen, übermorgen, ja, an jedem günstigen Tag zwei, drei Mal, vielleicht vier Mal ausfahren – wissen Sie, was geschehen würde?«

Der Fischer schüttelt den Kopf.

»Sie würden sich in spätestens einem Jahr einen Motor kaufen können, in zwei Jahren ein zweites Boot, in drei oder vier Jahren könnten Sie vielleicht einen kleinen Kutter haben, mit zwei Booten oder dem Kutter würden Sie natürlich viel mehr fangen – eines Tages würden Sie zwei Kutter haben, Sie würden ...«, die Begeisterung verschlägt ihm für ein paar Augenblicke die Stimme, »Sie würden ein kleines Kühlhaus bauen, vielleicht eine Räucherei, später eine Marinadenfabrik, mit einem eigenen Hubschrauber rundfliegen, die Fischschwärme ausmachen und Ihren Kuttern per Funk Anweisung geben. Sie könnten die Lachsrechte erwerben, ein Fischrestaurant eröffnen, den Hummer ohne Zwischenhändler direkt nach Paris exportieren – und dann ...«, wieder verschlägt die Begeisterung dem Fremden die Sprache. Kopfschüttelnd, im tiefsten Herzen betrübt, seiner Urlaubsfreude schon fast verlustig, blickt er auf die friedlich hereinrollende Flut, in der die ungefangenen Fische munter springen.

»Und dann«, sagt er, aber wieder verschlägt ihm die Erregung die Sprache. Der Fischer klopft ihm auf den

Rücken, wie einem Kind, das sich verschluckt hat. »Was dann?«, fragt er leise.

»Dann«, sagt der Fremde mit stiller Begeisterung, »dann könnten Sie beruhigt hier im Hafen sitzen, in der Sonne dösen – und auf das herrliche Meer blicken.«

»Aber das tu ich ja schon jetzt«, sagt der Fischer, »ich sitze beruhigt am Hafen und döse, nur Ihr Klicken hat mich dabei gestört.«

Tatsächlich zog der solcherlei belehrte Tourist nachdenklich von dannen, denn früher hatte er auch einmal geglaubt, er arbeite, um eines Tages einmal nicht mehr arbeiten zu müssen, und es blieb keine Spur von Mitleid mit dem ärmlich gekleideten Fischer in ihm zurück, nur ein wenig Neid.

Frank Goldammer

Gute Nacht, Falscher Hase, dreizehn fünfzig

Es ist noch gar nicht so lange her, da bin ich in einer kleinen Stadt ganz in meiner Nähe gewesen. Ich verrate jetzt nicht welche Stadt das war, aber es gibt da eine sehr hübsche Burg, eine Milliarde Touristen und tonnenweise überteuertes Geschirr.

Jedenfalls kehrte ich dort in ein kleines Gasthaus ein, und da ich ein alter Knauser bin, wenn es darum geht, mit meinen Kindern essen zu gehen – sie essen ja doch nur die Hälfte und zermatschen den Rest –, ging ich nicht in das beste Lokal vor Ort, nicht einmal in das fünftbeste.

Es war eine kleine Gaststätte, nicht unbedingt zentral gelegen, in welche sich die Touristen nur verirrten, wenn wirklich alle anderen Restaurants voll besetzt waren. Es gab einen kleinen Gastraum, der an Enge hatte, was ihm an Gemütlichkeit fehlte, und einen Innenhof, der wirklich genau das war: ein Hof, umschlossen von vier hohen Mauern. Im feuchten Putz, in den durchweichten Papiergirlanden und in den Wachstuchtischdecken steckte der Gilb eines jahrelangen Überlebenskampfes. Zum Leben zu wenig, zum Sterben zu viel.

Am liebsten wäre ich wieder gegangen, doch die Kinder hatten sich schon hingesetzt. Also nahm ich auch Platz auf einem dieser Klappstühle, die extra dazu konstruiert wurden, um unbequem zu sein. Ein paar Leute, die allesamt wie Stammgäste aussahen, betrachteten mich misstrauisch.

Der Wirt kam herbeigeeilt, zückte seinen Notizblock. Das machte ihn mir sehr sympathisch, denn nichts mag ich weniger als Bedienungen, die eine Bestellung ganz locker im Kopf behalten, um dann aus einem Glas Wein, einem Radler und zwei Fassbrause – zwei Pils, ein Guinness und einen Teller Grützwurst zu machen.

Der Wirt sah mich erwartungsvoll und mit einem Anflug von verzweifelter Unterwürfigkeit an.

»Schönen guten Tag, kann ich Ihnen schon etwas zu trinken bringen? Heute im Angebot: Forelle blau mit Salzkartoffel zwölf neunzig.«

»Ich … äh, was?« Kennen Sie das, wenn man sich einen Text zurechtgelegt hat und ihn dann aber vor lauter Erstauntsein vergisst?

»Ich hätte gern ein Pils und zwei Fassbrause!«

Er nickte. »Ein Pils, zwei Fassbrause, ganz neu bei uns: Gewürztraminer 1/4 Liter drei neunzig! Essen wählen Sie noch?«

Ich nickte, er wollte gehen. Dann begriff ich, was er gesagt hatte, und wurde unsicher. »Warten Sie!«, rief ich ihm hinterher. »Nur ein Bier und zwei Limo!«

Er sah auf seinen Zettel und nickte.

»Keinen Traminer also!«, bekräftigte ich noch einmal.

»Keinen Gewürztraminer, auch ganz neu: 2012er Riesling 1/4 Liter vier fünfzig!« Damit ging er ab.

Ich überlegte, ob er mir nun einen Riesling bringen würde, und ich dachte so lange darüber nach, dass ich mir wünschte, er täte es.

Der Wirt kam wieder – mit Bier und zwei Limo.

»Sie haben gewählt? Heute auch zu empfehlen: Lammbraten an Erbspüree zwölfneunzig.«

»Ich … äh, sonst gibt es nichts zu empfehlen?«, fragte ich etwas irritiert.

»Dieses Lamm war besonders klein und niedlich, für den großen Hunger gibt es Schnitzel mit Pommes neunneunzig, neu: freitags immer Tanz fünfzehn neunzig.«

»Ich … äh.« Ich glotzte ihn an. Er wartete, ohne eine Miene zu verziehen.

Die Kinder musste ich nicht fragen, was sie essen wollten. Wie immer: frittierte Kartoffelstäbchen. Ich dagegen konnte mich nicht entscheiden. Meine Augen huschten über die Karte. Es gab ein gutes Dutzend Gerichte, und der Wirt machte nicht den Anschein, als würde er noch einmal gehen wollen, um mir Zeit zu geben, etwas auszusuchen. Eher sah es aus, als wartete er, um sich mir in den Weg zu stellen, falls ich es mir doch noch einmal überlegen würde und ohne zu essen gehen wollte. Endlich schaffte ich es, eine Entscheidung zu treffen. Steak mit Würzfleisch sollte es sein.

»Ich nehme das Steak mit …«

»Zu empfehlen Schweinemedaillons an Spinatpasta elf neunzig!«

»Was?« Ich starrte ihn an. Er starrte zurück.

Langsam öffnete ich meinen Mund. »Steak mit …«

»Und für die Kleinen ein Teller Spaghetti mit Tomatensoße sechs neunzig.«

»Für die habe ich doch schon bestellt!«

Er schaute auf seinen Zettel. »Zweimal Pommes mit Ketchup und Mayo!«

»Gut, dann hätte ich gern: Steak mit …«, ich zögerte vorsichtshalber, »… Würzfleisch!«, schloss ich ab.

»Zweimal Pommes, Steak mit Würzfleisch, jeden Sonntag Karpfen satt vierzehn neunzig!«

Er zog mit der Bestellung ab.

Nach wenigen Minuten schon brachte er das Essen. Es war nichts zu beanstanden, es machte satt. Die Kinder waren schon vorher satt gewesen. Das sind sie eigentlich immer. Sie verlangen nur aus Prinzip nach Essen. Woher sie ihre Fette, Kohlenhydrate und Vitamine bekommen, darüber mache ich mir schon längst keine Gedanken mehr.

Ich winkte dem Wirt. »Ich möchte bez…«

»Süffiges Kellerbier direkt aus der örtlichen Brauerei drei neunzig das große Glas.«

»Nein, ich würde gern bez…«

»Tasse Kaffee, Rhabarberkuchen mit Schlagsahne vier neunzig.«

»Ich will bez…«

»Im Gastraum haben wir ein Terrarium mit Schildkröten.«

»Drei neunzig, oder?«, fragte ich leicht gehässig.

Er schüttelte ernst den Kopf. »Kostenlos.«

»Nein«, rief ich, doch die Kinder waren schon hineingerannt. Ich versuchte es noch einmal: »Die Rechnung bitte!«

»Ein Pils, zwei Fassbrause, zweimal Pommes, ein Steak-Würzfleisch, achtundzwanzig fünfzig, einmal im Monat Grillbüfett, einmal zahlen – satt essen neun neunundneunzig. Mittwochs Schlachterteller achtzehn neunzig.«

Jetzt reichte es mir. »Hören Sie, so geht das nicht!«

»Wie meinen Sie?«, fragte er. Lange blickte ich in seine Augen, doch da war kein Schalk, kein stiller Triumph, keine Heimtücke, nur schwarze Tiefe.

»Nichts«, erwiderte ich und gab ihm glatt dreißig.

»Vielen Dank, für zwischendurch Pilzcremesuppe drei neunzig. Besuchen Sie uns bald wieder, Flammkuchen sieben neunzig.« Sein Gesicht zuckte unmerklich. Waren das die Nerven? Oder beherrschte er sich einfach? Vielleicht brach schallendes Gelächter aus ihm heraus, sobald ich das Restaurant verlassen hatte?

Ich sammelte meine Kinder ein, nahm ihnen die Schildkröten aus den Hosentaschen und wir fuhren heim.

Aber dieses Erlebnis ließ mir keine Ruhe. Natürlich nicht. Ich hasse es, veralbert zu werden. So etwas beschäftigt mich, treibt mich um. An diesem Abend konnte ich erwartungsgemäß nicht schreiben, nicht fernsehen, nicht lesen, ich wollte nicht ins Bett. Ich wusste, ich würde mich nur hin und her wälzen. Ich fühlte mich benutzt. Hintergangen. Bloßgestellt. Mich quälte der Gedanke, dass sich jemand auf meine Kosten lustig gemacht hat. Ich musste es genau wissen, musste es klären.

Also fuhr ich wieder in die kleine Stadt ganz in meiner Nähe. Ich kam an, als der Wirt gerade dabei war, sein Etablissement zu schließen. Müde schlurfte er heim, und ich folgte ihm in sicherem Abstand.

Es war nicht weit. Er verschwand in einem kleinen Haus, eingezwängt zwischen größeren Häusern. Die Tür schloss sich hinter ihm, und es gab keine Gelegenheit für mich hineinzuschlüpfen. Deshalb stellte ich mich unter ein offenes Fenster und lauschte. Ich hörte ihn die Schlüssel in eine Schale legen. Hörte Wasser plätschern, das Scheuern einer Zahnbürste. Dann schlurfende Schritte in das Zimmer direkt über mir.

»Bin wieder da, Spätburgunder 1/4 Liter fünf dreißig.«

Ich zuckte zusammen. Hatte er gemerkt, dass ich ihm gefolgt war?

Bettzeug raschelte.

»Schatz, wie war dein Tag?«, flüsterte eine Frauenstimme.

»Ganz gut, Zwiebellauchsuppe vier neunzig.«

Wieso wusste er, dass ich hier unten herumstand? Das konnte nicht wahr sein. Machte er sich noch immer über mich lustig?

»Komm her, Süßer!«, flüsterte die Frau. Wieder raschelte es. Verhaltenes Wispern. »Käseplatte achtneunzig«, glaubte ich zu hören und ein leises Kichern.

Ich war empört. Ich hätte gute Lust gehabt, Sturm zu klingeln und den Kerl zur Rede zu stellen. Doch dann begann auf einmal das Bett zu quietschen. Leise nur, aber rhythmisch.

»Oh, mein Gott!«, hörte ich die Frau.

»Zwiebelschmalz eins neunzig«, presste er hervor.

»Oh, mein Gott«, juchzte sie.

»Zwiebelschmalz eins neunzig«, stöhnte er.

»Oh, mein Gott.«

»Zwiebelschmalz eins neunzig.«

»Oh, mein Gott.«

»Zwiebelschmalz eins neunzig.«

»Oh, mein Gott.«

»Zwiebelschmalz eins neunzig.«

»Oh, mein Gott.«

»Zwiebelschmalz eins neunzig.«

»Oh, mein Gott, oh, mein Gott, oh, mein Gooooott!«

»Römertopf zwölf neunzig und jeden zweiten Dienstag Weinverkostung für einundzwanzig neunzig!«

Dann kehrte Stille ein. Ich wagte nicht, mich zu rühren.

»Schlaf gut, Schatz«, wisperte sie.

»Gute Nacht, Falscher Hase dreizehn fünfzig«, gähnte der Wirt.

»Gute Nacht, Forelle blau mit Salzkartoffeln zwölf neunzig«, flüsterte ich und fuhr beruhigt nach Hause.

Jutta Profijt

Buona sera, Seniorina

Rosa riss die Arme hoch und winkte den Menschen vor der kleinen Bühne atemlos zu. Sie hatte gewonnen! Der Tanzlehrer, der sie hervorragend geführt und ihr zum Sieg verholfen hatte, trat bescheiden einen Schritt zurück und applaudierte ebenfalls.

»Unsere ›Let's Dance‹-Gewinnerin in der Kategorie Sechzig plus heißt ...«, rief der Mann am Mikro.

Natürlich hatte Rosa sich *nicht* in der für sie eigentlich korrekten Kategorie Ü-Siebzig angemeldet. Gegen arthritische Rentner anzutreten lag weit unter ihrem Niveau. Und mit ihren schulterlangen hennaroten Locken und der Batik-Tunika in Sonnengelb, die ihre wohlgerundeten Formen umspielte, ging sie locker für Anfang sechzig durch. Sicher, das lag auch an ihrer körperlichen Fitness. Tägliches Yoga hielt sie geschmeidig, und ihre Körperhaltung hatte nichts von dem Selbstbewusstsein eingebüßt, das die als Volksschauspielerin stadtbekannte Rosa Liedke über Jahrzehnte hinweg zum Publikumsliebling gemacht hatte.

Die Sprechpause des Moderators dauerte zu lang. Dafür hatte Rosa ein untrügliches Gespür. Der Mann hatte ihren Namen vergessen. Die Idee, mit dem samstäglichen Spontan-Wettbewerb auf einer mobilen Bühne Tanzkurs-Schnupper-Gutscheine zu verschenken, war ein toller

Marketing-Gag, das musste man der Tanzschule lassen. Aber der Moderator war ein Fehlgriff. Während der Mann hektisch in seinen diversen Stichwort-Kärtchen blätterte, ging Rosa völlig entspannt zu ihm, nahm das Mikrofon an sich und sagte: »Rosa Liedke. Ich führe Ihnen gern die Hand, wenn Sie den Gutschein ausfüllen.«

Das Publikum johlte.

»Und warum, bitte schön, kannst du mich nicht begleiten?«, fragte Rosa zwei Stunden später.

Mit vorwurfsvollem Blick folgte sie Konrad in die gemeinsame Küche. Verschiedene Zufälle hatten dazu geführt, dass sich Rosa vor Kurzem mit einigen anderen, extrem unterschiedlichen Menschen eher unfreiwillig in einer Wohngemeinschaft zusammengetan hatte. Konrad war dabei noch der angenehmste Mitbewohner, denn er übernahm die meisten Haushaltstätigkeiten. So auch jetzt, als er erst die Einkäufe verstaute und sich dann ans Kaffeekochen machte.

»Weil ich bereits zu diesem Schnupper-Tanzkurs gehe. Und zwar mit Henriette.«

Konrad und Henriette, beide jenseits der siebzig, waren seit einiger Zeit ein Herz und eine Seele. Wer von beiden beim Schlitzohr-Wettbewerb die Nase vorn hatte, war für Rosa nicht erkennbar, interessierte sie aber auch nicht. Die beiden spielten in einer Liga und waren einander gewachsen.

»Henriette ist keine Partnerin für einen Tango. Sie ist zu klein für dich, zu unsicher auf den Beinen und ...«

Konrad lächelte, schnitt Rosa aber mit einer entschiedenen Geste das Wort ab. »Spar dir die Mühe. Ich gehe mit Henriette zu diesem Kurs. Warum fragst du nicht Herrn Seefeld?«

Rosa schnaubte abfällig. Hans Seefeld war vollkommen indiskutabel! Er kritisierte Rosa ständig wegen ihres Hangs zur Unordnung, forderte sie nach dem Essen zum Spülen auf, wenn sie lieber einen Joint geraucht hätte, und machte sie überhaupt mit seinen ständigen Regeln und Vorschriften wahnsinnig. Er war Soldat gewesen, bevor er zum Lehrer umschulte, bewegte sich, als habe er ein Bajonett verschluckt, besaß die Leidenschaft eines Hydranten, war humorlos und …

»Was möchte Frau Liedke mich nicht fragen?«

… und er bewegte sich lautlos wie ein Spion in der Dunkelheit, was Rosa regelmäßig auf die Palme trieb.

Rosa seufzte. »Ich habe einen Gutschein für einen Tanzkurs, aber keinen Partner, weil Konrad bereits mit Frau Zucker verabredet ist. Aber davon verstehen Sie nichts, denn Tanzen ist eine dieser Aktivitäten, die mit sozialer Interaktion zu tun haben, also weit außerhalb Ihrer Kernkompetenz.«

Seefeld hob die linke Augenbraue um den Bruchteil eines Millimeters. »Welche Art Tanzkurs ist es denn?«

»Tango«, sagte Konrad träumerisch, nahm die Arme in Tanzposition und machte zwei kleine Schritte, bevor er die Kanne und zwei Tassen auf den Tisch stellte. Dass Seefeld keinen Kaffee trank, wusste in diesem Haus jeder.

»Ich nehme nicht an, dass es Ihre Meinung ändert, aber ich war Landesmeister im Tango Argentino in meiner Altersklasse.«

»Im Ersten oder Zweiten Weltkrieg?«, fragte Rosa.

»Ich bin fast zwanzig Jahre jünger als Sie, liebe Frau Liedke, also lassen Sie die Steine liegen.«

Rosa hatte bereits eine Antwort auf der Zunge, schluckte sie aber herunter. Was war in einem Tango-Kurs wichtiger: ein Partner, der charmante Reden schwang, oder einer, der tanzen konnte? Jemand mit beiden Talenten war offenbar nicht verfügbar, auch der Charmeur war schon vergeben. Vielleicht war Seefeld tatsächlich einen Versuch wert.

»Wie kommt jemand wie Sie auf die Idee, an einem Tanzwettbewerb teilzunehmen?«, fragte Rosa, um nicht den Eindruck zu erwecken, sie hätte nur auf Seefeld gewartet.

»Wie kommt jemand wie Sie, die doch schon alles weiß und alles kann, auf die Idee, einen Kurs zu belegen?«, konterte Seefeld.

»Ich will Spaß haben«, erwiderte Rosa in der Gewissheit, den verbalen Schlagabtausch damit zu gewinnen.

»Das ist bei mir anders«, gab Seefeld zu. »Wäre es so, kämen Sie als Begleitung nicht in Frage.«

Der Kaffeenebel, den Konrad über den Tisch prustete, enthob Rosa einer Antwort.

»Herzlich willkommen, ich freue mich, Sie zu diesem Nachmittag voller Leidenschaft begrüßen zu dürfen!« Der Tanzlehrer sprach so beschwingt, wie er tanzte, bei dem Wort Leidenschaft machte er gar einen kleinen Hüpfer. Ein bisschen affig, aber Rosa sah darüber hinweg. Sie wollte sich amüsieren, nicht ärgern.

Rosa ließ ihre Blicke über die Anwesenden wandern. Konrads täglich mit Sprühkleber quer über dem Schädel fixierte Haarsträhne lag heute besonders eng an, Seefelds Haltung hätte auch neben der Queen untadelig gewirkt und Henriette Zucker trug eins ihrer üblichen Outfits: ein altrosafarbenes Kleid mit Plisseerock und Spitzenoberteil im Stil der Zwanzigerjahre, einen mintfarbenen

Haarreif und gelbe Turnschuhe. Der Rest der grauen Köpfe thronte auf mehr oder weniger formlosen Körpern und auf mehr oder weniger formloser Kleidung. Einigen sah Rosa die Vorfreude an, andere schauten immer wieder nervös zu den drei Personen, die in einer Ecke des Tanzstudios mit einer Kamera, einem Fotoapparat und einem Mikrofon hantierten. Leidenschaftlich? Nein. Abgesehen von ihr selbst, natürlich.

»Sie haben bereits alle bemerkt, dass wir heute Gäste in unserem Studio haben.«

Die drei in der Ecke unterbrachen ihre Arbeit und winkten freundlich in die Runde. Rosa schätzte sie auf unter dreißig. Der eine trug Pferdeschwanz, Ziegenbärtchen und Schiebermütze, der andere sah aus wie ein Surfer auf dem Trockenen, und die kurzhaarige junge Frau in Jeans und T-Shirt, die die Kamera ausrichtete, schien die Anweisungen zu geben.

»Diese drei Künstler haben auch unsere Werbefotos gemacht und das Tanzvideo gedreht, das Sie vielleicht auf unserer Homepage gesehen haben.«

Eine füllige Dame in knallrotem Nicki-Anzug klatschte begeistert in die Hände, die anderen schauten bei dem Wort »Homepage« konsterniert.

»Nun, heute sind die drei hier, um Aufnahmen für ein großes Unternehmen zu machen, das zum Beispiel Haarpflege und Kosmetik herstellt und sich besonders auf die reiferen Kunden spezialisiert.«

»Haben Sie Pröbchen dabei?«, wollte die Rotflauschige von den Filmleuten wissen.

Henriette Zucker kicherte laut, Konrad tätschelte ihre Hand, Seefeld atmete ein einziges Mal ein winziges bisschen lauter aus als normal, nur Rosa seufzte laut und vernehmlich.

»Ich hoffe, dass Sie sich durch die Anwesenheit nicht gestört fühlen, und ich versichere Ihnen, dass das Material nur verwendet wird, wenn Sie sich damit einverstanden erklären – selbstverständlich nachdem Sie die Gelegenheit hatten, sich die Bilder oder Filmsequenzen anzusehen.«

Rosa bemerkte, dass das Objektiv der Kamera genau auf sie zeigte, und straffte die Schultern noch ein wenig mehr. Wenn überhaupt irgendjemand in diesem Raum als positives Beispiel für würdevolles Altern in Frage kam, dann ja wohl sie!

Der Tanzlehrer klatschte freudig in die Hände und öffnete den Mund, um nun endlich zur Sache zu kommen, wurde aber von einer dürren Frau unterbrochen: »Entschuldigung, aber bevor es losgeht – wo ist denn die Toilette?«

Während mehr als die Hälfte der Teilnehmer in die angegebene Richtung verschwand, gratulierte Rosa sich wieder einmal zu ihren täglichen Übungen, die die Kräftigung der Beckenbodenmuskulatur einschlossen. Wie sollte man sein Leben genießen, wenn man ängstlich darauf bedacht sein musste, sich nicht mehr als zwanzig Meter vom nächsten Klo zu entfernen?

Eine Stunde später lachte Rosa verschwitzt, aber glücklich. Seefeld war tatsächlich ein hervorragender Tänzer. Er hielt den Takt, absolvierte die Schritte, Drehungen und Armbewegungen rhythmisch und präzise und führte Rosa ebenso resolut wie zuverlässig. Seine Bewegungen waren geschmeidig, und er schaffte es immer wieder, den anderen Tänzern, die orientierungslos über das Parkett stolperten, aus dem Weg zu gehen. Im Gegensatz zu einigen anderen, die jeden Schritt kommentierten oder laut – und meist falsch – zählten, hielt Seefeld den Mund. Er tadelte Rosa nicht, wenn sie ihm auf den Fuß trat, zischte ihr keine Anweisungen zu und belästigte sie auch in den kurzen Atempausen nicht mit Small Talk. So konnte Rosa sich ganz dem Rausch der Musik und der Bewegung überlassen. Selbst die Kameraleute hatte sie vergessen.

Viel zu schnell war der Nachmittag vorbei. Der Tanzlehrer, inzwischen deutlich überfordert von der Anstrengung, gegen das Gekichere und Geflüstere anzubrüllen und einen Überblick über das ständige Kommen und Gehen zwischen Tanzstudio und Toilette zu behalten, dankte matt für die fleißige Teilnahme. Seine Worte fanden besonderen Anklang bei den vier Schwänzern, die schon die letzte halbe Stunde an der Bar bei mehreren Gläsern Prosecco verbracht hatten, anstatt sich weiter zu bemühen. Auch Konrad sah erleichtert aus. Zwar hatte Rosa ihn schon lang aus den Augen verloren, aber die Anfänge, die sie mitbekommen hatte, waren erstklassiges Futter für ihre Schadenfreude. Henriette Zucker konnte weder den Takt halten noch die angegebenen Schritte ausführen. Gab der Tanzlehrer den Damen die Anweisung, mit dem rechten Fuß zurückzugehen, trat sie links vor. Konrads Schuhe legten beredtes Zeugnis ihres völligen Talentmangels ab. Wie sich seine Zehen anfühlten, konnte Rosa sich lebhaft vorstellen.

»Es war mir ein Vergnügen«, sagte Seefeld mit einer kleinen Verbeugung. Ihm sah man die Anstrengung nicht an. Kein Wunder, der Mann ernährte sich von Müsli, Tee und Gemüse, trieb Frühsport, bevor normale Menschen überhaupt aufstanden, und hatte eine Figur wie ein Leistungssportler.

»Mir auch«, sagte Rosa. Von sich selbst überrascht fügte sie hinzu: »Ehrlich.«

»Ich weiß«, erwiderte Seefeld. »Aus reiner Höflichkeit zu lügen ist nicht Ihr Ding.«

Rosa lachte. »Da sind wir uns ähnlich.«

Das Zucken in Seefelds Mundwinkeln nahm Rosa als amüsierte Zustimmung. Näher würde er einer Darstellung ausgelassener Lebensfreude nicht kommen.

»Dürfte ich Sie wohl kurz sprechen?«

Inzwischen hatte jeder ein Glas Prosecco in der Hand, Rosa sogar zwei, denn Seefeld trank keinen Alkohol. Sie leerte das eine und drehte sich zu der jungen Frau um, die die Kamera geführt hatte.

»Ich möchte Sie gern als Model für unsere Werbeaufnahmen haben.«

Rosa nickte huldvoll. Die Anfrage überraschte sie nicht im Geringsten.

»Irgendwo hier muss es sein«, sagte Rosa. Sie stürmte voraus, während Seefeld, Konrad und Henriette Zucker ihr amüsiert folgten. Einen Fernsehspot gab es nun doch nicht, aber die Kampagne in Zeitschriften und auf Plakatwänden würde die Republik flächendeckend überziehen, hatte man ihr gesagt, und die wollte sie nun endlich sehen. Wenn diese Kampagne einschlug, konnte sie vielleicht weitere Aufträge an Land ziehen. Nachdem sie ihre Schauspielerei viel zu früh an den Nagel gehängt hatte, stand ihr die Möglichkeit einer zweiten Karriere offen, dessen war sie sich sicher.

Rosa war so in ihre Zukunftsplanungen versunken, dass sie fast an der Plakatwand vorbeigelaufen wäre. Ja, da war sie! Aufmerksam betrachtete sie das Plakat, aus dessen

Mittelpunkt ihr ihr eigenes Gesicht entgegenblickte. Seefeld und die anderen Teilnehmer des Schnupper-Tanzkurses blieben unscharf im Hintergrund, nur Rosa war zu erkennen. Und wie! Lebendig sah sie aus, leidenschaftlich, mit einem Ausdruck wahrer Verzückung auf dem Gesicht. Gut, die Falten um die Augen hätte man ein wenig retuschieren können, aber im Großen und Ganzen …

Zufrieden drehte Rosa sich zu ihren Begleitern um. Aber in deren Mienen las sie keine Begeisterung, sondern Bestürzung bei Konrad, Belustigung bei Frau Zucker und die übliche unergründliche Neutralität bei Seefeld.

Irritiert drehte sich Rosa wieder um, ließ ihren Blick über den Bildausschnitt wandern: ihr Haar, die strahlenden Augen, die rosigen Wangen, der leicht geöffnete Mund – alles top, nichts auszusetzen. Sie trat einige Schritte zurück, bis sie zwischen Konrad und Seefeld stand, um das gesamte Plakat in Augenschein zu nehmen.

Und dann sah sie es.

Nicht ihr Bild war das Problem, sondern das Produkt, für das sie Werbung machte. Von wegen Kosmetik und Haarpflege. Der Slogan über ihrem Foto lautete:

Zuverlässig und diskret – Das Leben genießen,
trotz Inkontinenz!

Rafik Schami

Die Frau, die ihren Mann auf dem Flohmarkt verkaufte

»Das, wobei unsere Berechnungen versagen,
nennen wir Zufall.«
Albert Einstein

»Zufall ist vielleicht das Pseudonym Gottes,
wenn er nicht unterschreiben will.«
Anatole France

Mein Großvater väterlicherseits war witzig, großzügig und immer für ein Abenteuer bereit.

Er lebte in Malula, einem christlichen Dorf in den Bergen. Wenn er uns in Damaskus besuchte, kam er oft alleine, da seine Frau, meine Großmutter, uns nicht mochte. Das beruhte auf Gegenseitigkeit. Wir waren die Brut ihrer verhassten Feindin, meiner Mutter, die mit ihren schönen Augen meinen Vater verführt hatte. Der Plan der Großmutter, ihren Sohn mit seiner reichen Cousine zu verheiraten, scheiterte an dieser hübschen, aber bettelarmen jungen Frau, die später meine Mutter werden sollte.

Das Allerschlimmste für meine Großmutter aber kommt erst noch: Es war die Zunge meiner Mutter, mit der sie zehn Frauen vom Kaliber meiner Großmutter an die Wand stellen konnte. Großmutter lästerte, meine Mutter habe ihre Zunge vom Teufel geliehen.

Für meinen Großvater war dieselbe Zunge ein Garten voller Lachen, voller Gerüchte und Anekdoten, wie er sich einmal ausdrückte. Er selbst war schüchtern, und sein Leben lang bewunderte er die Schlagfertigkeit meiner Mutter.

Ich wunderte mich immer, wie er es mit seiner Frau aushielt. Einmal fragte ich ihn, warum er nicht zu uns ziehe. Da lachte er: »Deine Großmutter kann nicht einschlafen, wenn sie ihre Hände und Füße, die immer eiskalt sind, nicht bei mir deponiert hat. Und ich bin ein Ofen.«

Und als er abends seinen Rotwein genoss, sah er zu mir herüber und sagte nur: »Heizöl.« Keiner außer mir verstand ihn. Ich verschluckte mich vor Lachen, und mein Vater bekam ein rotes Gesicht, wie immer, wenn er mit seinem Vater schimpfen wollte und nicht durfte.

Wenn Großvater bei uns übernachtete, bestand er darauf, auf einer Matratze im Kinderzimmer zu schlafen. Er lehnte das herrliche Gästebett ab, das ihm mein Vater anbot. In jenen Nächten konnten wir, meine zwei Brüder und ich, kaum schlafen. Wir lachten über seine Geschichten, was nicht selten damit endete, dass unser Vater hereinkam und seinen Vater mahnte, endlich Ruhe zu geben und uns schlafen zu lassen. Er, der reiche und mächtige Großvater, mimte dann den Ängstlichen und versteckte sich unter seiner Decke, und wir konnten noch weniger einschlafen.

Eines Nachts tanzte er auf seiner Matratze und sang laut und unverständlich. Die Melodie hörte sich sehr fremdartig an. Es handelte sich, wie er behauptete, um Lieder und Gesänge der Dschinn, und seine Tanzpartnerin war keine Geringere als die Frau von Schamhuresch, dem Herrscher der Dämonen. Dieser konnte nicht billigen, dass sich seine Frau in einen »Irdischen«, wie er

Großvater verächtlich nannte, verliebte. So ließ sich Großvater darauf ein, mit Schamhuresch zu kämpfen, nachdem dieser versprochen hatte, keine faulen Tricks anzuwenden. Dschinn haben nämlich die lästige Angewohnheit, sich in Sekundenschnelle in eine andere Form und Erscheinung zu verwandeln. Hat man sie am Hals gepackt, werden sie zu Skorpionen oder Krokodilen, legt man sie flach auf den Boden, werden sie zu einem See. Will man sie in den Hintern treten, werden sie zu Feuer und Glut. Das wussten wir aus früheren Erzählungen, und wir verfolgten die Schlägerei gespannt, bei der der Großvater sein Talent als Pantomime exzellent unter Beweis stellte. Man konnte beinahe die unsichtbare Faust des eifersüchtigen Dschinns sehen, wenn sie Großvaters Kinn traf. Der Kampf dauerte länger als zehn Minuten … Und das alles auf der Matratze in unserem Kinderzimmer! Als plötzlich die Tür aufging, erstarrte mein Großvater zu einer Gipsfigur.

»Soll ich den Hörern im Hof Eis servieren oder ihnen ein Eintrittsgeld abverlangen?«, fragte mein Vater verärgert. Ich hob den Vorhang. Tatsächlich saßen unsere Nachbarinnen und Nachbarn im Innenhof. Sie genossen in jener Sommernacht die kühle Luft unter freiem Himmel und desgleichen die Abenteuergeschichte meines Großvaters – bis die Zensur für eine Unterbrechung sorgte.

»Eis wäre nicht schlecht«, erwiderte Großvater und sackte in sich zusammen, als wäre er ein Löffel Vanilleeis in einer heißen Pfanne. Mein Vater schüttelte nur den Kopf, schloss die Tür und kehrte in sein Zimmer zurück.

»Und?«, flüsterte mein ältester Bruder, nachdem er sich vergewissert hatte, dass mein Vater weit genug weg war. »Wer hat gesiegt?«

»Natürlich ich, aber das hat mich einen Zahn gekostet«, erklärte Großvater, und er zeigte uns die Lücke in seinem Unterkiefer. Ich werde nie vergessen, wie er geduldig den Mund aufhielt, während wir drei mit der Taschenlampe seinen Unterkiefer erforschten.

So war er bis zum letzten Tag seines Lebens, von dem ich noch erzählen werde. Aber lange davor, an einem Tag in Frühjahr 1953, fragte er mich, ob ich mit ihm durch die Altstadt spazieren wolle.

Wir schlenderten durch die Gerade Straße. Mir schien an jenem Tag, dass alle Händler, Bettler, Polizisten, Lastenträger und Wirte meinen Großvater kannten und mochten. Sie grüßten ihn freundlich, und drei-, viermal luden ihn Männer zu einer Tasse Kaffee ein. Er lehnte höflich ab und wiederholte, er wolle mit mir, seinem Enkel, zum Flohmarkt gehen. Und das war keine Lüge gewesen, denn tatsächlich hörte ich an jenem Tag zum ersten Mal in meinem Leben vom »Suk Qumeile«, dem Flohmarkt. Ich war verwundert und dachte, mein Großvater wolle sich einen Scherz mit mir machen. Aber er schwor bei der heiligen Maria, dass eine ganze Straße den Namen Flohmarkt trage. Man könne dort interessante alte Dinge finden. Dann erzählte er mir, welche Raritäten er bisher schon erstanden hatte. Und auch von den Tricks der Händler, billige Ware als Antiquität zu tarnen und Anfängern für viel Geld anzudrehen.

Suk Qumeile lag in der Nähe der Zitadelle. Auf beiden Straßenseiten waren kleine, winzig kleine Läden dicht aneinandergereiht, und da es mehr Waren als Platz gab, standen auch die Bürgersteige voller Kleider, Spielzeug und Haushaltsgeräte. Es störte aber niemanden. Die Passanten gingen auf der Fahrbahn, und die wenigen Autofahrer, die vorbeikamen, hatten eine Engelsgeduld. Sie schlängelten sich im Schritttempo zwischen den Menschen hindurch und hupten nur, wenn man sie vergaß.

Ich durfte alles anfassen und fand bald einen bunten Musikkreisel, der zwar zwei Dellen hatte, aber wunderschöne Musik machte. Die Händlerin wollte – meinem Großvater zuliebe – keinen Gewinn machen und verlangte drei Lira. Mein Großvater behielt trotz der Schmeichelei einen kühlen Kopf und kaufte mir den Kreisel nach kurzem Feilschen für eine Lira. Für sich selbst erstand er bei einem anderen Händler eine Goldmünze und sagte leise zu mir, er habe diese seltene Münze seit Jahren gesucht.

Schließlich hielt er sich eine ganze Weile bei einem Händler auf, dessen Laden, abgesehen von Zetteln, die an der Wand klebten, leer war. Ich wunderte mich und fragte meinen Großvater, was der Mann verkaufe.

»Offiziell Häuser«, antwortete er. »Der Mann ist ein Makler. Aber inoffiziell verkauft er die besten Gerüchte, die man haben kann, weil er alle Häuser der Stadt und ihre Geheimnisse kennt.«

»Hallo«, rief ein Dattelverkäufer meinem Großvater zu, als wir weitergingen, »willst du zwei Kilo Kummer kostenlos haben oder ein Kilo irakische Datteln, bei denen du deinen Kummer vergisst?«

»Dann lieber die Datteln«, erwiderte mein Großvater, und ich bekam vom Verkäufer eine Tüte mit großen saftigen Datteln.

Plötzlich wurden mein Großvater und ich auf eine Menschentraube aufmerksam, die sich vor einem Laden gebildet hatte und bis zum Bürgersteig auf der anderen Straßenseite reichte. Mein Großvater, raffiniert wie er war, rief den Männern und Frauen, die uns im Wege standen, zu: »Macht Platz für das Waisenkind.« Nichts auf der Welt setzt einen schwergewichtigen Araber so schnell in Bewegung wie die Aufforderung, einem Waisenkind Durchgang zu gewähren. Mein Großvater schob mich vor sich her und schlüpfte, geschmeidig wie ein Schatten, hinter mich, bevor sich die Öffnung wieder schloss, und so standen wir binnen kürzester Zeit in der ersten Reihe.

»Waisenkind?«, raunte ich, denn meine Eltern waren erst Anfang dreißig.

»In siebzig Jahren bestimmt«, entgegnete er und richtete den Blick nach vorne. Ich wollte noch fragen, woher er das wisse, aber das Geschehen vor mir faszinierte mich so sehr, dass ich meine Eltern schnell vergaß. Mit offenem Mund starrte ich auf den Mann, der auf einem alten Sessel vor dem Laden saß. Er hielt ein Stück weißer Pappe vor sich, auf dem mit großen Buchstaben stand: Zu verkaufen. Das konnte ich gerade schon entziffern.

Am Eingang des Ladens stand neben Haushaltsgeräten und einem Haufen alter Kleider eine ältere Frau in einem blauen Overall. Sie stritt gerade mit einem jungen Mann, der nicht einsehen wollte, warum sie ihren Mann zum Verkauf gab.

Ich will wirklich nicht lügen und behaupten, ich hätte mit sieben Jahren alles verstanden. Was ich aber verstand, war, dass die Frau den Mann verkaufen wollte, weil dieser alt war.

»Und obwohl dieser Mann keineswegs stumm ist, macht er den Mund nicht auf, tage-, monate-, jahrelang kann der Mann ohne Worte leben«, rief die Frau in diesem Augenblick bitter, was ich nie vergessen habe. Und was ich auch verstand, war, dass sich der Mann mit Pferden gut auskannte und dass die Frau drei behinderte erwachsene Söhne zu ernähren hatte. Die Aufregung war groß, aber die Frau hielt allem stand. Auch vor einem besonders dürren Mann, der die Polizei rufen wollte, fürchtete sie sich nicht.

Nach einer Weile ging ein älterer Herr in einem feinen europäischen Anzug zu der Frau hin und zählte ihr den verlangten Preis Schein für Schein auf die Hand. Wie viel das war, weiß ich heute nicht mehr. Aber ich erinnere mich, dass die Frau ihren Mann ein letztes Mal umarmte und weinte.

Schweigsam zogen wir weiter, mein Großvater und ich. Mir schien, als hätte der Vorfall auch ihn mitgenommen. Erst auf dem Weg zurück, etwa auf der Höhe vom Suk al Busurije, dem Gewürzmarkt, fragte ich ihn, warum die Frau ihren Mann verkauft hatte.

»Weil sie arm ist. Immerhin kann sie mit dem Geld in schlechten Zeiten wie diesen überleben, und der Mann hat jemanden gefunden, der ihn für seine Pferde braucht.« Er hielt kurz inne. »Die Pferde nehmen es ihm nicht übel, wenn er den ganzen Tag schweigt, aber die Frauen mögen das nicht.«

»Und wird Großmutter dich verkaufen?«

Er lächelte. »Nein, ich glaube nicht, denn ich erzähle ihr dauernd etwas Neues, und dann vergisst sie, dass sie mich loswerden wollte.«

An diesem Tag fasste ich den geheimen Vorsatz, Frauen immer Geschichten zu erzählen, damit sie mich nicht verkaufen. Und noch einen geheimen Plan heckte ich auf dem Nachhauseweg aus.

»Liebte die Frau den Mann?«, fragte ich Großvater.

»Natürlich, du hast gesehen, wie sie beide beim Abschied weinten. Der Käufer tröstete sie, dass ihr Mann sie besuchen dürfe, sooft er wolle.«

Nun war mein Plan perfekt.

Zu Hause angekommen, machte meine Mutter Augen,

als ich ihr vorschlug, meinen schweigsamen ernsthaften Vater auf dem Flohmarkt zu verkaufen und dafür den alten preiswerten Großvater und noch dazu ein Radio zu erstehen.

»Aber ich liebe deinen Vater«, sagte sie, wie ich erwartet hatte und wie alle Welt wusste.

»Macht nichts. Er kann dich so oft besuchen, wie er will«, beruhigte ich sie.

»Nein, nein«, sagte die Mutter, »den verkaufe ich nicht, und deinen Großvater bekommen wir gratis.«

Merkwürdigerweise kaufte mein Vater eine Woche später ein Radio für meine Mutter. Wahrscheinlich aus Dankbarkeit. Das waren damals sehr teure Geräte, die wie ein Möbelstück aussahen. Neben dem Arzt Michel waren wir die Einzigen in der Gasse, die so ein Prachtstück besaßen. Und so kamen alle Nachbarn zu uns, um Kaffee zu trinken und Lieder, Nachrichten und Geschichten zu hören.

Manchmal jammerte mein Vater, dass das Radio mehr Kaffee verbrauche als Strom. Dann sah ich zu meiner Mutter und flüsterte nur: »Flohmarkt«, und sie lachte verschwörerisch.

Claudia Brendler

Schwebebalkennächte

Wer im Traum nicht abheben könne, hat kürzlich ein Freund beim Künstlerstammtisch gesagt, schaffe es vielleicht auch nie in seinen Werken. Darauf erzählten alle von ihren Flugträumen, wie fantastisch, erhebend, stimulierend, inspirierend sie seien, nur ich blieb still.

Ich träume nie vom Fliegen, und wenn ich versuche, den Flugtraum herbeizuzwingen, finde ich mich prompt auf dem Schwebebalken wieder. Die Arme ausgebreitet, hier und da einen Sprung wagend, tänzele ich über einem Abgrund, empfinde jedoch keine Angst, nur das wohlvertraute Gemisch aus Nervosität und Scham: Hoffentlich rutscht der Turndress nicht nach oben. Wenn der Schlüpfer herausschaut, gibt es fünf Zehntel Punktabzug.

Der Schwebebalken war von allen Turngeräten meiner Kindheit das tückischste. Er ruhte auf zwei mächtigen, in der Höhe verstellbaren Eisenfüßen, neunzig, hundertzehn oder hundertzwanzig Zentimeter über dem Boden. Auf den Balken durfte man nicht hinaufklettern, man musste mit einem eleganten Sprung auf ihm landen, dem *Aufgang*, und einmal oben, konnte man jederzeit unversehens abrutschen, lang vor dem vorgesehenen, kunstvollen *Abgang*. Mit Grätschsprüngen oder Strecksprüngen gab er sich nicht zufrieden, der Balken wollte mindestens mit einem Überschlag oder freien Rad verlassen werden, besser noch mit einem Salto. Beim Training lag die dicke Matte unter ihm, in der man bei der Landung einsank. Eine Trostmatte, weich wie ein mütterlicher Busen und so blau wie das Meer in der Augsburger Puppenkiste.

Mutter war Trainerin im Verein. Früher war sie selbst eine gute Turnerin gewesen. Die Geburt meiner Schwester Tatjana hatte ihrer Sportkarriere jedoch ein jähes Ende gesetzt, und als Tatjana acht war und ich sechs, fing sie als Übungsleiterin an. Jeden Montag und jeden Donnerstag. Tatjana und ich durften mit.

Anfangs freute ich mich auf die langen Nachmittage in der Halle mit dem splittrigen Holzboden und den hohen, blinden Fenstern, die nur mit einer Stange geöffnet werden konnten. Im dämmrigen Geräteraum, zwischen Mattenwagen und nie benutzten Kästen, stand ein altes Klavier, staubig und verstimmt. Ab und zu spielte ich darauf, dachte mir Melodien aus für die herumstehenden Böcke, das ausrangierte Rhönrad und den einsamen Stützbarren. Es dauerte nie lange, bis Mutter mich zurückrief und ich mich wieder in die Reihe stellen musste. Reihe, Riege, das waren Turnwörter, ebenso wie Durchstrecken, Durchhocken, Abgrätschen, Bogengang und Felgaufschwung. In den frühen Zeiten spielte ich noch mit den Wörtern und tauschte Buchstaben aus. Feldaufschwung. Bodengang. Ich stellte mir Tiere beim Bodengang vor, manchmal malte ich sie: achtbeinige Fabelwesen, die über ihre eigenen, gefleckten, dünnen Beine stolperten, während sie sich zum Feldaufschwung begaben, einem Kornfeld, das aufschwingen konnte wie eine goldgelbe Flügeltür.

Tatjana gehörte zu einer anderen Riege als ich. Nicht zur Förderstufe, sondern zur neu eingerichteten Leistungsgruppe. In die Leistungsgruppe wollten alle, aber die Auswahl war streng. Spagat musste man können und den Rücken nach hinten biegen, bis die Hände die Füße fast erreichten. Von Anfang an lernte Tatjana leichter als ich, mühelos scheinbar: den Bogengang rückwärts auf der Matte, aus dem Stand in die Brücke und über den Handstand zurück auf die Füße, den Überschlag am Pferd, Aufschwung, Felge und Kippe am Barren.

Nur der Schwebebalken warf sie immer wieder ab. Für den Balken brauchte man mehr als Talent, man brauchte Nerven.

Ich erinnere mich nicht, dass Mutter jemals über den Übungsbalken gesprochen hätte. Er lag eines Tages einfach da, auf dem Teppich in unserem Kinderzimmer, halb in Tatjanas, halb in meine Hälfte hineinragend. Auf den ersten Blick sah er harmlos aus. Seine Füße waren klobig, aus Holz, nicht mehr als zwanzig Zentimeter hoch. Trotzdem streifte Tatjana die Lampe, als sie das erste Rad auf ihm schlug. Unser Vater, im Bademantel aus der Dusche kommend, betrachtete ihn misstrauisch, dann bestieg er ihn und drehte eine gezierte Pirouette, eine Parodie auf unsere geballten Turnbemühungen.

Bald darauf zog der Balken aus dem Kinderzimmer aus und residierte fortan auf dem Trockenboden.

Wir turnten im Spätnachmittagslicht, das schräg durchs staubige Dachfenster fiel. Hinter uns, im Halbdämmrigen, hingen Laken, Bettbezüge, Unterhemden. Ab und zu kamen Nachbarinnen herein und nahmen Wäsche ab. Manchmal blieb eine von ihnen in der Tür stehen, den Korb unter dem Arm, und schaute einen Augenblick zu uns herüber. Das Kopfschütteln hob sie sich fürs Treppenhaus auf.

Mutter wartete, bis die Tür zugefallen war, dann wandte sie sich wieder Tatjana zu und half ihr, auf dem Schwebebalken in die Brücke zu gehen, ihn mit den Händen zu umfassen, ihm zu trauen.

Tatjana freundete sich mit ihm an. Oder er sich mit ihr. Auf seiner Schmalheit gelangen ihr Bogengänge rückwärts und vorwärts, sogar Flickflack.

Von mir ließ er sich widerwillig ein Rad gefallen, auch einen Spagat, aber meinem Bogengang, den ich auf der Bodenmatte mit einiger Mühe fertigbrachte, verweigerte er sich.

Von Anfang an hatte Mutter unsere Beweglichkeit kontrolliert. Wir mussten die Arme nach oben ausstrecken, so hoch und gerade wir konnten, und sie zog sie nach hinten, wie sie es auch in der Turnstunde bei anderen Kindern tat. *Ins Kreuz gehen* nannte man das in der Turnersprache und *Ins Kreuz gehen* war mir unmöglich, meine Arme blieben, wo sie waren, der Rücken wollte sich nicht biegen. Ich solle daran arbeiten, sagte Mutter, von Mal zu Mal besorgter. Jeden Tag solle ich meinen Rücken dehnen, und ich tat es, Abend für Abend im Kinderzimmer, so lange, bis der Balken die Vergeblichkeit meines Übens an den Tag brachte.

Immer seltener gab Mutter mir Hilfestellung oder forderte mich auf, es noch einmal zu probieren. Und eines Tages, als ich wieder auf ihm stand und darauf wartete, dass sie mir ihre warme Hand ins Kreuz legte, schüttelte sie nur den Kopf.

»Du bist einfach zu steif«, sagte sie. »Das hast du von deinem Vater.«

Es klang nicht, als ob sie böse auf mich wäre, eher nüchtern, abschließend.

Tatjana war die Begabte. Ich diejenige mit dem flachen Rücken und den guten Schulnoten. Für jede Eins bekam ich eine Mark, für die Zwei fünfzig Pfennige. An Zeugnistagen war ich reich. Im Schreibwarengeschäft neben der Schule, wo es so Wundersames wie giftgrüne Knete und schimmerndes Buntpapier gab, kaufte ich Wachsmalstifte, Malkreide, Zeichenblöcke und Hefte. Von den vielen verschiedenen Farben wurde mir schwindlig, auf eine gute Art, als ob plötzlich etwas aufginge und heller würde, heller und weiter, und wenn ich malte, konnte ich das Leuchten der Farben im ganzen Körper spüren. Sogar hören konnte ich sie, die Farben, ganze Geschichten erzählten sie, in Urwaldgrün und Papageienschnabelgelb, in Kokusnussbraun und Maracujarot. In der Dschungelwelt, die ich mir ausdachte, turnte man nicht, man überwand Hindernisse, schwang sich vielleicht mit einem Felgaufschwung auf einen Ast, jedoch nur, um zum nächsten Baum zu kommen, und auf Balken balancierte man, um gefährliche Sümpfe zu überqueren. Auf meinen Bildern war der Übungsbalken tief in den Schlamm gesunken, umwuchert von Sumpfpflanzen, voller Gewürm und Krabbelgetier und dreckiger Fußabdrücke. Niemand tänzelte über ihn, kein Dschungelbewohner dachte auch nur im Traum daran, auf ihm eine Standwaage, eine Pirouette, einen Sprung oder gar einen Bogengang zu machen, kaputtgelacht hätten sich meine Dschungeleltern und Dschungelbrüder über affektierte Turnerposen.

Und dennoch turnte ich weiter in der anderen, der blasseren Welt, obwohl niemand es von mir verlangte.

Wir beide, Tatjana und ich, hatten uns von der Turnhalle unserer Mutter emanzipiert. Tatjana ging täglich ins Leistungszentrum der Turnschule, ich hatte den Verein gewechselt. Meine neue Trainerin hieß Frau Töpfer, war zwischen sechzig und siebzig und erzählte gern von der Olympiade 1936, an der sie als junges Mädchen teilgenommen hatte. Herr Töpfer, ihr Sohn, trainierte die Älteren in der anderen Hälfte der Halle.

Er trug enge Gymnastikhosen und war um die vierzig. Obwohl er wenig Heldenhaftes an sich hatte, waren die älteren Mädchen in ihn verliebt, ließen sich von Barrenholmen in seine Arme fallen oder strauchelten absichtlich beim Pferdsprung und landeten an seinem Hals. Dafür ließ er sie Strafrunden laufen, unzählige verkicherte Runden.

Außer Herrn Töpfer gab es nur noch einen einzigen Mann in meiner frühpubertären Turnerwelt, einen beleibten Funktionär im grünen Trainingsanzug, der vor den Wettkämpfen lispelnd Reden hielt und ab und zu von nervösem Zwinkern befallen wurde. Vom Spassss sprach er, den wir am Turnen haben sollten (Zwinkern) in unserer Leissstungsklassse L Sssechss (heftigeres Zwinkern), und nie das Motto vergesssen: Hauptsssache mitgemacht! (Zwinkeranfall, glücklicherweise auch das Ende der Rede.)

In den Turnhallen, in denen die Hauptsache-mitgemacht-Wettkämpfe stattfanden, roch es nach Essen von der Turnerschenke nebenan, und über der Bühne hing das Wappen der Karnevalsabteilung. Unsere Kampfrichterinnen waren Mütter von Turnerinnen, die einen Lehrgang absolviert hatten. Wie fette Vögel hockten sie auf kleinen Holzkästen neben der Bodenmatte oder dem Schwebebalken, ihre Bleistifte im Anschlag, um Punktabzug zu erteilen für hervorschauende Schlüpfer.

Tatjana turnte in der Leistungsklasse 2. Bei ihren Wettkämpfen ging es um Qualifikation, Sieg, Meisterschaft. Ihre Sporthallen rochen nach Gummi, nach Leder und nach Magnesia, dem Pulver, mit dem man sich vor dem Barrenturnen die Hände einrieb. Barren, Balken und Pferd waren hell und neu, die Bodenmatte ein riesiger, sonnengelber Teppich, und kaum war die Erlaubnis zum Einturnen erteilt, strömten die Mädchen auf die Matte und machten Flickflacks und Salti, kreuz und quer, viele waren jünger und kleiner als ich, und ihre Turnanzüge hatten alle möglichen Farben von Hellblau über Rot, Orange, Violett und Rosa bis Schwarz.

Auf der Zuschauertribüne reckte Mutter den Hals, um Tatjana zwischen all diesen Mädchen zu verfolgen. Ich saß neben ihr und zeichnete die Turnmädchen in den glänzend bunten Anzügen. Schillernde Insekten über einer Urwaldlichtung, fremd, wunderschön, unerreichbar.

Als ich dreizehn war, hörte ich mit dem Turnen auf. Plötzlich, von einem Tag auf den anderen. Es hatte mit dem Verschwinden des Übungsbalkens zu tun, heute bin ich dessen sicher.

Natürlich gab es viele Gründe für meinen Ausstieg, naheliegende Gründe. Scham, zum Beispiel, wegen meines Pubertätsspecks. Ich hatte keine *Turnerfigur* mehr, und bei den Wettkämpfen spürte ich die Blicke der Kampfrichtervögel auf meinem Körper.

Vielleicht habe ich auch gespürt, wie beschränkt sie war, die Welt der Turnhallen, wie fantasielos, kunstlos, eng, vielleicht habe ich damals schon geahnt, dass ich ein, zwei Jahre später meine Nachmittage in der Stadt verbringen würde, mich anfreunden mit Pflasterzeichnern und Straßenmusikern, dass ich selbst Bilder auf das Pflaster malen und damit mein erstes Geld verdienen würde.

Inzwischen hatte ich meine Dschungelwelt für andere geöffnet. Es gab Kunstlehrer, die das Wort *begabt* gebrauchten und mich damit meinten. Aber ich traute dem Wort so wenig wie dem Übungsbalken auf dem Dachboden, auf dem ich mich noch hin und wieder abmühte, allein, heimlich und gegen jede Vernunft.

Bis zu dem Tag, als Mutter ihn in die Vereinsturnhalle bringen ließ. Tatjana war im Internat der Turnschule aufgenommen worden und wohnte nur noch in den Ferien bei uns.

Mutter und ich schauten auf das kahle Teppichstück, das als Matte gedient hatte, beide zu Tränen gerührt, jede auf ihrem eigenen Planeten. Dann rollte Mutter das Teppichstück zusammen, und die Sonnenstrahlen beschienen den blanken Boden.

Nach dem Verschwinden des Schwebebalkens öffnete sich mir die Welt. Ich besuchte Kunstkurse, lernte neue Techniken, begann, Comics zu zeichnen, und nur ab und zu schmuggelte sich ein Kampfrichtervogel auf meine Bilder, selten ein zwinkernder Eisbär in einem grünen Trainingsanzug, aber niemals mehr ein Schwebebalken.

Der Balken blieb meinen Träumen vorbehalten. In den Jahren des Kunststudiums, als ich endlich begriffen hatte, dass meine Bemühungen zu Erfolgen führen konnten, stand er senkrecht, und ich kletterte an ihm hinauf, wie meine Dschungelbewohner die Bäume hochgeklettert waren, um nach Honig zu suchen.

Später, als ich versuchte, aus der Kunst einen Beruf zu machen, befand er sich wieder in der Waagrechten, lag im Halbdämmrigen und lauerte darauf, dass ich auf ihm ausglitt, ihn nicht traf, einmal mehr an ihm scheiterte. Manchmal habe ich ihn nach dem Aufwachen zerhackt, zerlegt, als Scheiterhaufen auf eine Zeichnung gebannt und ihm gedroht, ihn bei der nächsten Heimsuchung anzuzünden.

Derlei Drohungen haben ihn nie interessiert, er bleibt mir treu. Zuverlässig erscheint er nach beruflichen Niederlagen und forcierten Flugversuchen, und wer weiß, das dachte ich in der Nacht nach dem Künstlerstammtisch, am Ende meint er es sogar gut mit mir.

Erst, wenn du dir die Niederlagen zu Freunden gemacht hast, hast du wirklich etwas zu erzählen. Vielleicht, habe ich gedacht, ist es das, was er mir zuraunen will in diesen Schwebebalkennächten.

Kurz darauf gelang es mir zu fliegen, für Momente nur, dafür mühelos, aus dem Stand. Noch im Aufsteigen misstraute ich dieser Leichtigkeit. Wie soll jemand fliegen können ohne Flügel, kaum hatte ich mich das gefragt, im Traum, ist mir ein Satz eingefallen, den Mutter einmal zu Tatjana gesagt hat. Es ging um ein anderes Mädchen, ein neues Mädchen in der Gruppe, jünger als sie und sehr begabt. Pass auf, sagte Mutter, dass sie dich nicht *überflügelt*. Träumend sah ich die Turnhallendecke, das Viereck des eingelassenen Fensters, dahinter ein Morgenhimmel, noch farblos und leer und wartend. In meiner plötzlichen Leichtigkeit zog es mich nach oben, zum Fenster. Genau in dem Moment, als es sich öffnete, wachte ich auf.

(für Charlotte)

Haruki Murakami

Känguruwetter

In dem Gehege befanden sich vier Kängurus, ein Männchen, zwei Weibchen und ein neugeborenes Junges.

Meine Freundin und ich standen ganz allein davor. Erstens war dieser Zoo ohnehin nicht sehr beliebt, und zweitens war Montagvormittag. Es gab mehr Tiere als Besucher. Ich übertreibe nicht, so war's.

Wir wollten natürlich vor allem das Kängurubaby sehen, warum waren wir denn sonst im Zoo?

Rund einen Monat zuvor hatten wir aus der Zeitung von der Geburt des kleinen Kängurus erfahren, und seither warteten wir ungeduldig auf den richtigen Morgen für einen Besuch bei dem Kängurubaby. Aber ein solcher Morgen wollte einfach nicht kommen. Einmal regnete es, und am nächsten Tag regnete es prompt wieder. Danach war es natürlich zu matschig, und an den beiden folgenden Tagen blies ein ekelhafter Wind. An einem anderen Morgen hatte meine Freundin Zahnschmerzen, dann wiederum musste ich etwas auf dem Rathaus erledigen. Mit alldem will ich gar nichts Tiefsinniges sagen, außer vielleicht: So ist das Leben.

Jedenfalls verging ein Monat.

Ein Monat kann wie ein Augenblick verfliegen, und ich wusste kaum noch, was ich den ganzen Monat lang getrieben hatte. Einmal kam es mir vor, als hätte ich sehr viel erledigt, dann wieder, als hätte ich gar nichts getan. Erst als am Monatsende der Mann vorbeikam, der das Geld für die Zeitung kassiert, merkte ich, dass der Monat vorbei war. Ja, wirklich, so ist das Leben.

Doch endlich war der Morgen gekommen, an dem wir uns das Kängurubaby anschauen würden. Um sechs Uhr standen wir auf, zogen die Vorhänge auf und beschlossen, dass es ideales Känguruwetter war. In aller Eile wuschen wir uns, frühstückten, fütterten die Katze, machten ein bisschen Wäsche, setzten Sonnenhüte auf und zogen los.

»Ob das Kängurubaby überhaupt noch lebt?«, fragte mich meine Freundin in der Bahn.

»Bestimmt. Sonst hätte doch was in der Zeitung gestanden.«

»Vielleicht hat das Känguru einen Nervenzusammenbruch und hält sich versteckt.«

»Das Baby?«

»Nein, die Mutter! Vielleicht hat sie ein Trauma erlitten und versteckt sich mit dem Baby in einer dunklen Käfigecke.«

Frauen rechnen wirklich mit jeder Möglichkeit, dachte ich beeindruckt. Ein Trauma? Welche Art von Trauma konnte wohl ein Känguru erleiden?

»Wenn wir diese Gelegenheit verpassen, dann bekommen wir vielleicht nie wieder ein Kängurubaby zu sehen.«

»Kann sein.«

»Hast du schon mal ein Kängurubaby gesehen?«

»Nein, noch nie.«

»Meinst du, dass du noch mal eine Gelegenheit dazu bekommst?«

»Keine Ahnung.«

»Eben. Deswegen bin ich so besorgt.«

»Mag ja alles sein, aber ich habe auch noch nie die Geburt einer Giraffe gesehen«, wandte ich ein, »und noch nie einen Wal im Meer. Warum ist da ein Kängurubaby jetzt so wichtig?«

»Weil es ein Kängurubaby ist. Darum«, sagte sie.

Resigniert schlug ich die Zeitung auf. Ich habe noch nie eine Debatte gegen eine Frau gewonnen.

Natürlich war das Kängurubaby noch am Leben. Inzwischen war es – er oder sie? – viel größer als auf dem Bild in der Zeitung und hopste munter im Gehege umher. Es sah eher aus wie ein kleines Känguru als wie ein Baby. Meine Freundin war enttäuscht.

»Es ist ja gar kein Baby mehr.«

»Doch, es ist noch eins«, versuchte ich sie aufzumuntern.

»Wir hätten viel früher kommen sollen.«

Ich legte einen Arm um ihre Hüfte und tätschelte sie. Sie schüttelte den Kopf. Ich hätte sie gern getröstet, aber wie? Dass das Känguru schnell gewachsen war, ließ sich nicht leugnen. Also hielt ich den Mund.

Als ich mit den beiden Schokoladeneistüten vom Kiosk zurückkam, stand sie noch immer am Gitter des Geheges und starrte auf die Kängurus.

»Es ist kein Baby mehr«, wiederholte sie.

»Meinst du wirklich?« Ich reichte ihr ein Eis.

»Sonst wäre es doch im Beutel seiner Mutter.«

Ich leckte an meinem Eis und nickte.

»Aber es ist nicht drin.«

Wir hielten Ausschau nach der Kängurumutter. Den Vater entdeckten wir sofort. Er war das größte und ruhigste von den Kängurus. Mit einer Miene wie ein Komponist, dem die Ideen ausgegangen sind, starrte er auf die grünen Blätter in der Futterkrippe. Die beiden Weibchen hatten die gleiche Größe und Farbe und auch den gleichen Ausdruck. Beide hätten die Mutter des kleinen Kängurus sein können.

»Welches ist wohl die Mutter?«, fragte ich.

»Hm.«

»Oder welches ist nicht die Mutter?«

»Keine Ahnung«, sagte sie.

Unberührt von dieser Frage sprang das junge Känguru umher und scharrte hier und da ohne erkennbaren Grund die Erde auf. Er/sie schien keine Langeweile zu kennen. Es hüpfte um seinen Vater herum, kaute ein paar grüne Halme, scharrte, neckte die beiden Weibchen, wälzte sich auf der Erde, sprang wieder auf und hopste weiter.

»Wieso Kängurus wohl so weit springen können?«, fragte sie.

»Um ihren Feinden zu entkommen.«

»Feinden? Was für Feinden?«

»Den Menschen«, sagte ich. »Sie töten die Kängurus mit dem Bumerang und essen ihr Fleisch.«

»Und warum klettern die Kängurubabys in den Beutel ihrer Mutter?«

»Um mit ihr zu fliehen. Die Kleinen können eben noch nicht so schnell springen.«

»Sie werden beschützt?«

»Genau«, sagte ich. »Alle Kleinen werden beschützt.«

»Wie lange werden sie so beschützt?«

Dass eine solche Batterie von Fragen auf mich zukommen würde, hätte ich vorhersehen und im Tierlexikon den Artikel über Kängurus nachlesen sollen.

»Ein, zwei Monate vielleicht.«

»Das Kleine ist einen Monat alt.« Sie deutete auf das

Kängurubaby. »Also schlüpft es noch manchmal in den Beutel seiner Mutter.«

»Hmm«, machte ich. »Vermutlich.«

»Weißt du, es ist bestimmt ein tolles Gefühl, in so einem Beutel zu sein.«

»Bestimmt.«

Die Sonne stand hoch am Himmel. Kindergeschrei tönte aus dem benachbarten Schwimmbad herüber. Über den Himmel zogen scharf umrissene weiße Sommerwölkchen.

»Wollen wir was essen?«, fragte ich.

»Au ja, einen Hotdog«, sagte sie. »Und Cola dazu.«

Der Hotdog-Verkäufer war ein junger Student, der einen Kassettenrekorder auf seinem Wagen hatte. Bis die Hotdogs fertig waren, wurde ich mit Stevie Wonder und Billy Joel berieselt.

»Guck mal!«, rief meine Freundin, als ich zum Kängurugehege zurückkam, und deutete auf eines der Weibchen. »Es ist in ihrem Beutel.«

Tatsächlich hatte sich das Kleine im Beutel seiner Mutter (angenommen, sie war es) zusammengerollt. Der Bauch wölbte sich nach außen, und kleine spitze Ohren und eine Schwanzspitze lugten daraus hervor. Es war ein reizender Anblick. Der Ausflug hatte sich gelohnt.

»Der Beutel muss doch schwer sein, oder?«

»Keine Sorge, Kängurus sind stark.«

»Wirklich?«

»Natürlich. Sonst hätten sie nicht bis heute überlebt.«

Trotz der prallen Sonne schien es der Kängurumutter nicht heiß zu werden. Sie sah aus, als hätte sie gerade ihre nachmittäglichen Einkäufe in einem Supermarkt auf der Aoyama-Straße erledigt und würde in einem Coffeeshop ein Päuschen einlegen.

»Sie beschützt es, oder?«
»Ja.«
»Ob das Kleine jetzt schläft?«
»Wahrscheinlich.«

Wir aßen unsere Hotdogs und tranken unsere Cola dazu, dann gingen wir vom Kängurugehege fort.

Als wir aufbrachen, starrte der Känguruvater noch immer in die Futterkrippe und suchte nach den Noten, die ihm abhandengekommen waren. Die Kängurumutter und das Kleine waren eins und ruhten im Fluss der Zeit, während das mysteriöse andere Weibchen im Gehege umherhopste, wie um die Elastizität seines Schwanzes zu testen.

Der Tag versprach ungewöhnlich heiß zu werden, so heiß wie schon lange nicht mehr.

»Wollen wir irgendwo ein Bier trinken?«, fragte sie.

»Klar«, sagte ich.

Elke Pistor

10 Tipps für Ihre gute Laune

1. Ursachenforschung
Finden Sie heraus, wo Ihre schlechte Laune herrührt. Liegt es an den äußeren Umständen oder vielleicht sogar an Ihnen selbst? Wenn Sie das wissen, sind Sie Ihrer guten Laune schon ein schönes Stück näher.

Mal ganz ehrlich: Es interessierte mich nicht, wo meine schlechte Laune herkam. Sie war da, ging mir auf die Nerven und das musste genügen.

2. Lächeln Sie
Lächeln Sie, auch wenn Ihnen nicht danach ist. Dadurch wird Ihr eigenes Gehirn positiv stimuliert und Sie reagieren offener und freundlicher auf Ihre Mitmenschen und auf Ihre Umwelt. Das hebt die Laune.

Ich kniff die Lippen zusammen, während ich die Straße entlanglief und der Regen durch den Jackenkragen meinen Rücken hinunterrann. Ein junger Mann, der mir entgegenkam, presste sich gegen die Hauswand, um mir Platz zu machen. Vermutlich hatte er Angst vor mir bekommen. Wenn ich äußerlich auch nur annähernd so aussah, wie ich mich innerlich fühlte, konnte ich ihn zu gut verstehen. Was für ein Mist. Ach was – Katastrophe kam dem näher, war aber immer noch nicht schrecklich genug. GAU. Apokalypse. Ich trat wütend gegen die nächste Straßenlaterne. Da schaffte ich es einmal nicht rechtzeitig in die Lottoannahmestelle, um meine seit Jahren sorgsam ausgetüftelten Zahlen zu tippen, und dann das.

3. Glückstagebuch
Führen Sie ein Glückstagebuch und notieren die vielen kleinen schönen Momente des Tages – den Duft einer Blume oder die Sonnenstrahlen auf Ihrem Gesicht. Damit bestimmen Sie selbst, was Ihnen im Gedächtnis bleibt.

Als ob in den letzten Tagen und Wochen nicht schon genug Dinge schiefgelaufen wären. Erst starb der irische Wolfshund meiner Nachbarin und ich musste ein Loch mit den Ausmaßen von Grönland in ihren Garten graben. Wie nicht anders zu erwarten, ging dabei irgendetwas Undefinierbares in meinem Rücken kaputt. Ich war gezwungen, zu einem Arzt zu gehen, in dessen Wartezimmer eine alte Dame nicht nur großzügig ihre Lebensgeschichte, sondern auch ihre Grippeviren verbreitete. Und jetzt raten Sie mal, zu wem diese niedlichen Gesellen sich spontan hingezogen fühlten? Richtig. Bingo. Fünf Tage lag ich komplett flach, verpasste dadurch ein wichtiges Meeting, bei dem über die Zukunft unserer Abteilung gesprochen wurde, und zack – weg war ich vom Fenster meines bis dato so netten Büros. Naturgemäß blieb damit auch das monatliche Gehalt meinem Konto fern. Was den Raten für die Eigentumswohnung leider völlig egal war. Die liefen weiter und bald schon ins Leere. Eines kam zum anderen und am Ende des Monats stand ich auf der Straße mit nichts als dem Beleg des Möbellagers, in dem ich mein verbliebenes Hab und Gut verstaut hatte. Das war im Übrigen auch der Grund, warum ich meinen Lottoschein nicht abgegeben hatte. Das dauerte alles ewig, und als ich endlich vor dem Lottoladen stand, hatte der schon zu, nur mein Spiegelbild schaute mich aus den Schaufensterscheiben an.

4. Setzen Sie sich Ziele
Das Geheimnis für diese Strategie ist die Theorie des Machbaren. Nehmen Sie sich etwas vor, das Sie mit etwas Mühe und Anstrengung realistisch erreichen können, z. B. die Treppe benutzen anstatt des Fahrstuhls, eine zusätzliche Runde beim Lauftraining drehen, ein neues Kuchenrezept ausprobieren, ein Gedicht auswendig lernen. Etwas zu erreichen ist gut für Ihr Selbstbewusstsein.

Mein eigenes Spiegelbild erschreckte mich. Ich sah aus, als lebte ich bereits seit einem Jahr und nicht erst seit einem Tag auf der Straße. Wirre Haare, dunkle Ringe unter den Augen und die Klamotten hatten auch schon bessere Tage gesehen. So hatte es keinen Zweck, irgendetwas an der Situation ändern zu wollen. Überhaupt, etwas zu unternehmen erschien mir mit einem Mal so abstrus und undenkbar, als hätte Michael Jackson damals verkündet, er würde nur noch deutsche Schlager singen wollen. Am besten würde sein, ich setzte mich auf eine Bank im Stadtpark und wartete darauf, dass alles vorüberging, wobei mir nicht klar war, was genau ich mit alles meinte – die Situation oder mein Leben grundsätzlich. Allerdings ging mir die Energie, die ich benötigt hätte, um diese Frage zu beantworten, auch schon völlig ab.

5. Remember me – Erinnern Sie sich
Denken Sie an schöne Erlebnisse zurück. Erinnern Sie sich an Ihre vergangenen Erfolge. Das Schwelgen in positiven Erinnerungen hebt die Stimmung.

Dabei war es gar nicht so lange her, dass es mir deutlich besser gegangen war. Viel besser, um nicht zu sagen, fantastisch. Der Job, die tolle Wohnung, das Auto, Marion. Alles Attribute, die zu einem erfolgreichen Junggesellenleben gehörten.

Gut, die Wohnung und das Auto waren auf Pump, der Job ein Schleudersitz und Marion … Tja, Marion. Die hatte sich beim ersten Anzeichen, dass ich einer fallenden Aktie gleich ins Bodenlose zu stürzen drohte, auf ihren High Heels umgedreht und mich an der Ecke, um die sie in ihrem todschicken Businesskostüm davonstöckelte, stehen gelassen.

6. Verbringen Sie Zeit mit Menschen, die Sie mögen
Egal, ob gute Freunde oder Familie – wichtig ist, dass Sie sich gut verstehen und miteinander vertraut sind. Reden Sie miteinander oder unternehmen Sie etwas Interessantes. Das macht den Kopf frei, und das Gefühl, unter allen Umständen gemocht und geliebt zu werden, ist Labsal für die Seele.

Meine Mutter war auch keine wirkliche Hilfe. Sie murmelte etwas von selbst schuld, wenn du dich nie meldest und es nicht nötig hast, nach uns zu fragen, Weihnachten, Ostern, Geburtstage und alle anderen denkbaren Feiertage ignorierst und so tust, als ob wir nicht existieren. Meine Schwester schlug mir nur eine Sekunde, nachdem sie die Tür ihres niedlichen Reihenhäuschens geöffnet hatte, selbige wieder vor der Nase zu. Ehrlich gesagt konnten wir uns schon als Kinder nicht ausstehen. Wohin konnte ich noch gehen?

Meine ehemaligen Kollegen mieden mich wie die Pest, vermutlich weil sie glaubten, das mit der Kündigung wäre ansteckend. Für Freunde hatte mir die Arbeit keine

Zeit gelassen, und Andreas, mein alter Kumpel aus Schultagen, war vor einem halben Jahr nach Australien ausgewandert, hatte dort eine Einheimische geehelicht und züchtete nun Schafe oder umgekehrt. Ich wusste es nicht so genau.

7. Frei atmen

Tief und bewusst zu atmen löst Verspannungen. Ein paar Tropfen Ihres Lieblingsduftes in die Duftlampe und der Tag ist gerettet.

Der Mülleimer neben der Parkbank, auf der ich mich schließlich niedergelassen hatte, stank infernalisch nach toter Ratte, altem Käse und Motoröl. Nachdem ich fünfzehn Minuten darüber nachgedacht hatte, in welchem inhaltlichen Zusammenhang diese drei olfaktorischen Facetten stehen konnten, aber zu keinem wirklich befriedigenden Ergebnis gekommen war, beschloss ich, den Gestank zu ignorieren und mich zu entspannen. Zeit genug hatte ich ja jetzt. Niemand trieb mich mehr, keine Termine, zu denen ich hetzen, keine Deadlines, die ich einhalten musste. Nach einer halben Minute wurde mir die Entspannung allerdings zu stressig und ich zog eine Zeitung zu mir heran, die ein Vor-mir-Sitzender auf der Parkbank liegen gelassen hatte. Das war ein Fehler, den ich leider zu spät erkannte. Wie junge Hunde sprangen sie mir entgegen und bissen sich in meinem Bewusstsein fest – die Zahlen der gestrigen Lottoziehung. Meine Zahlen. Die, die ich immer schon auf meinem Schein eingetragen hatte. Die ich geliebt und niemals vergessen hatte. Alle sechs. Und die Zusatzzahl. Wütend knüllte ich die Zeitung zusammen, stopfte sie zu der toten Ratte und dem alten Käse in den Mülleimer und stapfte über die Wiese, ohne darauf zu achten, wohin ich lief.

8. Etwas auf die Ohren
Klassik oder Heavy Metal – Hauptsache, es holt Sie aus dem Sessel und damit aus dem Stimmungstief. Wissenschaftler haben nachgewiesen, dass Gute-Laune-Lieder einen etwas schnelleren Takt haben als »normale« Musik.

»Eh, pass doch auf, Alter«, trompetete eine Stimme von irgendwo und ich spürte einen Schlag in meine Kniekehle. Mit einem leisen Ächzen brach ich ein und fand mich in einer Gruppe männlicher und weiblicher Jugendlicher wieder, die im Kreis über- und untereinander saßen und lagen. Einige tranken, einige rauchten, einige knutschten, manche machten alles gleichzeitig. Über der gesamten Gruppe hing ein weißlicher Nebel, der einen süßen Geruch verströmte. Deutlich angenehmer als das Ratte-Käse-Diesel-Odeur, aber im Gegensatz zu diesem auch deutlich bewusstseinstrübender. Ich hustete und rappelte mich hoch. Jetzt erst klangen leise Töne an mein Ohr, langsam, schwer und träge, und ich fragte mich, wie lange es wohl dauern würde, bis die gallertartige Masse aus Mensch und Musik mich verschlingen und nie wieder ausspucken würde.

9. Pflegen Sie Ihren Spleen
Sie haben einen Putzfimmel? Super! Toben Sie sich aus. Sie sticken gern? Gut! Fangen Sie an. Alte Filme, englische Krimis, Minigolf? Egal, was es ist – gönnen Sie sich einen Nachmittag ganz nach Ihren Wünschen.

Gleichzeitig breitete sich eine wohlige Wärme in mir aus, und ich wollte nichts anderes, als mich auf die weiche Wiese fallen lassen, die Arme ausbreiten und in den blauen Himmel starren. Das habe ich schon als kleiner Junge auf dem Bauernhof meiner Großeltern getan. Immer, wenn ich eine Auszeit brauchte, starrte ich so lange in den Himmel, bis sich das Bild in mein Hirn gebrannt hatte, und zählte dann die Sekunden, bis es wieder vollständig verschwunden war. Mit einem Mal fühlte ich mich eins mit dem Hier und Jetzt, raumumspannend und verströmend im Universum. »Eh, Alter, du ziehst unseren Altersschnitt zu weit nach oben.« Etwas schubste mich nach vorn und ich stolperte von der Gruppe weg.

10. Nicht an sich, sondern an andere denken
Richtig gelesen: Eine der besten Gute-Laune-Methoden ist die gute Tat für einen Mitmenschen. Gehen Sie für Ihre kranke Freundin einkaufen, reparieren Sie das Fahrrad der Kollegin oder bieten der Nachbarin an, für einen Abend auf das Kleinkind aufzupassen, damit sie endlich auch einmal ins Kino kann.

Es dauerte einen Moment, bis sich die halluzinogenen Schwaden aus meinem Hirn verabschiedet hatten und ich wieder einigermaßen klar denken konnte. Das allerdings hatte auch den deutlichen Nachteil, dass die komplette Unbill meiner Situation wieder mit voller Wucht in mein Bewusstsein brach und sich sämtliche Glücksgefühle umgehend und spurenlos verflüchtigten.

Nicht unerheblich trug auch der Schmerz dazu bei, der mich in diesem Moment in Höhe meiner Schläfe durchzuckte, verursacht von einem Fußball, der mit ebenso viel Energie wie Unvermögen geschossen worden war. Ich stürzte wie eine gefällte Eiche zu Boden, verlor kurz die Orientierung und blinzelte dann gegen die blendende Sonne an. Ein kleiner Junge, der mir vage bekannt vorkam, stand vor mir und lächelte mich breit an, während eine Frau, in der ich die Mutter des Jungen vermutete, eilig auf mich zugehastet kam. Auch sie glaubte ich zu kennen, konnte unsere Bekanntschaft aber nicht genau einordnen.

»Klaus«, rief sie und ich wunderte mich, woher sie meinen Namen kannte.

»Papa?«, sagte der kleine Junge und ich hörte das schlechte Gewissen aus seiner Stimme. »Alles in Ordnung?«

Ich blinzelte wieder gegen die Sonne. Der Schmerz in meinem Kopf ließ nach, die Blitze hörten auf, vor meinen Augen wild durcheinanderzufunken, und mit einem Mal rutschten Zeit, Gesichter und Namen wieder an ihre angestammten Plätze.

»Annette? Paul?« Ich schaute die Frau und den Jungen an. »Was ist passiert?«

»Paul hat dich mit seinem Ball abgeschossen und du bist umgefallen. Ist alles o.k. bei dir?«

Ich drehte den Kopf und tastete mich ab. Nichts tat weh, alles war in Ordnung. In der Brusttasche meines Hemdes knisterte ein Stück Papier. Ich zog es hervor. Der Lottoschein. Das war es, woran ich gedacht hatte und was mich abgelenkt hatte, als Pauls Ball mich traf.

»Wie spät ist es, Annette?«, wollte ich wissen und stand auf.

»Gleich sechs.«

»Dann muss ich mich beeilen, sonst kann ich den Schein nicht mehr abgeben.«

»Den mit unseren Glückzahlen, Papa?«

»Genau den.«

»Wenn die dann gewinnen würden, würden wir uns aber ganz dolle ärgern und schlechte Laune bekommen.«

»Genau. Und das wollen wir ja auf keinen Fall.«

Siegfried Lenz

Der Usurpator

Sehr geehrtes Gericht,

schlaflos seit einer Woche, verzagt und von meinem Gewissen geleitet, möchte ich Anzeige gegen mich selbst erstatten. Ich bin Insasse des Altersheims »Concordia« in Hamburg-Blankenese, Haus »Delphi«, Zimmer Nr. 5 (mit Elbblick). Da ich mit dem Gesetzbuch noch nie in Berührung gekommen bin, weiß ich nicht, unter welchem Namen mein Vergehen vorkommt und in welchem Paragraphen es aufgehoben wird. Annehmen muß ich indes, daß es keine alltägliche Schuld ist, die ich auf mich genommen habe. Sie, davon bin ich überzeugt, werden für meinen Fall einen Namen finden und zu gegebener Zeit ein Urteil fällen, das der Gerechtigkeit Genüge tut; von mildernden Umständen bitte ich abzusehen.

Eine Woche ist es nun her, seit ich Herrn Klaus Knöpfle, mit dem ich das Zimmer Nr. 5 teilte, zum letzten Mal gesehen habe. Ich bekenne, daß ich vom ersten Tag an wenig Sympathie für ihn hegte: seine Lautstärke, seine balligen Umgangsformen, sein grobes, blaurotes Gesicht mit den vielen gesprungenen Adern, und nicht zuletzt die Art, wie er sich den geduldigen Schwestern gegenüber verhielt, deren Großvater er hätte sein können – all das weckte früh in mir ein Gefühl der Abneigung. Nachdem sein Vorgänger, der Sinologe Professor Unstätter, ein seiner Wissenschaft demütig ergebener Mann, still gestorben war, wurde Herr Knöpfle mir von der Direktion zugeteilt, und er zog mit seiner Schiffskiste und den beiden Strohkoffern schon wie ein Usurpator ein: ohne mich zu fragen, nahm er in Beschlag, was ihm gefiel, besetzte außer der ihm zustehenden Schrankhälfte noch ein Fach von meiner Seite, maß sich den größten Teil des Fensterbrettes zu, schob meine Familienphotos rücksichtslos auf dem Bord zusammen, um Platz für seine wenigen, aber dickleibigen Bücher zu haben. Im Badezimmer beanspruchte er zwei von drei Handtuchhaltern; die mit Blumenmustern tapezierten Wände mußten gleich nach seinem Einzug Abbildungen von bewaffneten Segelschiffen ertragen sowie eine unangemessen breite Schau- und Lehrtafel, auf der ein vollgetakelter Fünfmaster dargestellt war mit allen seemännischen Bezeichnungen.

Dies alles freimütig einzugestehen, halte ich für um so dringender geboten, als sich für Sie daraus ein Einblick in die Beweggründe ergeben könnte, die zu meiner Tat führten.

Ich zögere nicht, die beiden Jahre, in denen ich mit Herrn Knöpfle zusammenleben mußte, ein stummes Martyrium zu nennen. Auch jetzt, da er offiziell als verschollen gilt, kann ich von dieser Feststellung nichts zurücknehmen, denn zu nah sind die Erlebnisse, zu spürbar die Verletzungen und Kränkungen, die ich durch ihn erfuhr – ich, der ich um sechs Jahre älter bin als Herr Knöpfle und im siebenundachtzigsten Lebensjahr stehe. Als wollte er mir täglich meine Wehrlosigkeit beweisen, so führte er sich auf und schien bei all seinem Tun nicht einmal zu bemerken, wie mein Widerwille wuchs. Augenscheinlich bezog er seine Überlegenheit nicht zuletzt aus einer beachtlichen körperlichen Kraft, die sich zum Erstaunen vieler in seinem Alter erhalten hatte. (Auf Spaziergängen in unserem Park brach er wiederholt armdicke Äste entzwei, und bei einer Adventsfeier zerriß er – Bedingung einer Wette – ein Telefonbuch, allerdings nur das Branchenverzeichnis.) Wenn es nur gegolten hätte, sein dröhnendes Wesen zu ertragen – alles an ihm, seine Unterhaltung, sein Humor, ja selbst sein Gutenachtwunsch hatte etwas Dröhnendes –, so hätte ich es mit der Zeit gewiß gelernt, mich daran zu gewöhnen. Aber daneben hatte er seine eigene Art, die Harmonie des Zusammenlebens zu zerstören.

Obwohl ich es war, der das ›Hamburger Abendblatt‹ und das ›National Geographic Magazine‹ abonniert hatte, nahm er sich das Recht, als erster darin zu lesen. Erhielt ich von meinen Lieblingsnichten ein Päckchen mit Selbstgebackenem, so tat er, als sei es auch an ihn adressiert, und nahm sich, wonach es ihn gerade verlangte. Setzte ich mich an meine Arbeit über die Karolingische Renaissance – eine spezielle Untersuchung über die Pfalzen, die Karl nach dem Vorbild römischer Kaiserpaläste errichtete –, dann fiel ihm nichts anderes ein, als auf seinem Schifferklavier zu üben. Oft habe ich, um seiner Gegenwart zu entkommen, das Zimmer unter einem Vorwand verlassen und bin lange durch unseren Park gewandert oder habe Erholung gesucht auf einer Bank vor dem Ententeich. Dort vertraute ich mich eines Tages Herrn Harald Frunse an; er ist der älteste Bewohner unseres Heims und kennt Namen und Lebensgeschichte eines jeden von uns. Niemand weiß, woher er, der nur noch am Arm eines Helfers gehen kann, seine Kenntnisse hat, doch mehr als einmal hat sich gezeigt, daß sie unbedingt verläßlich sind. (Es gibt Heiminsassen, die sich vor ihm fürchten.) Er hörte sich schweigend meine Beschwerde an; jedesmal, wenn ich den Namen meines Mitbewohners nannte, verzog er geringschätzig die Lippen.

Ich fand bald heraus, daß Herr Klaus Knöpfle es fertigbrachte, sich in kürzester Zeit auch bei anderen Insassen unbeliebt zu machen. Daß er als erster in den Speisesaal stürmte und, wenn es kalte Platten gab, dafür sorgte, daß auf unserm Tisch – leider nötigte mich die Heimleitung, mit ihm an einem Tisch zu sitzen – die doppelte Portion Aufschnitt zu finden war; man sah es ihm kopfschüttelnd nach. Weniger nachsichtig verhielt man sich ihm gegenüber, wenn er Gespräche rücksichtslos unterbrach und, besonders wenn Kriegserinnerungen ausgetauscht wurden, mit seinen Erlebnissen auftrumpfte (nach seinen Angaben war er an Bord eines Hilfskreuzers). Da geschah es schon, daß Gesprächsteilnehmer sich einfach abwandten oder ihm ihre Mißbilligung auf diskrete Art zu verstehen gaben, was er allerdings, durchdrungen von dem Gefühl eigener Bedeutung, überhörte oder übersah.

Auch wenn ein von mir verehrter Schriftsteller zu der Erkenntnis gekommen ist, daß es Kränkungen gibt, die man genießen kann, so wird er gewiß nicht die gemeint haben, die Herr Klaus Knöpfle mir zufügte. Mein Mitbewohner nämlich verfiel eines Tages auf die Idee, sich während meiner Abwesenheit ausgiebig mit meinem gelehrigen Wellensittich zu beschäftigen, dem einen Namen nach menschlicher Art zu geben ich mich nicht entschließen konnte. Das Ergebnis dieser Beschäftigung nötigte mich zu einer Trennung von dem liebgewordenen Vogel, der mich eines Morgens mit Ausdrücken überraschte, die, dem maritimen Vokabular entnommen, soviel Anzüglichkeit enthielten, daß es mir mehr als peinlich war.

Schwester Margot, die zufällig anwesend war, habe ich nie verlegener gesehen; der Vogel wandte sich nämlich an sie mit den Worten: Mein Schoothorn grüßt dein liebes Vorliek; ferner redete er von einem »prächtigen Spriet«, der alles im Wind hält, von Gaffel, Stag und Gillung, und eine Aufforderung lautete: Roll mich auf und sei mein Zeising. Meine Empörung war verschwendet; denn nach all meinen Vorhaltungen nannte Herr Klaus Knöpfle seine Tat einen harmlosen Spaß und zog mich vor seine Schau- und Lehrtafel, wo er mir an der Takelage des Fünfmasters bewies, daß jeder Ausdruck, den er meinem Sittich beigebracht hatte, zum ehrwürdigen nautischen Vokabular gehörte. Dennoch war es mir nicht möglich, den Vogel zu behalten; das Verhalten der Schwestern sagte mir genug, schweren Herzens gab ich den Sittich in die Obhut meiner Lieblingsnichten.

Gern will ich einräumen, daß Herr Klaus Knöpfle sich auch mit sich selbst beschäftigen konnte, besonders bei Dauerregen. Er las dann, doch er bot nie das Bild eines Lesers, wie es unserer trauten Erfahrung entspricht: still und in sich gekehrt, der Welt entrückt und verschlagen in andere Zeit. Mein Mitbewohner las, wie ich noch niemals einen Menschen habe lesen sehen: ständig redete er mit, stimmte kräftig zu, gab Befehle, ächzte, warnte, hieb sich vor Freude auf die Schenkel – kurz gesagt, es war ein, ich muß es aus bestimmten Gründen anmerken, zutiefst beteiligtes Lesen. Verloren an die Geschehnisse, sah er sich in ihrem Zentrum und spielte mit. So vereitelte er selbst bei dieser Tätigkeit einen geruhsamen Gang der Gedanken und ließ mir keine andere Wahl, als mich in die Stille unseres Gemeinschaftsraums zu retten, den die meisten von uns benutzen, um über Brettspielen ein Nickerchen zu machen. Ich konnte nicht schlafen; verzagt und erregt, wie ich war, begann ich darüber nachzudenken, wie ich mich von meinem Mitbewohner trennen könnte.

Eine dreitägige Abwesenheit von Herrn Klaus Knöpfle – angeblich reiste er zum Begräbnis des ehemaligen Chefs aller Hilfskreuzer – ließ mich den ganzen Frieden des Alleinseins empfinden, und je intensiver ich jede Stunde genoß, desto unerträglicher wurde mir der Gedanke an seine Rückkehr. Ich wußte nicht, wie ich sie verhindern sollte. Was ich erwog, verwarf ich bald wieder, vor allem eine Beschwerde bei der Leitung unseres Heims, bei der, das hatte Herr Harald Frunse mir beigebracht, mein Mitbewohner als Persona grata galt (wegen seines allzeit fröhlichen und großzügigen Wesens). Mit gutem Grund nahm ich mir das Recht, in seinen Büchern zu lesen, die nahezu das ganze Gemeinschaftsbord besetzt hielten; schon die Titel hatten wenig Anziehendes: ›Seeteufel‹ hießen sie oder ›Auf Kaperfahrt‹ oder ›Wir segeln dem Teufel ein Ohr ab‹. Lediglich ein Roman – ›Lady Hamilton‹ – hätte mich allenfalls interessieren können.

Nach seiner Rückkehr von der angeblichen Begräbnisreise schien mit Herrn Klaus Knöpfle eine Veränderung vor sich gegangen zu sein; nicht, daß er sein dröhnendes Wesen oder seine Eßgewohnheiten abgelegt hätte; nicht, daß er sein Bedürfnis aufgegeben hätte, bei jeder Gelegenheit aufzutrumpfen; die Veränderung bestand darin, daß er beinahe allnächtlich laut träumte, im Traum Namen und Kommandos rief und Alarmsignale produzierte. Anfangs erschrak ich bei seinen Lärmausbrüchen und war mehrmals nahe daran, die Nachtschwester zu rufen, doch allmählich gelang es mir, sein stimmkräftiges Toben nicht nur zu ertragen, sondern auch zu analysieren und mir ein Bild davon zu machen, was mein Mitbewohner träumte. Ich erkannte, daß er von Träumen heimgesucht wurde, deren Inhalte sich glichen: immer kam ein feindlicher Dampfer in Sicht, immer wurden auf dem als Frachter getarnten Hilfskreuzer heimlich die Geschütze besetzt, und jedesmal gab mein Mitbewohner den Befehl zum Feuern – einige Male aber auch zum Abdrehen, wenn sich herausstellte, daß auch der Angegriffene über schwere Armierung verfügte. Ich möchte nicht zuviel sagen, doch was fast jede Nacht aus dem Nachbarbett zu mir herüberdrang, das waren Geräusche, die ein Kaperkrieg wohl mit sich bringt.

Der einzige, dem ich mein Herz auszuschütten wagte, war Herr Harald Frunse, der sich, da er eines jeden Lebensgeschichte kannte, nicht überrascht zeigte. Er vertraute mir an, daß mein Mitbewohner tatsächlich an Bord eines Hilfskreuzers gewesen war, freilich nur für die Dauer einer Werfterprobungsfahrt, gerade die Weser abwärts und dann eben mal ein bißchen auf die Nordsee hinaus; im übrigen sei er Hersteller eines Trockengemüses gewesen, mit dem er erfolgreich die schweren Einheiten der Marine beliefert habe. Den Fall bilanzierend, stellte er mit geringschätzigem Lächeln fest: der Knöpfle, der will wohl im Traum nachholen, was ihm das Leben vorenthalten hat; vermutlich möchte er Graf Luckner sein und mit seinem »Seeadler« den Atlantik unsicher machen. Ich gebe zu, daß mir Herr Harald Frunse mit dieser Äußerung nicht nur einen Schlüssel zum tieferen Verständnis meines Bettnachbarn lieferte, sondern mir auch – gewiß unbeabsichtigt – einen Fingerzeig dafür gab, wie ich meine Lage erleichtern könnte; die entscheidende Entdeckung allerdings verdanke ich einem Zufall.

Als während eines geträumten Kaperkrieges der Lärm beängstigende Lautstärke annahm, trat ich an das Bett meines Mitbewohners, rüttelte ihn sanft, sprach beruhigend auf ihn ein, ohne jedoch eine gewünschte Wirkung zu erreichen. Einer plötzlichen Eingebung folgend, mit einer Schärfe, die dem Augenblick angemessen war, rief ich da den Namen: Graf Luckner! – und zu meiner Überraschung herrschte sogleich Stille, der Träumer schien zu lauschen, abzuwarten, offenbar erwartete er einen Befehl, und so befahl ich denn, was ich in einem seiner Bücher gelesen hatte: Feuer einstellen und abdrehen! Darauf entspannte sich Herr Klaus Knöpfle sichtlich, flüsterte deutlich: Jawohl, Herr Admiral, und wiederholte den Befehl: Feuer einstellen und abdrehen.

Diese Erfahrung gab mir zu denken, und ohne einstweilen einem Plan zu folgen, begnügte ich mich damit, gelegentlich in die lauten Träume meines Zimmergenossen einzugreifen; hörte die Störung der Nachtruhe nicht auf, so trat ich an sein Bett, befahl ihm, eine Nebelwand zu legen, das Feuer einzustellen, Flöße klarzumachen – wobei ich ihn bedacht Graf Luckner titulierte, zuweilen auch, wenn ich ihn belobigen wollte, »lieber Graf« sagte. Am Morgen seines einundachtzigsten Geburtstags – er lag seltsam verstört und versteift im Bett und schien über etwas zu rätseln – gratulierte ich ihm und schenkte ihm eine Flasche Wein (Domaine de Riberolles), die er so wenig beachtete, daß es einer Herausforderung gleichkam; da erlaubte ich mir die Bemerkung: Das letzte Gefecht hatte es wohl in sich, Graf Luckner. Er war nicht verwundert, sah mich nicht ratlos an, er nickte nur zustimmend und sagte: Wir hätten früher erkennen müssen, daß auch die »Cornwall« ein getarnter Hilfskreuzer war. Als die Heimleitung ihm die Geschenke schickte, die er sich gewünscht hatte – eine dunkelblaue Seglermütze und eine kurzstielige Shagpfeife –, wußte ich sofort, wer sich mit diesen Utensilien gern photographieren ließ, um einen Buchumschlag zu schmücken. Nicht wenig erstaunt war ich, als Herr Harald Frunse, übermütig, wie er es manchmal sein konnte, dem Jubilar mit den Worten gratulierte: »… denn man tau und noch viele glückhafte Unternehmungen, lieber Luckner«, und mein Mitbewohner darauf weder Abwehr noch Befremden oder auch nur einen Anflug von Belustigung zeigte; der Ausdruck seines Gesichts ließ erkennen, daß er mit der Anrede einverstanden war.

Damals ahnte ich noch nicht, zu welchem Ausweg mir diese Erfahrungen verhelfen konnten; sie methodisch, und das heißt planvoll, zu benutzen, beschloß ich am Tag des großen, vorpfingstlichen Reinemachens, bei dem in unserm Heim alles ans Licht gebracht wird, was sich im Laufe eines Jahres verkrümelt hat. Herr Klaus Knöpfle zog es vor, den Park zu durchkämmen, um Zuhörer für seine Reden zu finden; ich saß, mit Zustimmung der beiden Reinmachefrauen, auf meinem Bett und vertiefte mich in Abbildungen karolingischer Dokumente. Beim Abrücken des Schranks sprang die Tür auf, beim Verkanten rutschte der Inhalt des Schranks heraus, unter anderem mehrere übereinandergestapelte Schuhkartons, und als von einem Karton der Deckel absprang, war der Betretenheit kein Ende: Brötchen waren darin, trockene, steinharte Brötchen, die, daran gab es keinen Zweifel, vom Frühstückstisch stammten. Alle Kartons waren mit diesem Gebäck gefüllt, insgesamt wohl an die achtzig Brötchen, die die Frauen mit anklägerischer Entschiedenheit an sich nehmen wollten. Gutes Zureden und ein Trinkgeld bewog sie dann aber, die fatalen Fundstücke in die Kartons und die Kartons in den Schrank zurückzulegen. Die Frauen lächelten nur, als sie lasen, was in Blockbuchstaben auf jeden Deckel geschrieben war; ich aber wußte, was die Aufschrift: »Eiserner Proviant von F. G. L.« zu bedeuten hatte; denn längst kannte ich Luckners Vornamen.

Nun, da Gewißheit bestand, für wen sich mein Mitbewohner insgeheim hielt, entstand in mir der Plan, ihn methodisch in dieser Selbstverwechslung zu bestärken, ihn also konsequent mit dem entlehnten Titel anzureden – ernst im Zimmer, zwinkernd in der Öffentlichkeit. Er nahm es selbstverständlicher an, als ich erwartet hatte, nur selten gab es Augenblicke der Verdutztheit oder einer stirnrunzelnden Unsicherheit. Die andern Heiminsassen, immer auf Kurzweil und Unterhaltung aus, spielten bereitwillig mit und taten alles, um Herrn Klaus Knöpfle in seiner neuen Identität sicher werden zu lassen. In der Anrede, im Betragen, in der unermüdlichen Aufforderung, Seegeschichten zu erzählen, zeigten sie ihm, für wen sie ihn hielten, und er quittierte dies gelegentlich mit Dankbarkeit – einer Regung, die man bis dahin an ihm vermißt hatte. Herr Harald Frunse brachte es fertig, ihm eines Tages ein Photo des Hilfskreuzers »Seeadler« vorzulegen, mit der Bitte, es zu signieren; ohne zu zögern, unterschrieb er es mit dem Namen Felix Graf Luckner. Den Schwestern, die ausnahmslos von mir eingeweiht waren, machte es spürbar Freude, ihn mit seinem erträumten Titel anzusprechen; er schenkte ihnen eigenartige geknotete Gebilde, die er aus gewachster Schnur herstellte. Es braucht kaum erwähnt zu werden, welchen Namen er nannte, wenn er sich selbst neuen Heiminsassen vorstellte.

Nachdem ich mehrere Beweise dafür erhalten hatte, daß er, wenn ihn jemand mit Knöpfle ansprach, nicht einmal den Kopf hob, sich höchstens umwandte, als stehe der Gemeinte hinter ihm, beschloß ich, meinen Plan in die Tat umzusetzen. Der Schritt zur ersehnten

Trennung konnte getan werden. Am Jahrestag der Skagerrakschlacht – er fiel diesmal auf einen Sonntag – überredete ich ihn in aller Frühe, mit mir zusammen in den Hafen, nach Altona zu fahren, um dem Schiffsmuseum einen Besuch abzustatten. Das mußte heimlich geschehen, denn die Direktion duldete keine unangemeldete Entfernung aus dem Heim. Herr Klaus Knöpfle, von der Aussicht beflügelt, die Planken von Schiffsveteranen zu betreten, stimmte spontan zu, und gemächlich, doch zielbewußt strebten wir bei aufgehender Maisonne zur S-Bahn-Station. Da mein Mitbewohner aus der kleinen Stadt Esens stammte und deshalb mit den Verkehrseinrichtungen einer Großstadt nicht vertraut war, übernahm ich es, aus dem Automaten, der nicht geringe kombinatorische Ansprüche stellte, die Fahrkarten zu ziehen (Umsteiger St. Pauli Landungsbrücken).

Planvoll lenkte ich unsere Schritte zum Hafen hinunter, genauer: zum Fischmarkt, wo bereits das allen bekannte Gewoge und Gedränge herrschte, der übliche Menschenauflauf vor den seltsamsten Angeboten. Mein Zimmergenosse amüsierte sich über die Ausrufer, erlebte zum ersten Mal Schnellversteigerungen von Bananen und Aalen, konnte sich nicht satt sehen an lebendem und totem Inventar. Ich führte ihn zu einem umlagerten Frischfischverkäufer, dem eine Meerkatze auf der Schulter saß und der bei jedem Handel das possierliche Tier fragte, ob er seine Ware so billig abgeben dürfe; allemal klatschte das Äffchen zum Zeichen des Einverständnisses. Unter dem Vorwand, eine Toilette aufsuchen zu müssen, bat ich ihn, beim Frischfischverkäufer auf mich zu warten, und entfernte mich; ich drängte mich durch das Gewimmel, stieg zur Hafenstraße hinauf und bezog Posten hinter einer abgestellten fahrbaren Baubude.

Nach kurzer Orientierung hatte ich meinen Mitbewohner wiederentdeckt. Er stand und harrte aus; sein Vertrauen in meine Rückkehr ließ bereits ein Gefühl des Mitleids mit ihm aufkommen, da beendete der Frischfischverkäufer sein Geschäft, und Herr Klaus Knöpfle wurde vom Strom der Besucher fortgetragen.

Einmal glaubte ich, ihn in einem Gespräch mit zwei Matrosen zu erkennen, ein andermal war es mir, als bugsierten ein paar taumelnde Gestalten ihn in eine Kneipe; jedenfalls kam er mir planmäßig abhanden, und ich trat die Heimfahrt mit dem Gedanken an, den Bettnachbarn, der mir soviel Ungemach bereitet hatte, auf stille und gewaltlose Art losgeworden zu sein.

Offenbar hatte mein Plan, den ich hiermit aufdecken möchte, Erfolg: eine Woche ist vergangen, und Herr Klaus Knöpfle ist nicht zurückgekehrt. Die Erklärung lautet, daß nirgendwo, etwa auf telefonische Anfrage, ein Graf Luckner vermißt wird und daß andererseits er, der sich so nennt, bei allen, die sich mit ihm abgeben, auf Nachsicht und Unglauben stößt. Mir ist nicht bekannt, wo sich mein Mitbewohner derzeit aufhält, wer sich um ihn kümmert und wem es obliegt, die Sachen abzuholen, die er hier zurückgelassen hat.

Fern davon, meine Tat zu verharmlosen, möchte ich zu Protokoll geben, daß ich die Methode der Trennung bedaure. Schlaflos seit acht Tagen, möchte ich ebenfalls erwähnen, daß ich viel in den Büchern gelesen habe, die meinem Mitbewohner gehören; mein Verständnis für ihn ist gewachsen. Wie immer Ihr Urteil ausfallen wird: von mildernden Umständen bitte ich, wie gesagt, abzusehen. Meine Adresse ersehen Sie aus dem Briefkopf. Ich zeichne mit Hochachtung

Admiral Nelson, im 87. Lebensjahr

Mascha Kaléko

Ein vertrödelter Sonntag

Eigentlich weiß ich nicht recht, warum ich an jenem Sonntag zu Haus geblieben war. Ich hätte mich doch mit Jenssen oder schlimmstenfalls mit Flix verabreden können. Aber, weiß der Himmel, auf Jenssens Gesellschaft hatte ich so gar keinen Appetit. Und Flix? Mit Flix war ich letzten Sonntag erst in Grünheide gewesen, und das hielt noch ein bisschen vor. Die »Zwillinge« saßen schon an der Ostsee, alles Übrige hatte Ferien gemacht …

Und so war es wohl gekommen, dass ich auf dem Heimweg von dem kleinen Chinesischen, in dem ich zu Mittag gegessen hatte, plötzlich beschloss, einmal nur mit mir selbst zusammen zu sein.

So gegen zwei war's wohl, als ich aus der U-Bahn heraufkroch. Eine Morgenausgabe wollte ich mir noch kaufen, aber der Kiosk hatte zu. Also nicht.

Nun könnte man ja wohl programmgemäß erzählen: »Totenstill lagen die Straßen da. Sonntag! Die Häuser schliefen, und die Läden hatten frei.« Und so weiter …

Könnte man erzählen.

Aber das wäre glatt gelogen.

Nein, es war keineswegs sehr sonntäglich da draußen. Die Leute rasten über den Damm wie an einem ganz gewöhnlichen Donnerstag; lag das nun am Wind, der etwas übertrieben um die Ecken jaulte, oder hatten es diese

Menschen auch sonntags eilig? Der Zwölfer-Omnibus ratterte wichtigtuerisch durch die Gegend, und die Elektrische namens Westend trottete brav hinterher. Alles wie sonst. Höchstens, dass die paar übriggebliebenen Fahrgäste auf der Plattform statt der täglichen Aktenmappen ein paar kümmerliche Blumensträuße in der Hand hatten.

»ff. Vanille-Eis. Halbgefrorenes!«, offerierte das bunte Plakat am Eissalon. Aber die leichten Sonntagsfähnchen der promenierenden Fräuleins mit dem guten Strohhut waren eine Vorspiegelung falscher Tatsachen an diesem eingeschobenen Herbsttag mitten im Sommer. Ich fühlte mich durchaus wohl in meinem grauen Flausch, ich hatte meine Erfahrungen mit dem Barometer …

Da stand ich nun, klimperte ein bisschen mit den Schlüsseln in meiner Tasche und verspürte noch gar keine rechte Lust, hinaufzugehen zu mir selbst. – Man könnte vielleicht einen kleinen Trip durch die Siedlung machen, an den Feldern vorbei, schlug ich mir vor.

Die Felder …! Wie großartig sich das anhörte. Ja, also gehen wir mal ein bisschen durch die Felder.

Vorbei an der russischen Konditorei mit den gediegenen Vorkriegs-Plüschportieren, vorbei am Modesalon »Yvonne« nicht ohne den üblichen Blick auf das Himbeerfarbene, das ich mir nie werde kaufen können. Sonntäglich schlummert die Discontobank nebst Kapital und Reserven, verbindlich lächeln die Friseurpuppen, obgleich sie heute gar nicht dazu verpflichtet sind, dienstfrei haben sie. Eine mutige Kurve um den Schokoladenautomaten rechts an der Ecke, anderthalb Querstraßen links herum, und schon bin ich im Freien. Soweit vorrätig. Ein paar Bäume, ein Restbestand Spree, eine Portion Rasen, Stückchen Himmel und kein Zaun. Die Anlagen sind ausnahmsweise nicht »dem Schutze des Publikums …«. Keine Anlagen. Kein Publikum. Bestenfalls »Leute«. Kinderfräulein aus besserem Haus, junge Männer im Modeblatt-Anzug mit verwegenem Schlips, Sonntagsliebespärchen Arm in Arm. Brillen-Mütterchen mit Handarbeitsknäuel auf den Bänken und alte Männer, die ihren Hunger nach Sommer und Luft stillen wollen, denn eigentlich ist es Juli.

– Und dergleichen nennt sich nun Hochsommer. Eine verrückt gewordene Jahreszeit ist das diesmal, und wenn es Dienstag, Mittwoch noch soundso viel Grad im Schatten gibt und eine dick unterstrichene »Hitzewelle in Amerika« im Abendblatt: Zum Wochenende, darauf könnte man wetten, kommt das »Tief«. Nun zieht der Himmel ein Gesicht, dass einem alle Lust vergeht, hier weiter umherzustrolchen. Und wenn ihr da drüben noch so viel angebt in euren duftigen Sonntagsausgehkleidern und den protzigen Panamas, ich könnte schwören, dass dies eben der zweite Regentropfen gewesen ist.

Regen. Natürlich. Passt so richtig ins Programm.

Durch die leer gewordene Neubausiedlung mit den lächerlich kleinen Häuserchen und dem Bürgermeister aus Bronze trödle ich mich allmählich heim.

Während ich den Mantel hinhänge zum Trocknen, fange ich an, ganz intensiv an einen Kognak zu denken. Unfreundliche Bude, ich werde mir mal einen Tee »mit« machen. So. Jetzt noch eine Sonntagsausgabe, und das Glück wäre vollkommen. Gibt's aber nicht. Oben auf dem Regal döst noch eine uralte ›Illustrierte‹, die habe ich mir mal aufgehoben wegen einer dringend wichtigen Notiz. Längst vergessen. Nachdem das Kreuzworträtsel bis auf die letzte »Bezeichnung eines Gemütszustandes« gelöst ist, finde ich es ein ganz klein wenig langweilig.

Still ist das heute im Haus …

Keiner singt auf dem Hof. Noch nicht mal die Heilsarmee, obgleich die doch heute dran wäre. Unheimlich ist so eine Ruhe in einem Mietshaus. Kein Köter bläfft, kein Grammophon wimmert. Ja, nicht einmal Schwertfegers Mädchen grölt aus dem Küchenfenster: »... Abär nein, abär nein, sprach sie, ich küssäää nie ...!«

Man könnte ja ein Buch lesen oder sonst was für seine Bildung tun. Man könnte vielleicht arbeiten, wenn man arbeiten könnte. Schön still ist das heute.

So, wie ich es mir schon immer mal gewünscht habe. – Na, kleine Klappermaschine, sollen wir? Ach was, wir lassen dir deine schwarze Wachstuchhaube und deinen Sonntagsfrieden. Mit dem Arbeiten wird das heute nichts. Und der Brief nach Edinburgh wird ja doch nie mehr geschrieben werden.

Wie aufdringlich so ein angebrochener Sonntagnachmittag sein kann. Es sollte wenigstens mal einer an der Tür läuten, damit man merkt, dass man überhaupt noch da ist. Für wen surrt dieser verflixte Fahrstuhl andauernd, kommt ja doch keiner zu mir. Ekelhaftes, pedantisches Ticken, ich werde diesen Wecker doch noch mal an die Wand ...

Ich möchte gern wo eingeladen sein bei braven Leuten mit geregelter Tageseinteilung und einem Programm für den Lebenslauf. Nein, lieber nicht ...

Warum ist diese Woche wieder so grau heruntergerollt von der Kalenderspule. Muss das so sein? Vernuschelt man nun seine Zeit, oder hat das Glück bloß vergessen, seine Visitenkarte bei mir abzugeben? Warum verlieb ich mich immer in die ganz ausgeleierten Phrasen: »... fühlt sich nicht wohl in seinen vier Wänden« oder beispielsweise »es ist, um aus der Haut zu fahren«. Ach, Blödsinn ... Montag ist morgen. Montag. Aber bitte, noch nicht. Sonntag ist heute, ich hab es schriftlich, und wir werden mal runtergehen, nachsehen, ob das etwa immer noch regnet.

Punkt sieben ist es über der Telefonzelle drüben.

Ob ich den Jenssen doch noch anrufe? ... Nein, ich rufe nicht an. Man kann so schön vor Litfaßsäulen stehen und tun, als ob man läse. »Schlüsselbund verloren« vielleicht oder: »Das gute Bier, die gute Musik«. Man kann sich auch die Ausverkaufsschaufenster im Warenhaus ansehen. Aber drüben im kleinen »Floh« geben sie tatsächlich noch einen alten Stummfilm mit der Garbo, als sie noch nicht »die Garbo« war. »Der Hauptfilm hat noch nicht begonnen.« Das »heitere Beiprogramm« und das Leben unserer gefiederten Freunde unter dem Vorwand »Kulturfilm« lasse ich über mich ergehen. Wenn es allzu schlimm wird, stecke ich zwei Pfefferminz auf einmal in den Mund. Roter Plüsch für siebzig Pfennig und lieber alter Filmstreifen, auf dem es regnet wie früher, wenn man heimlich von den unregelmäßigen Verben fort zu Harry Piel gelaufen war ...

Und dann ist es mit einem Male neun. ENDE!!! steht mit Riesenbuchstaben auf der Leinwand, und ich bin entlassen.

Dunkel ist es draußen, von allen Ecken kommen die grellglühenden Augen der Autos auf mich zu, lumpige Taxis und noble Achtzylinder. Sonntagabendausgehzeit, einundzwanzig Uhr ... Sommerpelze und schwarze Seide und grellweiße Waschlederne und rotgemalte Puppenlippen. Lacktäschchen und Acht-Fünfzig-Fähnchen aus dem Totalausverkauf. Lauter rosaseidene Beine und kostbares »Chanel« oder »Maiglöckchen« für einen Groschen aus dem U-Bahn-Automaten. Schicksale auf Maß gearbeitet und billige Konfektionsware. Ganz hoch oben auf dem Hoteldach läuft eine Lichtreklame spazieren: »... und abends in die Scala!« – Aber ich kümmere mich nicht darum, sondern laufe meinen Bayernring hinunter, und weil ich plötzlich Hunger verspüre, setze ich mich in das kleine Automatenbüfett und ziehe mir einen Heringssalat. Ein Photomaton haben sie in der Ecke, achtmal für eine Mark, bitte, die Dame ... Nein, ich blättere lieber in den Magazinen herum, »Sport« und »Film« und »Mode«, bis auf die Gastwirtsnachrichten, alles hübsch hintereinander, ich habe Zeit. Der Salat könnte schärfer sein. Ich lasse mir noch ein paar Zigaretten kommen, zahle und schiebe mich langsam hinaus.

Feucht glänzen die Trottoirs. Auf kleinen Pfützen schwimmt milchig das Licht der Bogenlampen. Aus einem Parterrefenster quäkt ein erkältetes Grammophon: »Auch du wirst mich einmaaal betrügän, auch du, auch duuu ...!« So schwer ist die Luft. Vom Park her riecht es ganz sanft nach Linde und etwas Holunder, aber das kann auch Einbildung sein. Blank gewaschen ist die Straße, von Dachrinnen klatscht ab und zu noch ein Tropfen auf den Asphalt. Ganz unmotiviert kommt ein blasses Viertel Mond aus den Wolken gekrochen und steigt den Häusern aufs Dach.

»Auch du, ta ta tüta tatüta, auch duuuu ...«

Ich werde die paar aufgegriffenen Takte nicht los. – Verflixte Melodie!

Ach, gehen wir ins Bett. Drehen uns auf die Schlafseite. Uns kann dieser Tag gestohlen bleiben. Heute ist Regen, und morgen fängt die Woche an.

Ein vertrödelter Sonntag, denke ich so im Eindämmern.

Ein vertrödelter Sonntag ...

Ranka Keser

Geht doch!

Mein Autorenkollege Joseph wurde heute von der Polizei verhört. Womöglich muss er sogar ins Gefängnis.

Ach, wie viel Herzblut hat er doch für seinen ersten Roman vergossen. Sein 800-Seiten-Werk mit dem Titel *Opportunistische Gesellschaft in Zeiten der Identifikationsdefizite* hat leider keinen Verlag gefunden, weshalb er sein Werk im Selfpublishing herausgebracht hat.

Joseph ist ein gütiger Mensch und ein Idealist, der seinesgleichen sucht. Sieben Jahre hat er an seinem Buch gearbeitet und am Ende keinen Verleger gefunden. Er trug es mit Fassung und kam zu dem Schluss, dass die Leute heute einfach kein Gespür für intellektuelle Herausforderungen haben, und er würde schon irgendwann in die Geschichte eingehen, spätestens wenn er tot sei. Schließlich gebe es so viele Künstler, die erst nach ihrem Tod entdeckt würden.

Bei einem unserer letzten Autorentreffen sagte ein junger Kollege zu ihm: »Du musst was für die Masse schreiben, Alter. Mit dem Gesellschaftsgeschwafel kommst du nicht weiter.«

Joseph war erbost. »Ich bin doch kein Mainstreamer!«

Kurze Zeit darauf las Joseph über eine Autorin, die nach einigen anspruchsvollen Romanen jetzt nur noch

Geschenkbücher mit Witzen und Illustrationen herausbringt – und sich kürzlich eine Villa in der Provence gekauft hat. Woraufhin Joseph überlegte, ob er nicht vielleicht beide Zielgruppen erreichen könne – die Intellektuellen und die Badewannenleser.

So bot er ein halbes Jahr später seinen Roman *Traumfrau mit Lachfältchen* mehreren Verlagen an – und bekam den lang ersehnten Vertrag. Joseph hatte eine Marktlücke gefunden, Man-Lit: unterhaltende Männerromane, in denen der Protagonist auf Brautschau ist. Für diese Romane wählte er das Pseudonym Marvin Macho. Ich hielt das für keine gute Idee, aber Joseph war nicht davon abzubringen. Mit seinem richtigen Namen Joseph Birnbaum-Deutlinger könne er keine Man-Lit veröffentlichen.

Seine erste Rezension auf Amazon: Fünf Sterne. Der Rezensent lobte es als Meisterwerk der Unterhaltungsliteratur, mit dem kein zeitgenössisches Werk mithalten konnte, außer vielleicht *Opportunistische Gesellschaft in Zeiten der Identifikationsdefizite.* Der Verfasser trat unter dem Nickname Babsi_BD auf. Soweit ich weiß, heißt seine Frau Barbara …

Joseph hat sich mächtig ins Zeug gelegt, um für sein Buch Werbung zu machen. Er ist sogar auf eine Demo zum Thema »Gleicher Lohn für Frauen« gegangen, hat sein Buch in die Kamera gehalten und gesagt: »In diesem Buch geht es auch um eine Frau, die mehr Lohn will. Sie verliebt sich …« Doch Joseph wurde rausgeschnitten.

Eine Woche später konnte er sein Glück kaum fassen. In der Fußgängerzone war ein Reporterteam unterwegs, das Passanten befragte. Er musste es unbedingt vor die Kamera schaffen! Also ging er auf und ab, malte mit dem Fuß Kreise in den Boden, sah sich das Glockenspiel auf dem Rathaus an – da endlich kamen sie auf ihn zu. »Haben Sie Zeit für eine kurze Frage?« Die junge Frau hielt ihm das Mikrofon unter die Nase.

»Ach, na ja«, antwortete Joseph lässig, »eigentlich bin ich auf dem Weg zu meiner Lesung und habe nicht so viel Zeit.«

»Wie finden Sie es denn, dass der Oberbürgermeister beschlossen hat …«

»Die Lesung, zu der ich gehe, wissen Sie, also … *ich* lese dort aus meinem neuen Buch.«

»Oh, das ist toll. Und wie finden Sie das Vorhaben …«

»Es heißt *Traumfrau mit Lachfältchen*. Ich habe mit diesem Buch nämlich ein neues Genre erfunden. Man-Lit.«

»Das klingt sehr interessant. Aber wie finden Sie nun das Vorhaben des Oberbürgermeisters bezüglich des nächsten Oktoberfestes?«

Joseph hatte in letzter Zeit kaum Nachrichten gehört, da er gerade an seinem neuen Manuskript arbeitete. Es ist ein Kinderbuch mit dem Titel *Das Killer-Krokodil und seine Killer-Freunde*. Joseph sagt, der Titel muss den Leser bei den Eiern packen, und man muss mit der Zeit gehen, und heute ist mit Kuschelgeschichten kein Blumentopf mehr zu gewinnen.

Entsprechend hatte Joseph auf die Frage keine Antwort und sagte deshalb: »Es ist eine Überlegung wert. Was wären wir ohne das Oktoberfest? Wenn das sein Vorhaben ist, finde ich es gut. Aber ich muss jetzt zur Lesung meines Buches, um …« Joseph wurde wieder rausgeschnitten.

Zwei Tage später gab es eine zweite Rezension. Es war ein Verriss übelster Art: *… wenn alle Männer so blöd wären wie diese Romanfigur … Papierverschwendung …*

Autor sollte lieber Texte über Inhaltsstoffe in Waschmitteln schreiben ... und dann auch noch ein grober Sachfehler: Ich als Münchner weiß, dass es kein Café gibt, das »Sahnetörtchen« heißt ...

Der Verfasser, der sich als Münchner outete, hatte seinen realen Namen angegeben. Also googelte Joseph wutschnaubend den Menschenhasser Karl-Egon Oberhauser und fuhr zu ihm nach Hause. Als dieser die Tür öffnete, fragte Joseph: »Karl-Egon Oberhauser?« Dieser nickte bestätigend, woraufhin Joseph ihn am Kragen packte und kräftig durchschüttelte. Er warf Oberhauser vor, seine Karriere ruiniert zu haben. Dieser ließ sich das nicht gefallen und trat ihm ans Schienbein. Sie schlugen sich die Nasen blutig, und eine Nachbarin rief die Polizei.

Nun sitzt der arme Joseph also in Untersuchungshaft, und die Zeitungen titelten:

Autor dreht durch – und verprügelt seinen Leser

Übrigens ist die *Traumfrau mit Lachfältchen* unmittelbar darauf auf Platz 1 der Bestsellerliste eingestiegen.

Ich habe Joseph heute besucht und ihm davon erzählt. Er schmunzelte »Na, also«, sagte er, »geht doch!«

Gabriele Haefs

Das Beste nicht vergessen

In alten Zeiten, als das Wünschen noch geholfen hat … so fangen viele Märchen an. Aber die Märchen selber sind auch schon sehr alt – diese schönen Zeiten müssen also schon lange her sein. Und richtig geholfen hat das Wünschen schon damals nicht, wie sich bei näherem Hinsehen ergibt, irgendwer hat drei Wünsche frei, warum auch immer. Wünscht drauflos, ehrlich und innig.

»So nicht«, schreit die gute Fee. »Vergiss das Beste nicht!«

Das Beste vergessen, wer will das schon? Doch egal, was gewünscht wird, die gute Fee wird zusehends grantiger.

Da wünscht sich nun so ein armer Märchenheld, in diesem Fall der Kohlenmunkpeter, noch besser tanzen zu können als der Tanzbodenkönig und immer so viel Geld in der Tasche zu haben wie der dicke Ezechiel. Worüber sich die Märchenfee, in diesem Fall das Glasmännlein, so erbost, dass es glatt den dritten Wunsch verweigert. Und dabei liegt doch auf der Hand, dass Fertigkeiten auf dem Tanzboden und klingende Münze im Hosensack für das gesellschaftliche Fortkommen eines bettelarmen Köhlerknaben aus dem Schwarzwald unerlässlich sein können.

So wird mit unseren Wünschen umgesprungen, sogar

von guten, hilfreichen Geistern. Wer mag sich da überhaupt noch etwas wünschen?

Und doch ... die Vorstellung, so viel essen zu können, wie wir wollen, ohne je ein Gramm zuzunehmen ... so viel Sekt in uns hineinschütten zu können, wie überhaupt zu erlangen ist, ohne am nächsten Morgen einen dicken Kopf und einen ausgedörrten Hals zu haben, das hat was.

»Vergiss das Beste nicht«, röhrt der Märchenhirsch.

Versuchen wir's mit nur einem Wunsch, das klingt bescheiden, aber ob es uns weiterhilft? Ich möchte in der Konditorei Hütel am Sebastiansplatz mit dem Poeten Nikolaus Galle Kartoffelsalat mit Würstchen essen. Das möchte ich.

Bestimmt nickt jetzt so manche vielsagend vor sich hin und denkt: »Das möchten garantiert viele. Aber ein so berühmter Poet hat schließlich etwas Besseres zu tun, als sich mit hergelaufenen Frauenzimmern in Kaffeehäusern rumzutreiben!«

Aber das ist gar nicht das Problem – Poeten treiben sich doch schon von Berufs wegen gern in Kaffeehäusern rum, und unser Poet ist willig und bereit, und außerdem laufe ich nicht zur Konditorei Hütel am Sebastiansplatz, sondern nehme den Bus 102.

Für Ortsfremde muss gesagt werden, dass der Sebastiansplatz sehr zentral gelegen ist, Bahnhof, Unibibliothek (samt Uni), diverse Antiquariate sind in der Nähe, bei Hütel gibt's unten ein Stehcafé, oben eins zum Sitzen, man hat einen feinen Blick auf den Platz und sieht immer wieder Bekannte, die in abenteuerlichen Kombinationen miteinander unterwegs sind.

Und dort saßen wir eines Tages und wollten eigentlich nur Kaffee trinken, aber dann sahen wir: Es gab eine neue

Speisekarte, und darauf stand: Kartoffelsalat mit Würstchen. Genial, sagten wir, sehr inspirierend, bestellten – »Tut mir leid«, sagte die freundliche Serviererin. »Der Kartoffelsalat ist noch nicht fertig.« Mittags um drei! Das ließ uns keine Ruhe. Eine Woche später erfolgte der nächste Versuch. »Tut mir leid, uns sind die Würstchen ausgegangen.« Mittags um eins. Dritter Versuch. »Tut mir leid, uns sind die Würstchen ausgegangen.« Mittags um zwölf. Wie früh müssen wir eigentlich kommen, um hier noch Würstchen abzukriegen? Warum bunkern sie nicht einfach ausreichende Mengen?

Die Sache mit den Würstchen ist inzwischen fast zur fixen Idee geworden. Die Serviererin hält uns schon für ein illegales Liebespaar, glaube ich, das seine heimlichen Rendezvous in der Konditorei Hütel am Sebastiansplatz absolviert. Neulich kam ich ein wenig zu früh, und sie lächelte mich aufmunternd und verständnisvoll an und flüsterte: »Er kommt sicher bald.« Er kam auch bald, was ich von den Würstchen leider nicht berichten kann.

Immerhin gab es neulich eine neue Speisekarte, erweitertes Angebot: Jetzt auch zum Mitnehmen: Kartoffelsalat mit Würstchen. Leider waren ihnen gerade die Würstchen ausgegangen, ich habe vor lauter Verzweiflung vergessen, mir die Uhrzeit zu merken. Angewidert wiesen wir das Ansinnen der freundlichen Serviererin zurück, uns stattdessen Frikadellen zu servieren. Lieber stahlen wir eine Speisekarte. Genauer gesagt, ich stahl, Poeten stehlen schließlich nicht. Also, ich stahl. Als Beweis. Die Konditorei Hütel am Sebastiansplatz gehört nämlich einer Familie, die noch manches andere Lokal ihr Eigen nennt, und in einem habe ich schon so manches Glas Wein geleert. Der dortige Wirt, ein Spross der Dynastie, fiel aus allen Wolken, verwies aber an seine Schwester, denn der untersteht der Sebastiansplatz. Und die geriet außer sich: Schließlich bezahlt sie jeden Morgen größere Würstchenlieferungen für ihre Konditorei, was aber wird aus den Würstchen?

Ist die freundliche Serviererin am Ende gar nicht so freundlich, ist ihre liebevolle Besorgnis um ihre Gäste nur eine Fassade, hinter der sich ein skrupelloser Geschäftssinn verbirgt? Was aber wird aus den Würstchen? Landen sie statt auf unseren Tellern bei der albanischen Mafia, die damit auf dem schwarzen Markt von Tirana Höchstpreise erzielt? Das möchte ich wissen. Und das ist mein zweiter Wunsch. Den dritten verrate ich nicht, sonst kommt das Glasmännlein und pöbelt mich an.

Als wir zuletzt in der Konditorei Hütel am Sebastiansplatz saßen und lustlos im Ragoût fin herumstocherten, meinte der Poet Nikolaus Galle: »Ist es nicht seltsam, wie viele gute Geschichten es über Missgeschicke beim Essen gibt? Wie die der fünf irischen Lyrikerinnen, die in Dänemark unterwegs waren und einen Kaffee brauchten – und der Wirt konnte kein Englisch und sie kein Dänisch und statt Kaffee bekamen sie fetttriefenden Aal?« – »Oder wie ich in Norwegen immer Laugenfisch essen wollte, weil der angeblich so widerlich aussieht, aber das wurde immer von irgendwelchen Einheimischen hintertrieben, die einer armen Ausländerin nicht diesen widerlich aussehenden Fraß vorsetzen wollten?« – »Oder auf dem Poetenkongress in Regensburg, wo es nur zwei Gerichte gab, Saure Zipfel und Nackerte zum Selberanmachen, und obwohl sich schon rumgesprochen hatte, dass die Sauren Zipfel so widerlich schmecken, wie der Laugenfisch aussieht, traute keiner der Herren sich, ein Gericht mit einem dermaßen obszönen Namen wie Nackerte zum Selberanmachen zu bestellen?« – »Oder wie du damals dem französischen Kultusminister gesagt hast: »Monsieur, Sie haben einen ganz hübschen Appetit, aber Sie wählen mit allzu großem Feingefühl, um als starker Esser gelten zu können.« –»Das war nicht der Kultusminister«, sagte mein Poet. »Das war König Ludwig XIV. Und ich war's nicht, der ihm das sagte, sondern Porthos, der Musketier.«

Eigentlich egal. Man müsste ein Buch machen, das finden wir beide, in dem lauter Leute ihre seltsamsten Essgeschichten erzählen, und am Ende jeder Geschichte steht dann das passende Rezept. Aber auf ein solches Buch können wir sicher noch lange warten. Wenn auch vielleicht nicht ganz so lange wie auf Würstchen mit Kartoffelsalat in der Konditorei Hütel. Und außerdem war das jetzt der dritte Wunsch, was wohl die guten Geister dazu sagen werden?

Katinka Buddenkotte

Mutter Erde weint

Mutter Erde weint, und keiner hört es. Anscheinend sieht es auch keiner, obwohl Mutter Erde ganz eindeutig ihre Strumpfhose aufgeribbelt hat, und das Knie blutet bestimmt, Mutter Erde kann das spüren, trotz der eisigen Kälte. Und endlich handelt jemand. Eine gottgleiche Stimme bellt durch ein Megafon: »Es kann doch nicht so schwer sein, in seiner Umlaufbahn zu bleiben. Alle noch mal auf Anfang!« Aber Mutter Erde kann nicht mehr. Sie bleibt auf dem Rasen liegen und wartet.

»Nun komm schon, Katinka, wir helfen dir hoch. Gleich sieht man eh nichts mehr, dann ist Drehschluss!«

Mühsam hilft man mir von zwei Seiten hoch. Dass man gleich nichts mehr sieht, ist für mich unerheblich, weil ich schon seit zwei Stunden nichts mehr sehe. Obwohl ich doch, »verdammt noch mal, was sehen müsste«, so zumindest bellt der Regisseur, schließlich hätte ich ja Gucklöcher.

Stimmt schon, ich habe Gucklöcher, leider liegen die in Kuala Lumpur, und das ist hinten, weil sich mein Kugelkopf immer dreht, sobald ich um meine Umlaufbahn kreise.

»Das ist ja auch richtig so!«, sagt die Frau von der Aufnahmeleitung.

Dass das wirklich richtig so ist, haben wir alle erst in

der letzten Drehpause gelernt. Da hat die gesamte Crew extra im Internet nachgesehen, ob die Erde sich um sich selbst dreht, während sie um die Sonne kreist. Tut sie, also dreht sich auch mein Kopf, während ich heute zum zwölften Mal im Rheinenergie-Stadion bei Flutlicht um den Mittelkreis hotte, in dessen Zentrum wiederum eine genervte Teenagersonne steht, die auch nach Hause will. Die Sonne ist schon den ganzen Tag am Keifen, weil sie ein ehemaliger Kinderstar ist und das alles angeblich nicht nötig hat. Die Sonne nervt mich, auch wenn ich sie nur alle sechs Sekunden sehe, also wenn meine Augen gerade hinter Kuala Lumpur sind.

Alle anderen Planeten durften schon nach Hause gehen, Mars und Pluto, weil sie außerhalb des Bildes kreisten, der dicke Saturn, weil er seine Ringe immer verlor. Venus hatte noch eine Reitstunde, und Mars musste zum Karatetraining. Heute Nachmittag habe ich zum ersten Mal verstanden, welche negativen Folgen die Globalisierung tatsächlich hat. Es ist nicht automatisch gut, wenn Kinder was für Kinder produzieren, seien es nun Markenturnschuhe in Indonesien oder eben Lehrfilmchen für den Kinderkanal.

Die Sonne greint schon wieder, weil sie ihre Rolle nicht versteht.

»Scheinen, Baby, scheinen!«, murmele ich und frage mich, warum ich nichts Anständiges gelernt habe. Dann keimt in mir die Frage, ob man diese Wissenschaftsshow für Kinder nicht doch hätte anders gestalten können, irgendwie unaufwendiger. Als mir der Regisseur, mit dem ich bis vor kurzem lose befreundet war, von dem Dreh erzählte, klang das auch alles ganz anders. Ich sah mich als eine Art weiblichen Ranga Yogeshwar die Galaxis erklären, hübsch geschminkt, angetan mit einem türkisfarbenen Sari. Erst als ich am Set den Vertrag unterschrieben hatte, bemerkte ich, dass wir, die Laiendarsteller, die lustigen Planeten sind, die riesige Styroporkugeln um den Kopf herum tragen. Und da ich die einzige Volljährige vor der Kamera bin, darf ich die größte Rolle spielen: Mutter Erde. Dass die Sonne, rein wissenschaftlich gesehen, einen Hauch größer ist, ist für den Film eher unerheblich, das kann man später in der Postproduktion tricksen, wurde mir erklärt. Alles jedoch, was meine Rolle angeht, kann man nicht tricksen. Gestern haben wir die Mondfinsternis gedreht, das war okay, bis der Mond sich zwei Schneidezähne an mir ausgehauen hat. Aber die mussten eh raus, anders als meine Kniescheibe gerade.

»Wenigstens können wir das Kostüm kleben«, sagte die Produktionsassistentin, zog das alte Kind aus seinem Kugelkopf und pflückte ein anderes vom Feld. Den Alexander hat sie genommen, der noch vom Jupiter-Einzeldreh dageblieben war, der Streber. Alexander ist als Mond schon in Ordnung, aber menschlich eher so ein kleiner Kotzbrocken. Na ja, so ein typisches Kind, das bei Filmdrehs mitmachen darf. Kaum größer als sein Handy, aber schon Sätze sagen wie: »Wir waren mit der letzten Putzfrau ja nicht so zufrieden.«

Kinder! Plappern jeden Dreck nach. Zum Glück höre ich in meiner Kugel nichts, außer den Regisseur, wenn er durchs Megafon bellt, und der bellt gerade, dass wir erst das Bild neu einstellen müssen, also Pause, aber bitte im Kostüm bleiben.

Natürlich bleibe ich im Kostüm. Erstens bin ich erwachsen, zweitens komme ich allein gar nicht heraus. Finsternis bedeckt die Erde. Rundherum.

Eigentlich ganz gemütlich hier drin. Vielleicht klebe ich mir morgen ein Radio ans Ohr, zur Unterhaltung. Als die Requisiteurin gestern versucht hat, mich durch Kuala Lumpur hindurch mit Keksen zu füttern, hat das eine Menge Ärger gegeben und eine Mordssauerei. Also esse ich nur noch außerhalb meines Kostüms, aber dann ständig.

Vorgestern saß ich beim Essen hinter dem neuen Mond, Alexander, dem großen Schlauberger, der über Telefon seine Sommerferien plante: »Nicht in die Normandie, Papa? Ach so, Gigi kann die Kälte in dem Schloss nicht ertragen, das verstehe ich natürlich.«

Ich vergaß, dass ich gerade keinen Globus auf dem Kopf hatte, und grinste feist. Mond-Alexander sah mich gekränkt an und bemühte sich, mir die Sachlage zu erklären: »Meine Oma Gigi war Primaballerina. Zarte Körper frieren leichter, wie man weiß.«

Verdattert antwortete ich: »Meine Oma hat gern Eintopf gemacht!«

Verächtlich schaute der achtjährige Mond mich an. Ich merkte, dass ich bei dem Blag auf diese Art nicht punkten konnte, also legte ich nach: »Aber mein Opa war Nazi!«

Der Mond wandte sich ab. Ich überlegte, ob ich wirklich so perfekt geeignet für die Rolle war, wie ich dachte. So wie ich mit Kindern umgehe, sollte ich vielleicht mal drüber nachdenken, mir die Eileiter verlöten zu lassen.

Vielleicht kann ich wenigstens heute mit Professionalität vor der Kamera glänzen, der Regisseur will mir zumindest die Gelegenheit geben, indem er die Pause für beendet erklärt:

»So, jetzt aber! Letztes Bild für heute. Erde bitte drehen, aber bitte schneller, auch den Kopf!«

Ich stelle mich in Position. Mit blutigen Knien, schwerem Muskelkater, vom Mond verachtet, von der jugendlichen Fernsehnation schon sehr bald missverstanden.

Letztes Bild für heute, ich gebe alles, was man blind und lahm auf einem Fußballfeld so geben kann, nachdem man zuvor schon ein Schaltjahr lang den Meteoritenhagel abgedreht hat. Ich lege alles in die Rolle hinein. Mutter Erde wird jetzt so was von im Kreis herumrennen, da können sich aber noch einige Planeten was von abgucken.

»Und los!«, höre ich den Startbefehl. Ich laufe los, renne einen perfekten Halbkreis, obwohl ich nur den Panamakanal vor Augen habe, jetzt den Pazifik und jetzt …

»Oh, ich muss mal dringend!«, schreit da die Sonne.

»Und stopp!«, brüllt der Regisseur.

Aber nicht mit Mutter Erde. Ich renne das Jahr zu Ende, und dann, wie einst Ikarus, der Sonne entgegen, an der Sonne vorbei, verlasse meine Galaxie und stoße den Regisseur um. Die Sankt-Andreas-Spalte tut sich auf, ich kann das schmerzverzerrte Gesicht des Mannes sehen, der nun endlich sprachlos ist.

»Tja, Wissen macht au«, sage ich und verlasse gemessenen Schrittes das Stadion. Morgen muss ich nicht mehr kommen. Nicht schlimm. Ich glaube, die Klimakatastrophe hätte ich sowieso nicht überlebt.

Milena Moser

Altpapier

Da, wo ich wohne, gibt es eine Entsorgungsanlage, die zweimal die Woche je zwei Stunden geöffnet ist. Dahin bringt man seine gesammelten Flaschen, gebündeltes Papier und Karton, Kleider, Sperrmüll, Grünzeug und eigentlich alles, was einem sonst noch in die Hände fällt. Abfallsäcke, die man zu spät an den Straßenrand gestellt hat. Die kann man auf dem Beifahrersitz festschnallen und zur Entsorgung chauffieren.

Da staunen Sie, was! Was ich nicht alles weiß!

Ich liebe nun mal diese Entsorgungsanlage. Sie ist ein Denkmal unseres kollektiven Recycling-Willens. Jede Woche erfüllt es mich mit Stolz, dass wir es wieder rechtzeitig geschafft haben.

Ich weiß zwar nicht, wie sinnvoll es vom ökologischen Standpunkt her ist, seine Abfälle mit dem Auto zu transportieren – nein, kommen Sie mir nicht mit dem Leiterwagen! Soll das ganze Dorf unsere leeren Flaschen scheppern hören? Und leider bringe ich auch meist genauso viel nach Hause, wie ich abgeladen habe. Blumentöpfe, Kaffeetassen, einzelne Keramikkacheln – lauter Dinge, die jemand nicht mehr brauchen konnte und die ich, ehrlich gesagt, auch nicht brauchen kann. Aber ich kann nicht widerstehen.

Einmal habe ich ein Cocktailglas mit dem Logo der

Swissair aus einer Mulde gefischt. Sofort wurden Erinnerungen wach an längst vergangene Zeiten, in denen man gegen die Flugangst ein Getränk in einem Glas serviert bekam. Kaum mehr vorstellbar. Meine Mutter meint sich an Crevetten-Cocktails zu erinnern, aber das muss eine Legende sein. Das Glas jedenfalls ist Kult und kommt mit in mein Büro. (Wo braucht man Gläser dringender als im Büro?)

Ein andermal sah ich zwei ziemlich kleine Buben in der Papiermulde stehen, die die vorschriftsmäßig verschnürten Papierpakete mühsam umlagerten.

»Sucht ihr etwas?«, fragte ich fürsorglich – wie oft war ich selber in der Situation gewesen? Hatte wichtige Dokumente, einmal gar einen Scheck von meinem Verlag, ins Altpapier geschnürt, Versehen oder freudsche Fehlleistung, und musste dann verzweifelt das richtige Zeitungsbündel wiederfinden, bevor die Entsorgungsanlage schloss.

Die Buben wechselten einen Blick. »Ein Heft«, murmelte einer schließlich.

»So?« Gelenkig schwang ich mich zu ihnen hoch und begann, die Packen einzeln hochzuheben. Die Buben musterten mich verdattert. Vielleicht waren sie derart hilfsbereite Erwachsene nicht gewohnt. Ich kam mir ziemlich gut vor. Hier verbrachte ich einen Mittwochnachmittag damit, zwei mir völlig fremden Kindern zu helfen!

»Wie sieht das Heft denn aus?«, fragte ich. Dachte an ein Schulheft. Vergessene Aufgaben, schlechte Noten. Grimmige Lehrer.

»Oh«, sagten sie. »Hm.« Wieder dieser Blick. Beinahe flehend brachte der Kleinere schließlich vor: »Es hat ein Bild von einer Frau vorne drauf!«

Liebe Leserin, lieber Leser, Sie haben bestimmt schon längst gemerkt, warum sich die Buben so wortkarg äußerten, warum sie keine gesteigerte Dankbarkeit zeigten, warum sie schließlich von der Mulde sprangen und sich ohne ein Wort des Abschieds aus dem Staub machten, während ich noch hinter ihnen herrief, ich würde weitersuchen und ihnen das Heft nach Hause bringen, wo sie denn wohnten, bitte schön? Doch da waren sie schon um die Ecke verschwunden.

Und ich hatte immer noch keine Ahnung.

Erst als ich die Geschichte zu Hause erzählte und mein Mann die Augen verdrehte und mein Sohn sich mit der flachen Hand gegen die Stirn schlug und beide »Milenaa-aa!« stöhnten, mit diesem langgezogenen entnervten A, wurde mir klar, wonach die beiden gesucht hatten. Und was ich in meinem Übereifer verhindert hatte.

»Oh!«, sagte ich.

Seither liebe ich die Entsorgungsanlage noch mehr.

Felix Lobrecht

Humanbiologen

Es ist Freitagabend, ick bin auf einer Party von Humanbiologen, man redet über Enzyme. Alle lachen. Alex hat einen Enzymwitz gemacht. Hab ick nicht verstanden. Alex ist der Coole in seiner kleinen, unbedeutenden, unwichtigen, uncoolen Gruppe. Ick glaube, nirgends auf der Welt gibt es an einem Ort so viel Dioptrien wie auf dieser Party. Ick mag Alex nicht. Ick selber gefalle mir besser. Den anderen gefällt Alex besser. Ick glaube, die anderen denken, ick wäre geistig behindert, weil ick nie mitlache, wenn Alex mal wieder pointiert über Enzyme zu flachsen beliebt.

Ick finde, Alex hat so viel Ausstrahlung wie eine kaputte Heizung. Wortspiele kann ick. Mich ärgert es, dass Alex an diesem Abend von Frauen angehimmelt wird, die … na ja, es sind Humanbiologinnen.

Alex macht einen Meiosewitz. Die Stimmung kocht. Auf dem Siedepunkt der Ereignisse greif ick in meine Tasche und zücke meinen Liter Notkorn. Ick hab immer 'nen Liter Notkorn dabei, seitdem ick versehentlich mal auf einer Geologenparty war. Nur Männer, Musik: keene, Witze über Boden. Die Geologen lachen, weil in »Breitengrad« das Wort »Ei« vorkommt. Oft lach ick heute noch nicht darüber.

Einer der Geologen hat sich den Witz extra aufgeschrieben, damit er ihn nicht vergisst. Ick wünschte, ick hätte ihn vergessen. Hab ick aber nicht. Er hat den Zettel verloren. Welch Ironie.

Jedenfalls schwor ick mir: Bei Studentenpartys – Korn.

Alex macht einen Gelenkwitz. Die Masse tobt. Diesmal weiß ick, worum's geht, weil: Gelenke kenn ick. Lustig ist es trotzdem wenig. Aus Verzweiflung nehme ick Korn zu mir, als wäre ick ein Huhn, Wortspiele kann ick.

Auftritt Daniel. »Auf meiner Uhr ist es gerade fünf vor Party!« Er zwinkert und alle bewundern ihn für diesen Witz. Ick nicht. Daniel ist dreiundvierzig Jahre alt. Find ick persönlich ja albern. Es gibt so Namen, die passen irgendwann nicht mehr und dann wird's peinlich. Ick meine, sein wa doch mal ehrlich: mit vierzig hört man auch mal auf, Daniel zu heißen. Albern is' dit. »Mein Opa Daniel sagt immer …« Da hör ick schon jar nicht mehr zu.

Weil ick Hunger hab, zück ick mein Kilo Nothack. Ick hab immer 'n Kilo Nothack dabei, seitdem ick einmal auf einer Skandinavistenparty war. Nur schwedische Musik, alle heißen Sven, Witze über Fjorde. Zu essen gab es Trockendorsch. Schmeckt, wie's klingt: trocken und dorschig. Hat mir nicht jeschmeckt. Nee, Korn und Hack, that's what's up. Reimen kann ick.

Alex und Daniel schlagen sich. Und mit »schlagen« mein ick: Sie liefern sich einen heftigen argumentativen Schlagabtausch. Es geht um Zellen.

Mein Marburger Mitbewohner Linus, der mich mit hierhernahm, sieht mich an mit einem Blick, der fragt: »Na, hab ich zu viel versprochen?«

Ick antworte mit einem Blick, der sagt: »Ja!« Diese Party erinnert mich wieder daran, wat ick im Wesentlichen am Studieren hasse: Studenten.

Daniel hat das heiße Wortgefecht erwartungsgemäß verloren. Er geht traurig und nach wie vor zu alt für seinen Namen nach Hause. Ick sage ihm nicht »Tschüss«. Niemand sagt Daniel »Tschüss«. Alex steigt auf einen Tisch und springt in die anderen Partygäste hinein. Er will in seinem Freudentaumel wohl Crowdsurfen. Leider sind die Humanbiologen zu schwach, um ihn aufzufangen. Er kugelt sich diverse Schultern aus.

Ick mache einen Gelenkwitz und gehe.

H. P. Daniels

Finnish

Die besten Schwitzstuben bauen die Finnen »Seeburg!« Sie sprachen das komisch aus. Hart. Waren nicht von hier. »Finnish – Finnland. Wie arr frrom Finnland!« Hartes Englisch.

Hatten am Stuttgarter Platz gestanden. Nachdem sie aus der Bar gekommen waren, dem Club, dem Puff. Am helllichten Tag. In der Sonne. Sonntagmittag.

Zwei Finnen, kräftige Gestalten. Sie müssten Geld holen, Geld in Seeburg, sagten sie: »Gettä monnäh … Monnäh frrrom Säburrg.« Seeburg, ich wusste nicht, wo das ist. »Seeburg, wo issn das? Where is Seeburg? Don't know Seeburg, I'm sorry!« – »Schpanndau, Schpanndau«, sagt der Hinterfinne. »Härrschtraße«, sagt der Vorderfinne vom Beifahrersitz, »Härrstraße«, und macht eine Handbewegung nach Geradeaus, »Willhällmstraße«, die Hand biegt nach links ab, winkt wieder nach geradeaus. »Säburrg«, Hand nach rechts. »Ach, da war früher die Mauer. Von den Orten jenseits hatten wir keine Ahnung, keine Vorstellung, was da war, und es ist noch gar nicht so lange her!« Die Finnen verstehen nicht, was ich meine, tun sich schwer mit Deutsch, mit Englisch kommen sie etwas besser zurecht. »Gettä monnäh frrrom Säburrg!« Soweit ich sie verstehe, wollen sie Geld holen in Seeburg und noch mal zurück in die Bar, den Club, den Puff.

Stuttgarter Platz. Der Beifahrfinne lacht heiser, krächzend … deutet zurück, in die Richtung, wo ich sie aufgesammelt hab. »Nussi, Nussi!«, sagt er krachend lachend. »Nussi, Nussi!« Eigentlich klingt es eher wie »Nuh-ßi, nuh-ßi!« Offenbar will er wissen, was das auf Deutsch heißt, deutet wieder nach hinten. »Nuh-ßi, nuh-ßi … Deutsch? Deutsch? Wottmien in Deutsch?« Ich verstehe nicht, was er meint. Nussinussi? Der Vorderfinne greift sich mit der Hand vor den Hosenlatz, »luckluck hiarr!«, eine obszöne Bewegung, ein Ruckeln mit dem Hintern, Wackeln mit dem ganzen Körper. »Nussinussi?« Ach so, das meint er. Was das auf Deutsch heißt, ob's da auch so einen Ausdruck gibt? Der alte Grieche fällt mir ein, mit dem ich vor 30 Jahren auf dem Frankfurter Flughafen gearbeitet hatte. »Trickotracko«, hatte der immer gesagt, wenn er am Montag seine Abenteuer vom Wochenende erzählt hat, Abenteuer mit Trickotracko, was er besonders gern dem Dicken erzählt hat, den wir Jumbo nannten und der einer Sekte angehörte, deren oberstes Gebot sexuelle Enthaltsamkeit war. Oberhaupt der Sekte war ein dickes Kind, Guru Maharadschi, das von seiner Mutter gemanagt wurde. Was wohl aus dem geworden ist? Immer wieder hat der alte Grieche dem dicken Jumbo von Trickotracko erzählt. Mit allen Einzelheiten. Und hat sich diebisch gefreut, wenn's Jumbo peinlich war. Die Griechengeschichten von Trickotracko. »In Baracko«, wie ein anderer Grieche ergänzend dazu gelacht hatte.

Und jetzt fängt der Finne hier von Nussinussi an, und dass sie Geld holen müssten in Seeburg. Für weiteres Nussinussi. Und was das denn nun heiße auf Deutsch.

»Trickotracko«, sage ich, weil mir nichts Besseres einfällt.

Herr Domingo fällt mir ein. Herr Domingo aus Hamburg, Freund und europareisender Automobilist. Die Geschichte von Herrn Domingo, als er einmal während einer seiner ausgedehnten Europareisen durch Portugal gefahren war. Im kleinen schwarzen Mini Cooper. Am Ausgang eines Dorfes hatte eine junge Frau gestanden, eine Tramperin, den Daumen hoch. Und Herr Domingo hatte angehalten, die junge Frau zu ihm in den Mini einsteigen lassen. Und Herr Domingo ist losgefahren, hat mit dem Finger auf die Straße nach vorne gedeutet, fragend. Wo sie hinwolle? Einfach geradeaus? Portugiesisch konnte Herr Domingo nicht. Und die junge Frau hat ihn irritiert von der Seite angeschaut, nachdem sie schon ein oder zwei Kilometer gefahren waren. Und sie machte eine obszöne Handbewegung und sagte: »Foco, Foco.« Wie eine Frage: »Focofoco?« Und es dauerte noch einen Augenblick, bis Herr Domingo begriff, dass diese junge Portugiesin keine Tramperin war. Sondern Focofoco anbot. Für Geld.

Was für ein blödes Missverständnis des gutmütigen Herrn Domingo. Dem nicht nach Focofoco gewesen war in diesem Augenblick. Und schon gar nicht für Geld. Da war die Dame etwas ungehalten. Wegen des geplatzten Focofoco-Geschäftes. Und Herr Domingo musste sie den ganzen Weg wieder zurückfahren, bis zum Ortsausgang, wo er sie aufgelesen hatte. Der gutmütige Herr Domingo.

»Nussinussi«, sage ich zu den Finnen, »heißt in Portugal focofoco!« – »Ah«, sagt der Hinterfinne. »Nussinussi is focofoco in Portugal!«, und freut sich und donnert mir freundschaftlich auf die rechte Schulter. »Unnt focofoco-nussinussi in Deutschland trickotracko!«, sagt der Vorderfinne und donnert mir auf den Oberschenkel. Und lacht und freut sich noch mehr: »Nussinussitrickotrackofococofoco best tinnk in wörrld!« Was wollen die in Seeburg? Geld holen! Aber wieso in Seeburg? Wie kommen Finnen nach Seeburg?

In Seeburg ist der Teufel los. Was ist hier los? Der ganze kleine Ort verstopft mit Autos. Der ganze Ort zugeparkt. Ein Transparent quer über der Straße. »Sport- und Freizeitcenter Seeburg. Heute Eröffnung!«

Meine Finnen sind ganz aufgeregt jetzt, deuten auf das riesige Gebäude an der Straße, dieses nagelneue Sportcenter, geben mir Anweisung, einmal drum rum zu fahren, dann über einen hinteren Parkplatz zu ein paar flachen Holzbaracken. Vor den Baracken solle ich halten. Trickotracko, denke ich, aber davon ist erst mal keine Rede mehr. Meine Finnen steigen aus, begrüßen weitere Finnen, die aus den Baracken kommen. Palaver. Beratschlagung. Dann kommt der Vorderfinne zurück. Wenn ich ihn richtig verstehe, meint er, sie wollten nicht sofort wieder nach Berlin. Erst noch ein bisschen hierbleiben. Und ich solle ruhig die Taxi-Uhr weiterlaufen lassen, das Auto abschließen und mitkommen. »Komm witt ass!«

Also gut: mit einem munteren Pulk finnisch schwatzender Finnen ins große neue Sport- und Freizeitcenter von Seeburg. Die Finnen wissen, wo's langgeht: schnurstracks – in die Bar. Und wieder großes Hallo, der Tresen ist besetzt von einem weiteren Finnenpulk, alle begrüßen sich, donnern sich auf Schultern und Arme. Ich werde vorgestellt, jedem einzelnen Finnen in der Bar. Matti und Arri, Jorma und Esco … Und weiteres Schulterschlagen, Armeklopfen und Hallo. Und eine Doppelreihe von Bieren wird aufgefahren. Und kippes! Das ist finnisch für prost, wenn ich das richtig verstanden hab ... kippes! zack und rösch! Und alle Finnen haben sich ein weiteres Bier hinter die Binde gekippt und eine Doppelreihe klarer Schnäpse ... und rösch! ... und noch mal Bier ... und rösch! Und so geht es weiter. Kippes! Und rösch!

Aber sie akzeptieren, dass ich nicht mitmache, weil ich ja noch fahren muss, das akzeptieren sie ... und stellen mir Kaffee hin. Und Cola. Und noch mal Kaffee. Noch mal Cola. Und sind selbst schon beim ichweißnichtwievielten Bier und Schnaps ... und rösch ... noch eine Ladung hinter die Binde ... und stehen immer noch gerade und machen eigentlich noch einen sehr passablen Gesamteindruck. Erstaunlich.

Der Vorderfinne fordert mich auf mitzukommen. Schnell noch was zeigen, bevor wir zurückfahren nach Berlin. Und er führt mich durchs neu eröffnete Sport- und Freizeitcenter, den ganzen Riesenladen. Zeigt mir Squash- und Tennisplätze, hüpft auf dem Boden, fordert mich auf, auch zu hüpfen, die hervorragenden Schwingqualitäten der Plätze zu würdigen. Er zeigt mir Badminton-Courts, Umkleideräume, Schwimmbad und eine Sauna. Ja, er und seine Kumpels, sie hätten das hier alles gebaut, die ganze Finnentruppe sei aus Finnland extra hergekommen, um das hier alles zu bauen. Auf die finnische Art. Und dass nur Finnen, nur sie, eine anständige Sauna, eine gute Schwitzstube bauen könnten. Und heute sei Eröffnung. Und sehr stolz seien sie alle darauf. Und dass man das doch nun wirklich gebührend feiern müsse.

Irgendwann sitzen wir wieder im Taxi. Zurück nach Berlin, zurück zum Stuttgarter Platz, zurück in den Puff, zurück zu »Nussinussi«. Jetzt drei Hinterfinnen auf dem

Rücksitz. Vorderfinne vorne. Wie sich's gehört. Und einer fängt an zu singen. Sehr schön, sehr traurig, sehr finnisch. Und die anderen drei fallen ein. Mehrstimmig. So schön, so traurig, dass man heulen könnte. Und tatsächlich laufen dem Vorderfinnen Tränen übers Gesicht. Aber dann: halt. An der Tankstelle wollen sie anhalten. »Kännjuh stopp hiarr.« Und alle vier Finnen rennen in den Verkaufsraum der Tankstelle, kommen zurück, jeder mit zwei schweren Plastiktüten. »Riehfräschmännt!«, sagt der Vorderfinne, als sie wieder sitzen. Und schon haben sie alle eine Dose Bier aus den Tüten gefischt, und zisch und rösch … schnell einen halben Liter in den Leibern versenkt … und gleich noch einen hinterher. Mir reichen sie zwei große Büchsen Cola … Juh gotter draif! Lachen, und reißen die nächste Dose auf. Und wir fahren. Und sie singen wieder, schön und traurig, und weinen ein bisschen. Bis zum Stuttgarter Platz. Schöne Fahrt. Da zahlen sie, schlagen mir noch einmal kräftig auf die Schultern. Alle vier. Und gegenseitig wünschen wir uns alles Gute dieser Welt. »Gutt Lack!« und »Gutt Frännd!« und was nicht alles. Und dass es ihnen jetzt leidtäte wegen der ganzen leeren Dosen in meiner Taxe. Aber die könnten sie ja nun schlecht mitnehmen in diesen Puff da … zum Nussinussi. Was mir einleuchtet.

Als ich die linke hintere Tür der Taxe aufmache, fallen klackerdipolter-klackerdipolter Unmengen von Büchsen auf die Straße. Klackerdipolter. Vierzig, fünfzig waren es bestimmt.

Na ja: finnish!

Anton Tschechow

Teure Stunden

Für einen gebildeten Menschen ist das Nichtkennen fremder Sprachen oft sehr störend. Worotow bekam das zu fühlen, als er, nachdem er die Universität mit dem Grade eines Kandidaten absolviert hatte, sich an eine kleine wissenschaftliche Arbeit machte.

»Es ist schrecklich!«, sagte er keuchend (trotz seiner sechsundzwanzig Jahre war er schon dick und aufgedunsen und litt an Atemnot). »Es ist schrecklich! Ohne Sprachen bin ich wie ein Vogel ohne Flügel. Ich müsste einfach die ganze Arbeit aufgeben.«

Er entschloss sich, seine angeborene Faulheit um jeden Preis niederzuringen und die französische und die deutsche Sprache zu erlernen, und fing an, sich nach Lehrern umzusehen.

An einem Winternachmittag, als Worotow in seinem Zimmer saß und arbeitete, meldete ihm der Diener, dass ein Fräulein ihn sprechen möchte.

»Bitte sie herein«, sagte Worotow.

Ins Arbeitszimmer trat eine junge, nach der letzten Mode gekleidete Dame. Sie stellte sich als die französische Sprachlehrerin Alice Ossipowna Enquête vor und sagte, dass einer der Freunde Worotows sie zu ihm geschickt habe.

»Sehr angenehm! Nehmen Sie bitte Platz«, sagte Worotow, um Atem ringend und mit der Hand den Kragen seines Nachthemdes verdeckend. (Um leichter zu atmen, pflegte er immer im Nachthemd zu arbeiten.) »Pjotr Ssergejewitsch hat Sie empfohlen? Ja, ja ... ich habe ihn darum gebeten ... Freut mich sehr.«

Während er mit Mademoiselle Enquête verhandelte, blickte er sie schüchtern und neugierig an. Sie war eine echte, sehr graziöse und noch sehr junge Französin. Nach ihrem blassen und verträumten Gesicht, den kurzen Locken und der unnatürlich dünnen Taille zu schließen, mochte sie höchstens achtzehn Jahre alt sein; als aber Worotow ihre breiten, gut entwickelten Schultern, den hübschen Rücken und die strengen Augen sah, dachte er sich, dass sie doch dreiundzwanzig, wenn nicht fünfundzwanzig sein müsse; dann aber kam es ihm wieder vor, als sei sie erst achtzehn. Ihr Gesichtsausdruck war kühl und geschäftlich wie bei einem Menschen, der gekommen ist, um über Geldangelegenheiten zu sprechen. Sie lächelte kein einziges Mal, zog auch nicht die Stirne kraus und blickte nur einmal erstaunt, als sie erfuhr, dass sie keine Kinder, sondern einen erwachsenen dicken Herrn zu unterrichten hätte.

»Also, Alice Ossipowna«, sagte ihr Worotow, »wir wollen die Stunde von sieben bis acht Uhr abends festsetzen. Und was Ihren Wunsch betrifft, einen Rubel für die Stunde zu bekommen, so habe ich nichts dagegen. Gut, meinetwegen einen Rubel für die Stunde.«

Er fragte sie noch, ob sie nicht eine Tasse Tee oder Kaffee möchte und ob draußen schönes Wetter sei; gutmütig lächelnd und mit der Hand das Tuch des Schreibtisches streichelnd, erkundigte er sich leutselig, wer sie sei, welche Studien sie gemacht habe und wovon sie lebe.

Alice Ossipowna antwortete ihm mit kühlem, geschäftlichem Ausdruck, dass sie ein Privatpensionat absolviert und das Lehrerinnenexamen gemacht habe; dass ihr Vater vor kurzem an Scharlach gestorben sei, die Mutter aber noch lebe und künstliche Blumen herstelle; dass sie, Mademoiselle Enquête, selber am Vormittag in einem Privatpensionat unterrichte, am Nachmittag aber bis zum Abend in besseren Häusern Stunden gebe.

Sie ging und ließ einen leichten, sehr zarten Duft ihres Kleides zurück. Worotow konnte dann lange Zeit nicht mehr arbeiten; er saß am Schreibtische, streichelte mit den Händen das grüne Tuch und ging seinen Gedanken nach.

Es ist angenehm, ein junges Mädchen zu sehen, das sich selbst ihr Brot verdient, dachte er sich. Andererseits ist es doch schmerzlich, dass die Not selbst so graziöse und hübsche junge Mädchen wie diese Alice Ossipowna nicht verschont und dass auch sie ums Dasein kämpfen muss. Traurig!

Er, der noch niemals eine tugendhafte Französin gesehen hatte, glaubte, dass die so elegant gekleidete Alice Ossipowna mit ihren gut entwickelten Schultern und der unnatürlich feinen Taille außer den Stunden vielleicht auch noch eine andere Erwerbsquelle habe.

Am nächsten Abend, fünf Minuten vor sieben, kam Alice Ossipowna, sie war ganz rosig vor Kälte. Sie schlug das Lehrbuch von Margot auf, das sie mitgebracht hatte, und begann ohne jede Einleitung:

»Die französische Grammatik hat sechsundzwanzig Buchstaben. Der erste Buchstabe heißt A, der zweite B …«

»Entschuldigen Sie«, unterbrach sie Worotow lächelnd. »Ich möchte Ihnen sagen, Mademoiselle, dass Sie für meine Person Ihre Methode etwas ändern müssen. Ich kann nämlich gut Russisch, Lateinisch und Griechisch … ich habe die vergleichende Sprachwissenschaft studiert und glaube, dass wir, ohne erst den Margot durchzunehmen, gleich an die Lektüre irgendeines Autors schreiten können.«

Und er erklärte der Französin, wie Erwachsene fremde Sprachen zu erlernen pflegen.

»Einer meiner Bekannten«, sagte er, »der die neuen Sprachen erlernen wollte, legte vor sich ein französisches, deutsches und lateinisches Neues Testament hin und las sie parallel, wobei er aufmerksam jedes Wort analysierte. Und was glauben Sie? Er erreichte sein Ziel in weniger als einem Jahr. Wir wollen es ebenso machen. Wir nehmen irgendeinen Autor vor und versuchen zu lesen.«

Die Französin sah ihn verständnislos an. Der Vorschlag Worotows erschien ihr offenbar naiv und dumm. Hätte ihr diesen seltsamen Vorschlag ein jüngerer Schüler gemacht, so wäre sie wohl böse geworden und hätte ihn angeschrien; da sie aber einen erwachsenen und sehr dicken Menschen vor sich hatte, den sie nicht anschreien durfte, zuckte sie kaum merklich die Achseln und sagte:

»Wie Sie wünschen.«

Worotow suchte in seinem Bücherschrank und holte ein zerfetztes französisches Buch heraus.

»Ist dieses geeignet?«, fragte er.

»Es ist ganz gleich.«

»Also fangen wir mit Gottes Hilfe an. Beginnen wir mit dem Titel … *Mémoires*.«

»Erinnerungen …«, übersetzte Mademoiselle Enquête.

»Erinnerungen …«, wiederholte Worotow.

Gutmütig lächelnd und schwer atmend, gab er sich eine Viertelstunde mit dem Worte *Mémoires* und ebenso lange mit dem *de* ab. Das ermüdete Alice Ossipowna. Sie beantwortete seine Fragen matt, widersprach sich oft, verstand offenbar ihren Schüler schlecht und gab sich auch keine Mühe, ihn zu verstehen. Worotow stellte ihr seine Fragen, blickte dabei ab und zu auf ihr blondes Köpfchen und dachte sich:

Es sind keine natürlichen Locken, sie brennt sich das Haar. Merkwürdig! Sie arbeitet vom Morgen bis zum Abend und findet dabei Zeit, sich das Haar zu brennen.

Punkt acht Uhr erhob sie sich, sagte trocken und kühl: *»Au revoir, Monsieur«,* und verließ das Zimmer; wieder blieb jener zarte, feine, aufregende Duft zurück. Der Schüler tat wieder lange Zeit nichts; er saß am Tisch und dachte.

In den folgenden Tagen überzeugte er sich, dass seine Lehrerin nett, ernst und pünktlich, doch sehr ungebildet war und es gar nicht verstand, einen Erwachsenen zu unterrichten; darum entschloss er sich, um keine Zeit zu verlieren, sich von ihr zu trennen und einen anderen Lehrer zu nehmen. Als sie zum siebenten Male kam, holte er aus der Tasche ein Kuvert mit sieben Rubeln und begann, es in der Hand haltend, sehr verlegen:

»Entschuldigen Sie, Alice Ossipowna, ich muss Ihnen sagen, dass ich … leider genötigt bin …«

Als die Französin das Kuvert sah, verstand sie sofort, um was es sich handelte; durch ihr Gesicht ging zum ersten Mal seit Beginn des Unterrichts ein Zittern, und der kühle, geschäftliche Ausdruck verschwand. Sie errötete leicht, senkte die Augen und fing an, nervös an ihrem dünnen goldenen Kettchen zu nesteln. Als Worotow ihre Erregung merkte, begriff er, was für sie ein Rubel bedeutete und wie schwer es ihr fiel, diese Verdienstmöglichkeit zu verlieren.

»Ich muss Ihnen sagen …«, murmelte er in noch größerer Verlegenheit; in seiner Brust krampfte sich etwas zusammen. Er steckte das Kuvert schnell in die Tasche und fuhr fort: »Entschuldigen Sie, ich … ich muss Sie für zehn Minuten verlassen …«

Er tat so, als hätte er gar nicht die Absicht gehabt, ihr zu kündigen, sondern wollte sie nur um Erlaubnis bitten, sie für eine Weile allein zu lassen. Er ging ins Nebenzimmer und blieb dort zehn Minuten. Als er zurückkam, fühlte er sich in noch größerer Verlegenheit als vorhin. Er sagte sich, dass sie sein Verschwinden für die kurze Zeit irgendwie falsch auffassen könnte, und das war ihm peinlich.

Der Unterricht wurde fortgesetzt.

Worotow lernte ohne jede Lust. Da er wusste, dass diese Stunden doch zu nichts führen würden, gab er der Französin volle Freiheit, stellte keine Fragen und unterbrach sie nicht mehr. Sie übersetzte, wie sie wollte, an die zehn Seiten in jeder Stunde, er aber hörte ihr gar nicht zu, atmete schwer und betrachtete, um die Zeit totzuschlagen, bald ihren lockigen Kopf, bald den Hals, bald die zarten weißen Hände und atmete den Duft ihres Kleides ein.

Er ertappte sich bei hässlichen Gedanken und schämte sich ihrer; oder aber er wurde rührselig, und dann ärgerte er sich, dass sie sich gegen ihn so kühl und geschäftlich wie gegen einen Schüler benahm, dass sie niemals lächelte und zu fürchten schien, dass er sie zufällig berühren könnte. Er fragte sich immer, wie er ihr Zutrauen gewinnen und sie näher kennenlernen könnte, um ihr dann zu helfen und zu erklären, wie schlecht die Ärmste unterrichtete.

Einmal kam Alice Ossipowna in einem eleganten rosa Kleid mit kleinem Halsausschnitt in die Stunde; ihr entströmte ein so starker Duft, dass man unwillkürlich glaubte, sie sei in eine Wolke gehüllt und würde davonfliegen oder wie Rauch verschwinden, wenn man sie nur anbliese. Sie entschuldigte sich und sagte, dass sie heute nur eine halbe Stunde bleiben könne, da sie gleich nach der Stunde auf einen Ball gehen wolle.

Er sah ihren Hals und den entblößten Rücken und glaubte zu verstehen, weshalb die Französinnen für leichtsinnige und leicht zu verführende Geschöpfe gehalten werden; er ertrank in diesem Nebel von Duft, Schönheit und Entblößung; sie aber ahnte gar nicht seine Gedanken, kümmerte sich wohl auch nicht um sie, blätterte schnell eine Seite nach der anderen um und übersetzte mit Volldampf:

»Er ging über die Straße und traf einen Herrn seiner Bekannten und sagte: ›Wohin streben Sie, indem ich Ihr Gesicht so blass sehe, macht mir das Schmerz.‹«

Die *Mémoires* waren schon längst erledigt, und Alice übersetzte jetzt ein anderes Buch. Einmal kam sie eine Stunde zu früh und entschuldigte sich damit, dass sie ins kleine Theater wolle. Als sie gegangen war, zog sich Worotow um und begab sich gleichfalls ins Theater. Er ging hin, wie er glaubte, nur um sich etwas zu zerstreuen und zu erholen; an Alice dachte er dabei gar nicht. Er hätte es auch gar nicht zugeben können, dass ein ernster, schwerfälliger Mann, der sich für die wissenschaftliche Laufbahn vorbereite, imstande sein könne, alles liegen zu lassen und ins Theater zu gehen, nur um dort ein gar nicht kluges, wenig intelligentes junges Mädchen, das er obendrein kaum kennt, zu treffen.

Doch in den Pausen hatte er, er wusste selbst nicht, warum, Herzklopfen; ohne es selbst zu merken, lief er wie ein grüner Junge durchs Foyer und die Gänge und suchte ungeduldig mit den Blicken; wenn aber eine Pause zu Ende war, empfand er Langeweile. Als er das ihm bekannte rosa Kleid und die hübschen Schultern unter Tüll erblickte, krampfte sich sein Herz wie in der Vorahnung eines Glücks zusammen, er lächelte freudig und fühlte zum ersten Mal in seinem Leben etwas wie Eifersucht.

Alice ging in Begleitung zweier Studenten mit unschönen Gesichtern und eines Offiziers. Sie lachte, sprach laut und kokettierte; Worotow hatte sie noch nie so gesehen. Offenbar war sie glücklich, zufrieden, aufrichtig und warm. Warum? Weshalb? Vielleicht, weil diese Menschen ihr nahestanden und dem gleichen Kreise angehörten wie sie selbst … Und Worotow sah einen Abgrund zwischen sich und diesem Kreise. Er machte eine Verbeugung, sie aber nickte ihm nur kühl zu und ging schnell vorüber; offenbar wollte sie nicht, dass ihre Kavaliere erfuhren, dass sie Schüler habe und aus Not Stunden gebe.

Nach dieser Begegnung im Theater erkannte Worotow, dass er verliebt war. Wenn er während der folgenden Stunden seine hübsche Lehrerin mit den Augen verschlang, kämpfte er nicht mehr gegen sich selbst, sondern gab allen seinen keuschen Gedanken volle Freiheit. Das Gesicht der Alice Ossipowna blieb nach wie vor kühl, jeden Abend Punkt acht Uhr sagte sie ihm ruhig: *»Au revoir, Monsieur«;* er fühlte, dass sie gegen ihn gleichgültig war und gleichgültig bleiben würde, und seine Lage kam ihm hoffnungslos vor.

Zuweilen ließ er während der Stunde seiner Phantasie die Zügel schießen, hoffte, baute Luftschlösser, legte sich in Gedanken eine Liebeserklärung zurecht und dachte daran, dass die Französinnen leichtsinnig und leicht zu verführen seien. Doch wenn er nur das Gesicht seiner Lehrerin anblickte, erloschen seine Gedanken sofort, wie eine Kerze erlischt, wenn man sie bei Wind auf die Veranda der Sommerwohnung hinausträgt. Einmal war er so berauscht, dass er sich ganz vergaß und ihr, als sie nach der Stunde sein Zimmer verließ, in den Weg trat und keuchend und stotternd eine Liebeserklärung machte:

»Sie sind mir teuer! Ich … ich liebe Sie! Lassen Sie mich sprechen!«

Alice erbleichte, wahrscheinlich aus Angst, dass sie nach dieser Erklärung nicht mehr zu ihm kommen dürfte und den Rubel für die Stunde verlieren würde; sie machte erschrockene Augen und flüsterte:

»Ach, das dürfen Sie nicht! Ich bitte Sie, sprechen Sie nicht so! Das dürfen Sie nicht!«

Worotow schlief darauf die ganze Nacht nicht. Er verging vor Scham, machte sich Vorwürfe und dachte gespannt nach. Es schien ihm, dass er mit seiner Erklärung das junge Mädchen beleidigt hätte und dass sie nicht mehr kommen würde.

Er entschloss sich, am nächsten Morgen auf der Polizei ihre Adresse zu erfahren und ihr einen Entschuldigungsbrief zu schreiben. Alice kam aber auch ohne den Brief. In den ersten Augenblicken war sie etwas befangen, dann aber schlug sie das Buch auf und fing an, schnell und gewandt wie immer zu übersetzen:

»Oh, junger Herr, zerreißen Sie nicht die Blumen in meinem Garten, welche ich will geben meiner kranken Tochter …«

Sie kommt auch heute noch zu ihm. Vier Bücher sind schon übersetzt, aber Worotow weiß nichts außer dem Worte *Mémoires*. Wenn man ihn aber über seine wissenschaftliche Arbeit fragt, winkt er abwehrend mit der Hand und bringt die Rede auf das Wetter.

Horst Evers

Ich war der Appendix

Ein Taxi bringt mich zur Notaufnahme vom Urbankrankenhaus. Meine ernsthafte Blinddarmerkrankung hat mir neues Selbstbewusstein verliehen. Stolz trete ich an den Aufnahmeschalter und sage:

– Guten Tag, ich bin ein Notfall.

– Ach was, wir sind hier die Notaufnahme, hier kommen nur Notfälle.

Aha. Ich hatte verstanden. Hier wehte ein anderer Wind. Hier waren die Anforderungen höher. Von der normalen Ärztin in die Notaufnahme zu kommen ist etwa so, als wenn man von der Grundschule aufs Gymnasium kommt. Die Frau an der Aufnahme musterte mich.

– Name?

– Horst E…

– Wohnort?

– Berlin, Wr…

– Telefon?

– 030…

– Krankenkasse?

– Technik…

– Beruf?

– Na ja…

– Geschlecht? Größe? Gewicht? Augenfarbe?

– Äääh…

– Gut. Hier, lesen Sie es sich noch mal durch, ob alle Angaben stimmen, und dann unterschreiben.

Ich las mir das Formular durch, tatsächlich, alle Angaben zu meiner Person stimmten. Wie machte sie das bloß?

– Ähem. Kennen Sie mich irgendwoher?

– Nee, woher denn?

– Na, weil hier alle Angaben zu meiner Person richtig sind, obwohl ich die Sätze gar nicht zu Ende sprechen …

– Hören Sie, ich sitz seit fünfzehn Jahren inner Aufnahme. Da kennt man mit der Zeit seine Pappenheimer. Und Ihre Versichertenkarte, die Sie zu Hause in der linken Schreibtischschublade unter den Kontoauszügen vergessen haben, müssen Sie auch noch hierherschaffen.

Ach so, na, da wusste ich doch wenigstens wieder, wo sie liegt. Ich war beeindruckt. Ein gutes Gefühl, in den Händen von echten Profis zu sein. Der Aufnahmearzt kam auch gleich zur Sache.

– Haben Sie Schmerzen?

– Ja.

– Dann legen Sie sich doch mal hin, so schlimm ist das doch noch gar nicht.

Dann drückte er auf den Blinddarm, und ich hatte das Gefühl, mein Bauch würde explodieren.

– Sehn Se, das sind Schmerzen.

Stimmte.

– Das is ja herrlich klassisch bei Ihnen, ein richtiger Lehrbuchappendix. Weil, eigentlich ist es ja gar nicht der Blinddarm, sondern der Wurmfortsatz, der Appendix. Das isser.

Dann drückte er wieder drauf.

Toll. Einfach toll. Genau da, wo ein akuter Appendix sein soll. Sagen Sie, darf ich das meinen Studentinnen zeigen?

Ich dachte, was soll schon sein? Wenn ich doch so einen Lehrbuchappendix habe, so ein Geschenk der Natur, darf ich mich doch nicht der Wissenschaft verschließen. Was sollte schon passieren? Kurz darauf erscheinen drei Studentinnen, die jede noch mal auf den Schmerzpunkt drückten. Während mir vor Schmerz die Konturen des Behandlungsraumes vor den Augen verschwammen, wurde mir allmählich klar, was schon passieren konnte. Als ich einigermaßen wieder bei Besinnung war, fasste ich mir endlich ein Herz.

– Herr Doktor, werde ich durchkommen?

Diesen Satz wollte ich schon immer mal sagen.

– Ach, so'n Appendix. So schlimm ist das doch nicht. Den kratzt zur Not auch noch der Pförtner mit dem Löffel raus!

Das war ein Medizinerwitz. Medizinerhumor ist zumeist etwas sperrig und wenig erfolgreich, was allerdings auch am Publikum liegt. In der Regel todkranke Patienten, wie ich. Den Pförtner-Blinddarmwitz sollte ich übrigens in den nächsten drei Stunden bis zur Operation noch 37-mal hören. Er ist sehr beliebt im Urbankrankenhaus.

Hinter dem Vorhang tuschelten schon die Chirurgen, wer mich operieren sollte.

– Oh nee, ich will den Appendix. Bitte! Ich hab vorher 'ne Leber und 'ne Niere, da brauch ich einfach mal was Leichtes hinterher. Zur Entspannung. Lass mir den Appendix.

Irgendwie fühlte ich mich nicht richtig ernst genommen.

Die Pfleger knobelten mittels Schingschangschong aus, wer mich hochfahren muss. Der Verlierer ist stinksauer und fährt mich, um die Schwestern zu beeindrucken, freihändig hoch. Auf einem Fuß hüpfend, bugsiert er mich mit dem anderen in den dritten Stock. Insgesamt stoßen wir 17-mal gegen Wände oder Türen, was jedes Mal zu leichten Implosionen in meinem Bauch führt. Aber er schafft's und ich bin auch ein wenig stolz, von einem so geschickten Pfleger gefahren worden zu sein.

Die Stationsschwester sieht traurig aus. Ich glaube, sie hat sogar kürzlich geweint. Vermutlich Liebeskummer. Ich frage sie, ob sie mal auf meinen Blinddarm drücken will, damit sie auf andere Gedanken kommt. Sie drückt, ich schreie auf, und für einen Moment hat sie ihren Kummer vergessen.

Drei Stunden später werde ich zum OP gefahren. Der Pfleger sagt, die OPs sind unten im Parterre, damit der Weg zum Landwehrkanal kürzer ist, wenn mal was schiefgeht. Dann lachen wir beide gelöst. Zur Belohnung fährt er mich diesmal mit den Händen.

Im OP stellt mir der Anästhesist ungefähr 200 Fragen über irgendwelche Allergien, Krankheiten oder Operationen. Von wegen, ob ich die schon mal gemacht habe. Nachdem ich 40-mal nein gesagt habe, sage ich einfach mal ja, um glaubwürdig zu bleiben. Daraufhin bricht eine relative Panik aus, und der Chirurg fragt mich, wer denn die Herztransplantation vorgenommen hätte. Ich gestehe kleinlaut, dass ich jetzt auch einmal einen Scherz gemacht hätte. Dann lache ich ansteckend, und der Chirurg weist den Anästhesisten an, mich sofort einzuschläfern.

Ich bin schon am Wegdösen, als der Chirurg mich noch mal beruhigen will.

– Keine Angst, so'n Appendix ist keine große Sache, ich habe eine große Berufserfahrung, ich stehe schon seit 30 Jahren unten an der Pforte.

Dann wird alles schwarz, und erst mal ist da gar nix mehr. Als ich einige Zeit später aus der Vollnarkose wieder aufwache, sitze ich in der U-Bahn. Noch ein abgefahrener Medizinerscherz? Entweder haben mich die Ärzte unter Vollnarkose einfach in die U-Bahn gesetzt, oder irgendwas ist wirklich schiefgelaufen.

Der Bahnhofssprecher brüllt:

– Richtung Himmelstor zurückbleiben!

Dann betritt ein Kontrolleur mit langem weißem Bart den Waggon. Die Türen schließen sich, der Zug fährt ab.

– Die Fahrkarten mal bitte!

Ich habe nur einen Zettel, auf dem »Appendix« steht.

– Wat issn ditte. Appendix is hier nich jültig. Damit könnse nich mit in'n Himmel fahrn. Wejen Appendix stirbt heute keiner mehr. Müssense wieda aussteigen. Appendix. Höhö, wär ja noch schöner, höhö!

Ich lasse mir seinen Ausweis zeigen. Er holt einen Zettel mit seinem Foto raus. Daneben steht: Ik bin Petrus, wa. Ich bin verwirrt.

– Da sind Se falsch umjestiegen. Mit Appendix können Se nich in'n Himmel.

Ich frage ihn, warum Petrus berlinert. Petrus sagt, er spricht jeden Menschen in dessen Muttersprache an. Ich sage, ich bin eigentlich aus Norddeutschland.

– Ach so, scha nu, das wusst ich nich, nee, tut mir banning leid, aber trotzdem, da müssen Se hier wieder aussteigen. Kann man goooor nix machen.

Dann wirft er mich raus.

Ich wache erneut auf. Diesmal im Aufwachraum neben dem OP. Der Anästhesist ist wieder da.

– Na, Herr Evers, auch schon wach? Wie geht's uns denn?

– Ohgaggfkzhsy …

– Wird schon wieder. Die Operation ist gut verlaufen. In drei Wochen ist Ihr Knie wieder wie neu!

– LKUJHLUHlkjilb, ich war der Appendix.

– Ich weiß, kleiner Scherz, höhö.

In diesem Moment wusste ich, ich war wieder unter den Lebenden. Bei den lustigen Medizinern vom Urbankrankenhaus.

Birgit Hasselbusch

Kalifornien Dream-Girls

So schnell konnte ich die Treppenstufen gar nicht zählen, wie ich sie gerade auf dem Hosenboden runterhoppelte.

Vor gerade mal zehn Minuten hatte ich in dem Hotel eingecheckt, und schon war mir die gebohnerte Treppe zum Verhängnis geworden.

»Alles o.k., tut nicht weh, kein Problem«, beruhigte ich den Rezeptionisten, der meinen uneleganten Abgang mit offenem Mund beobachtet hatte.

Dieser Stunt war an Peinlichkeit ja kaum noch zu überbieten. Und schuld daran waren nur die verflixten neuen Flip-Flops. Deren Sohle war so glatt, dass es besser gewesen wäre, Pattex aufzutragen.

»Sind Sie sicher?«, fragte der Rezeptionist besorgt.

»Klar!«, log ich und ahnte bereits den gigantischen blauen Fleck, der sich knapp über meiner rechten Pobacke bilden würde. Mindestens die Größe Kaliforniens, schätzte ich. Genau dorthin war ich, Nora Lindemann, übers Wochenende geflüchtet. Von Hamburg nach Kalifornien. Also, das an der Ostsee.

»Bin mal zwei Tage unterwegs in der Sonne!«, hatte ich Daniel geheimnisvoll gesimst. Dem Mann, mit dem ich vor zwei Monaten eine lockere Affäre begonnen hatte und der sich seit mehr als einer Woche nicht mehr bei mir gemeldet hatte. Er hätte es wahrscheinlich nicht einmal bemerkt, dass ich mich für zwei Tage aus dem Staub gemacht hatte. Deswegen schrieb ich es ihm ja. Um ihn mit der Nase drauf zu stoßen, dass ich wartete. Auf ihn. Auf ein Lebenszeichen. Auf eine Einladung zur Cola. Auf einen Diamantring. Auf irgendwas.

»Okay, viel Spaß!«, war relativ schnell die Antwort gekommen. Beinahe noch verletzender als gar keine Antwort.

»Du bist doch nicht so eine Frau, die gleich Hochzeit, Kinder oder Einfamilienhaus will, oder?«, hatte Daniel mich neckend gefragt, nachdem wir die dritte gemeinsame Nacht miteinander verbracht hatten.

»Nein, Quatsch!«, hatte ich geantwortet. »Ich brauche meinen Freiraum.« Dazu hatte ich mich lässig in den Laken geräkelt.

Gedacht hatte ich: ›Ich bin eine Frau, die Hochzeit, Kinder UND Einfamilienhaus will.‹

An diesem Wochenende hoffte ich, mich ablenken zu können von unserem kleinen, hübschen Arrangement, das darin bestand, dass einer sich nicht meldete und der andere behauptete, es mache ihm nichts aus.

Ich rieb mir über die schmerzende Stelle an meinem Hinterteil und klaubte die Sonnencreme und meine Brille zusammen, die bei dem Sturz aus meiner Strandtasche gefallen waren.

Das Wochenende war ideal für eine kleine Flucht. 28 Grad im Schatten zeigte das Thermometer an. Man hätte meinen können, Norddeutschland habe ein Verhältnis mit Mallorca. – Oh, nein, nicht schon wieder dieses Wort.

»Ich hätte gerne einen Strandkorb direkt hinter der Düne da, in der ersten Reihe. Wo nicht so viele Steine ins Meer gehen.«

Die junge Blondine hinter dem Schalter im Tourismusbüro von Schönberg lachte laut auf.

»Sie sind lustig!«, meinte sie. »Ich weiß gar nicht, ob überhaupt noch ein Strandkorb frei ist.«

Stirnrunzelnd fuhr sie mit ihrem Finger eine Liste ab. Das sah nicht gut aus.

»Gar keiner mehr?« Ich verzog mein frisch eingeschmiertes Gesicht.

»Warten Sie!« Das Mädchen suchte jetzt die kleinen Fächer mit Schlüsseln ab.

»Hier. Ein einziger ist noch frei. Die 1053.« Sie reichte mir einen Schlüssel. »Wenn Sie runterkommen, nach rechts. Macht 8 Euro für heute.«

Erfreut zählte ich ihr ein paar Münzen auf den Tisch und machte mich danach vorsichtig auf den Weg. Den Flip-Flops traute ich nicht mehr über selbigen.

Keine halsbrecherischen Aktionen mehr, bevor ich nicht endlich in meinen Strandkorb lag, um zu lesen, die mitgebrachte Wassermelone zu essen und um die Möwen zu beobachten.

Der Sand war ähnlich heiß wie im Hochsommer in Südeuropa. Sämtliche Strandkörbe waren tatsächlich belegt. Dazwischen lagen noch Kurzurlauber auf ihren Handtüchern im Sand. Ah, da hinten war sie ja – die 1053.

»Suchen Sie etwas?« Ich war gerade dabei, den Schlüssel in das kleine Vorhängeschloss am Holzgitter vor dem Strandkorb zu stecken, da hörte ich eine weibliche Stimme hinter mir.

Als ich mich umdrehte, sah ich eine Frau im schwarzen Hängerkleid, ein paar Jahre älter als ich, vermutete ich.

»Was ich suche? Vielleicht einen gemütlichen Ort zum Sitzen und Entspannen?«, gab ich zurück. Was sollte diese Frage?

»Aber ja wohl nicht in meinem Strandkorb?«

»Wieso in Ihrem?« Schnell kontrollierte ich die Nummer auf dem Strandkorb und die auf meinem Schlüssel.

»Hier, 1053!« Ich schwenkte den Schlüssel vor ihrer Nase.

»Hab ich auch!«, gab sie patzig zurück und hielt ihr Beweisstück hoch. Richtig. Darauf stand die 1053.

»Das ist dann ja offenbar das Einzige, was wir gemeinsam haben!«, nuschelte ich. Sie kniff die Augen zusammen und dachte offenbar über meinen Spruch nach.

»Egal«, sagte ich rasch. »Ich habe dafür gezahlt und war zuerst da!«

»Stimmt nicht. Ich hatte den Korb schon gestern.«

Ich meinte ein triumphierendes Grinsen in ihrem Gesicht auszumachen. Verdammt, ich hatte keine Lust auf solche Spielchen und wollte nur noch raus aus dem brütend heißen Sand und husch, husch ins Körbchen. Stattdessen standen wir uns gegenüber wie zwei Kampfhennen.

Mehrere Köpfe drehten sich bereits nach uns um. Im Korb 1049 lag ein Pärchen. Sie schwanger, er im Dortmund-Trikot.

»Aber wir haben uns doch schon lange auf Mats geeinigt«, sagte sie mit weinerlicher Stimme.

»Da war er aber noch nicht zu den Bayern gewechselt«, gab er stur zurück.

Ein paar Meter weiter baute ein junger Vater akribisch eine Sandburg. Seine etwa vierjährige Tochter verschaffte ihm Überstunden, indem sie einmal quer über das Kunstwerk trampelte.

»Ach, Anna-Serena, nee, nech!? Wenn du das noch mal machst, dann, dann, ja, dann, weiß ich jetzt auch nicht.«

Eine Mutter und ihre Tochter stritten sich über ihre Outfits.

»Mama, du kannst doch keine Leoparden-Leggins tragen. Das geht gar nicht.«

»Die Verkäuferin hat gesagt, es sei Tiger-Imprint.«

Es war schwer auszumachen, wer wer war. Die etwa 60-jährige Mutter sah aus wie 35, und ihre Tochter wie die eigene Oma. Drei Generationen zu zweit in einem Strandkorb.

»Legen Sie sich doch einfach so in den Sand!«, schlug meine Strandkorbkontrahentin gütig vor.

»Selber!«, entgegnete ich und kam mir vor wie im Kindergarten. Fehlte nur noch, dass wir uns mit unseren Sandschaufeln eins auf den Kopf gaben.

»Gehen Sie doch noch mal zum Tourismusbüro und klären Sie das«, forderte sie mich auf.

»Gewiss nicht!« Der Gang dorthin erschien mir bei den Temperaturen anstrengender, als den Ironman zu absolvieren. »Es war der letzte Korb. Da muss etwas verwechselt worden sein. Vielleicht haben sie den Ersatzschlüssel rausgegeben.«

»Und jetzt?«, fragte das Hängerkleidchen resigniert, begann aber bereits, mit ihrem Schlüssel das Gatter zu entfernen.

»Sollen wir fifty-fifty machen?«, schlug ich vor.

Entgeistert starrte sie mich an.

»Also, einer draußen, einer drinnen. Und wir tauschen nach einer Stunde.«

Sie wägte kurz die Alternativen ab und nickte dann.

»Okay, Sie liegen zuerst draußen. Dahinten ist noch Platz!«

Zeitgleich zog sie sich ihr Kleid über den Kopf. Darunter kam ein lilafarbener Bikini über vorgebräunter Haut zutage.

Eigentlich war es doch viel zu schön, um sich zu ärgern. Zu idyllisch, zu warm. Zu ruhig.

»René, komm schnell! Die Flaschen ins Wasser«, grölte jemand dicht an meinem Ohr.

Gerade als ich mein Handtuch auf die freie Stelle im Sand legen wollte, flog eine riesige rote Decke knapp an meinem Kopf vorbei und landete auf dem Boden.

»Stell den Grill dahin, Maik. Altaaaa, is das geil hier. Nicht so gut wie Westerland. Aber geil! Mach hinne, Frankie.«

Drei schwer beladene Anfangdreißiger stapften an uns vorbei und ließen sich auf die rote Decke plumpsen.

Die Kiste Bier kühlte im Meer, ein Grill, ein Volleyball und ein Frisbee waren auch mit von der Partie.

Zwei von ihnen trugen weiße Jeans, die tätowierten Oberkörper waren nackt, die Rücken so gefärbt wie die Mütze von Rotkäppchen. Der Dritte sah aus wie Jesus. Dünn und mit Zopf.

»Ich tauch ab!« Mit zehn schnellen Schritten rannte René in die Ostsee und machte Vollkaracho eine Arschbombe ins Wasser.

»Legen Sie sich doch einfach hinter den Strandkorb. Dann müssen Sie die verbale Luftverschmutzung nicht auch noch sehen.« Abschätzig blickte die Strandkorbdame zu den beiden Krebsen und zu Jesus.

»Ich bin übrigens Helen.«

Ach, sieh an, meine Strandkorbmitbesitzerin war ja doch ein Mensch. Und ein lustiger noch dazu. Einfaches Rezept: Wenn einem etwas nicht schmeckte, musste nur etwas noch Ekligeres serviert werden und man konnte sich auch mit dem Ersten abfinden.

»Nora. Ich guck mal, ob ich Ohrstöpsel dabeihab. Zur Not nehme ich zwei Muscheln. Damit kann ich ...«

Das Klingeln von Helens Handy unterbrach uns in unserem ersten richtigen Gespräch.

»Nein, ich bin nicht zu Hause. Unterwegs. Nein, du kannst nicht herkommen. Ich hab mich doch klar ausgedrückt, oder? Nein. Auch heute Abend nicht! Wie oft soll ich's denn noch sagen? Ich brauche keinen Schoßhund. Affäre und gut. Ende! Tschüss.«

Helen schmiss ihr Handy in ihre Tasche und stöhnte.

»Mann, nervt der!« Ohne eine weitere Erklärung setzte sie sich in den Strandkorb und begann in einer Zeitschrift zu blättern. Ihre kastanienbraunen, langen Haare hatte sie zu einem Dutt hochgebunden. Die XXL-Sonnenbrille steckte im Haar.

Meine dunkelblonden Haare hingen mir schweißnass im Nacken.

Kurz überlegte ich, nachzufragen, was es mit dem Anruf auf sich hatte. So weit waren wir aber noch nicht.

Wie sehr hätte ich mir gewünscht, Daniel würde anrufen und mich anflehen, sich heute Abend mit mir treffen zu dürfen. Aber vom Schoßhund war er so weit weg wie ein Gepard von der Schmusekatze.

»Komm ins Wasser. Das ist meeega!« Maik stürzte sich in die Fluten. Über eine Distanz von sechs Metern versuchten er und René, Jesus zu überzeugen, ihnen zu folgen.

»Du bist so 'ne faule Socke, Altaaa. Beweg dich mal und komm her.«

Liebend gerne hätte ich den Abstand zwischen den Rotrücken und mir vergrößert, aber ich brauchte erst mal dringend eine Abkühlung. Ich marschierte zum Wasser und warf dabei einen Blick auf die Sandburg, an der der Vater von Anna-Serena weiterschuftete. Mit kleinen Muscheln legte er gerade einen Spruch in den Sand. »Alles Li« war bisher zu entziffern.

Ich tat so, als würden mich die spitzen Steine nicht stören, und versuchte, so elegant wie möglich an René und Maik vorbeizusteuern. Deren Alkoholpegel war nicht zu überriechen und überdeckte sogar den Geruch nach Sonnencreme und Tang.

»Dein Freund packt auch gern mal kräftiger zu, was?«, schrie Maik und stierte mir ungeniert auf den Hintern.

Auch das noch! Jetzt hatte dieser Idiot meinen blauen Fleck entdeckt und meinte, sich mit meinen sexuellen Vorlieben auszukennen.

»Soll ich ihn auch mal zu dir schicken?«, fragte ich und war auch schon auf Tauchstation gegangen. Nur nicht länger mit solchen Typen reden müssen.

Als ich aus dem Wasser gekommen war, kontrollierte ich als Erstes mein Handy. Merkwürdigerweise waren in der Zwischenzeit keine drei SMS von Daniel eingegangen. Dafür piepste das Handy von Helen, ohne sich auch nur eine Verschnaufpause zu gönnen. Sie las unterdessen in ihrer Zeitschrift und ignorierte ihr Handy völlig.

»Wenn der nicht aufhört …«, sagte sie nur und blätterte weiter.

Ich widmete mich jetzt meinen Wassermelonenstücken, konnte aber das Gedankenkarussell einfach nicht abstellen.

Sollte ich Daniel noch eine SMS schicken? So à la: »Danke, werde mich amüsieren.« Und dazu ein Foto vom Strand mit dem Maik-René-Jesus-Trio? Ich verwarf den Gedanken sofort wieder. Damit würde ich mich ohne Umwege in die unterste Schublade in Sachen »Selbstachtung« katapultieren.

»Können wir mal tauschen?«, fragte ich Helen vorsichtig. Sie sah aus, als machte sie ein Nickerchen, tat aber womöglich auch nur so, um den Strandkorbplatz nicht hergeben zu müssen.

»Hmmm!«, antwortete sie. »Na, o.k.« Langsam schälte sie sich aus ihrer Sitzposition und breitete ihr Badelaken vor dem Korb aus.

»Wieso willst du ihn denn nicht?« Ich wagte mich mutig vor.

»Ich will ihn ja. Aber du willst ihn auch!«, gab sie grinsend zurück. Sie sprach vom Strandkorb, wusste aber natürlich, dass ich den SMS-Mann meinte. »Ach, der ist so eine Klette. Ist nichts Ernstes, er will aber immer«, fuhr Helen fort. Was genau er immer wollte, verschwieg sie allerdings.

»Und ich warte und warte auf einen Anruf, während deiner ständig anruft.« Wie aufs Stichwort klingelte Helens Handy wieder. Sie drückte den Anruf weg.

»Ich hab echt Hunger«, meldete sich eine halbe Stunde später die Schwangere aus Korb 1049 zu Wort.

Ihr Freund hatte sich das Trikot über den Kopf gezogen und schlief. Er grumpfte nur.

»Echt Hunger!«, insistierte sie. Ich war zwar noch nie

schwanger gewesen, konnte mir aber gut vorstellen, dass ein Gang zum Kiosk in dem Zustand wie die Erklimmung des Mount Everest sein musste.

»Ich kann was holen!«, bot ich an und stand auf. Mein Magen knurrte auch. Außerdem musste ich auf Toilette.

»Ehrlich?«, fragte die Schwangere erstaunt.

»Klar!«, gab ich zurück. Helen hob ihren Alabasterkörper vom Handtuch hoch und hielt sich als Sonnenschutz eine Hand vor die Stirn.

»Kann ich dann wieder in den Strandkorb?«

»Von mir aus«, sagte ich. Ich brauchte jetzt erst mal was Leckeres zu essen und würde mich danach eh wieder in die Ostsee stürzen.

»Was möchten Sie denn haben?«, fragte ich die schwangere Frau.

»Krabbenbrötchen«, antwortete sie dankbar und griff nach ihrem Portemonnaie.

»Könntest du mir eine Flasche Wasser mitbringen?«, fragte Helen vorsichtig und zückte ihren Geldbeutel.

»Apropos!«, rief René plötzlich. »Könntest du für uns mal eine Runde Männer-Mineralwasser besorgen?« Er lachte auf.

Mir war gar nicht klar gewesen, dass er unser Bestellungsgespräch mitbekommen hatte.

»Wieso sollte ich?«, gab ich zurück.

»Weil ich dich dann nachher vielleicht ins Wasser trage, wenn dir der Sand zu heiß ist.«

Unwillkürlich musste ich grinsen. Nicht, dass ich mir wünschte, von einem von ihnen auf Händen getragen zu werden. Irgendwie war die Vorstellung aber doch ganz charmant. Hatte ich von den Tattoo-Typen gar nicht erwartet.

»Also, machste klar?«, fragte René. »Das Männerhandtäschchen?«

An meinem Stirnrunzeln erkannte er, dass ich rein gar nichts kapiert hatte.

»Das Sixpack mein ich. Hopfenkaltschale, Flüssigschnitzel!«

Hilfesuchend sah ich mich nach Helen um. Die döste aber im Strandkorb und ließ mich mit den Herren-Hefeteilchen allein.

»Ich guck mal!«, versprach ich und überraschte mich selbst damit am allermeisten. »Aber nur gegen Vorkasse«, schob ich noch hinterher und hielt die Hand auf.

»Vielleicht einen Cappuccino!?«, meldete sich jetzt auch der Sandburgbauer zu Wort.

Allmählich begann ich zu überlegen, ob ich mir neben meiner eigentlichen Tätigkeit im Immobilienbüro noch ein zweites Standbein als Ostsee-Kellnerin aufbauen sollte.

»Haben wir es dann?«, fragte ich in die Runde.

»Die Anna-Serena hätte gern ein Cornetto Nuss«, meinte die Mutter schüchtern und lächelte mich dabei sehr freundlich an. »Sie könnte aber auch mitkommen.«

»Ne, ne, schon gut!«, gab ich eilig zurück. Ich wollte nicht auch noch das Trampel-Gör an den Fersen hängen haben.

Mit einer gut ausgeklügelten Logistik steuerte ich an der kleinen Uferpromenade drei verschiedene Essensstände plus Toilette an. Der Kiosk mit dem Eis kam als letzter dran. Kurz darauf balancierte ich zwei Fischbrötchen und einen Kaffeebecher in der einen Hand, ein Ich-weiß-wirklich-nicht-wie-das-passieren-konnte-Sixpack baumelte an der anderen Hand und ich trug noch das immer weicher werdende Eis. Zu guter Letzt klemmte die Wasserflasche für Helen unter meiner Armbeuge.

»Essen fassen!«, rief ich, als ich in unseren Strandabschnitt zurückkehrte.

Anna-Serena war als Erste zur Stelle und schnappte sich das Eis.

»Iiih, das ist ja schon geschmolzen!«, rief sie und stolperte dabei über Papas Sandburg. Gerade noch so eben hatte ich vor der Zerstörung die aus Muscheln gelegten Worte »Alles Liebe zum« entziffern können.

»Ach, Anna-Serena, wie unglücklich!«, sagte der Vater und es klang besorgt. »Bist du ausgerutscht?« Ich hoffte, das Koffein würde ihm helfen, den objektiven Schalter fürs eigene Kind zu aktivieren.

Helen schnappte sich ihr Wasser und bedankte sich.

»Lecker, Krabbenbrötchen, darauf hab ich mich jetzt so gefreut. Sie sind ein Engel!«

Der Freund der Schwangeren und auch die eine oder andere Möwe sahen mich erleichtert und dankbar an.

Die Tiger-Leo-Print-Oma kam in einigem Abstand mit zwei Waffeln Eis angelaufen. Gut, dass sie mich nicht auch noch eingespannt hatte. Dann wäre ich als Krake durchgegangen.

René, Maik und Jesus spielten im Sand Frisbee.

»Hier, für die Fütterung der Raubtiere!« Möglichst weit von mir entfernt stellte ich die sechs Bier ab. Danach setzte ich mich in den warmen Sand und biss genüsslich in das Butterfischbrötchen.

In diesem Moment war die Welt in Ordnung. Nichts hätte mich aus der Ruhe bringen können. Durch diesen einen Biss ins Glück hatte ich mein inneres Gleichgewicht wiedergefunden.

Bis mein Handy klingelte.

Zack griff ich nach dem heißen Teil und ließ dabei beinahe vor Aufregung das Brötchen in den Sand fallen. Ob er das war? Wen wünschte man sich unter gar keinen Umständen am Telefon zu haben, wenn man eigentlich insgeheim auf einen Anruf seines Liebhabers wartete?

»Ah, hallo, Mama. Na, alles klar?«

Meine Mutter machte meinen kleinen Moment der Entspannung zunichte. Fieserweise überlegte ich sogar, ob ihre knarzende Stimme noch nervtötender war als Maik, René und Jesus zusammen.

»Woher weißt du, dass ich Fischbrötchen esse?«, fragte ich ins Handy. Mir war ja leider nur allzu klar, dass meine Mutter hellseherische Fähigkeiten hatte. Aber wieso ahnte sie, was ich gerade aß?

»Hat mir dieser junge Mann eben gerade erzählt, als du unterwegs warst. Wieso bist du denn am Strand?«

Nur mit einem halben Ohr lauschte ich meiner Mutter, während ich das Sixpack-Trio visierte. Gerade rechtzeitig, um dem anfliegenden Frisbee auszuweichen.

»Habt ihr, äh, haben Sie eben ein Gespräch an meinem Handy angenommen?«, erkundigte ich mich und versuchte, nicht die Beherrschung zu verlieren.

»Ja, warst ja nicht da!«, gab René zurück.

»Aber, das ist doch eine Frechheit!«, rief ich ihm hinterher. Wieso nur hatte ich das Ding hier einfach auf meinem Handtuch liegen gelassen, anstatt es mit zum Großeinkauf zu nehmen?

»Mit wem bist du denn da?«, vernahm ich jetzt wieder die Stimme meiner Mutter.

»Mit einer Frau«, sagte ich noch halb abwesend. »Kennst du nicht. Wir teilen uns den Strandkorb.«

»Mit einer Frau?«

Leicht verdrehte ich die Augen, weil ich mir vorstellte,

wie meine Mutter bereits in einer Nanosekunde zehn verschiedene Spekulationen anstellte.

»Es ist super hier. Sehr heiß. Also superheiß«, stotterte ich herum. »Ich muss aber auflegen, warte noch auf einen wichtigen Anruf!«

Dass dieser Anruf niemals kommen würde, musste ich ihr ja nicht erzählen. Warten durfte man schließlich mal.

»Lassen Sie das nächste Mal bitte die Finger von meinem Handy!«, bläute ich René ein, nachdem ich das Gespräch mit meiner Mutter beendet und das Fischbrötchen aufgegessen hatte.

»Jetzt chill mal runter. War halt laut, das Klingeln. Hat gestört.« René wirkte nur bedingt betroffen.

»War halt laut und stört!? Das Gleiche könnte ich gut und gerne zurückgeben!«, meinte ich wütend.

»Willste mit Volleyball spielen?«, fragte Maik, offensichtlich um Einlenkung bemüht.

Aus dem Augenwinkel nahm ich wahr, wie Helens Mundwinkel amüsiert zuckten.

»Kommt mit mehreren geiler!«, war Maiks Begründung.

Die Idealkonstellation für diesen Tag wäre gewesen, mit Daniel einen Ausflug im Cabrio hierher zu machen, gemeinsam im Strandkorb zu dösen und die Hitze des Strandes mit rüber ins Hotelzimmer zu nehmen. Stattdessen lag ich frustriert und ohne Partner im Sand und wurde von drei dreisten, tätowierten Rotrücken zum Volleyballspiel eingeladen. Im Grunde meines Herzens wollte ich weg, weit weg. Das Problem war, dass ich unglaublich gern Volleyball spielte. Früher sogar in einer Mannschaft. »Ja, okay, wieso nicht!«, hörte ich mich da schon antworten.

»Ey, bingo. Du auch?« Er meinte Helen, die sich in ihrem Strandkorb auf einmal sehr intensiv mit ihrem Handy beschäftigte.

»Ich mach auch mit!«, meinte der BVB-Vater in spe.

Maik, René und Jesus waren trotz ihres Alkoholpegels erstaunlich agil. Lag womöglich daran, dass der Sand so heiß war, da musste man in Bewegung bleiben. Als wir einige Zeit gespielt hatten und ich dieses wunderbare Gefühl wieder erlebte, einen Ball zu pritschen und zu baggern, schob der Sandburg-Vater seine Tochter mit ins Spielfeld.

»Die Anna-Serena ist sehr gut im Sport.«

Vermutlich im Sport-Schwänzen, fügte ich nach ein paar Ballwechseln gedanklich hinzu. Das Kind traf keinen einzigen Ball, wofür der Vater vor allem dem BVB-Typen die Schuld gab.

»Sie spielen die Bälle viel zu hoch!«, meinte er.

»Ich hör auf«, sagte der Angegriffene daraufhin und ging vom Feld. »Reicht mir, von einer Person angenörgelt zu werden.« Daraufhin tätschelte er seiner schwangeren Freundin den Bauch.

»Ich hätte so gern Schokolade«, meinte diese mit einem Schmollmündchen.

»Würde eh auf dem Weg hierher schmelzen«, sagte er mit buttersanfter Stimme.

»Na, gut«, gab sie grummelnd zurück und vertiefte sich wieder in der Babymoden-Zeitschrift.

Das Volleyball-Intermezzo war zu Ende und ich ließ mich wieder auf mein Handtuch neben dem Strandkorb fallen. Von innen hörte ich ein Seufzen. Bei Helen waren gerade wieder 72 Nachrichten eingegangen.

»Welcher Mann hat denn Lust, so viele SMS zu tippen?«, fragte ich. »Der muss dich wirklich mögen! Hätte ich auch gerne.«

Helen verdrehte die Augen und scrollte durch ihre Bildergalerie. Sie hielt mir das Handy hin, damit ich ein Foto anschauen konnte.

»Bist du sicher?«, hakte Helen nach.

Ich blickte auf einen Mann im Karohemd, der selbst auf dem Foto stocksteif wirkte. Er sah so aus, als würde er noch immer jeden Samstag eine große Tasche mit Schmutzwäsche bei seiner Mutter abliefern.

»Äh«, sagte ich und verzog das Gesicht. »Vielleicht doch nicht! Woher kennst du den denn eigentlich?«

Helen seufzte.

»Er hat mir in einem Coffeshop seinen Latte macchiato über meinen weißen Pullover gekippt und jetzt werde ich den Typ einfach nicht mehr los!«

»Du siehst gar nicht so aus, als ob dir jemals so etwas passieren würde.«

»Und du siehst auch nicht so aus, als wenn du den ganzen Tag auf eine SMS von ihm warten würdest.«

Auf der Stelle wurde ich rot, was vielleicht nicht so auffiel, weil mein Gesicht eh schon von der Sonne gerötet war.

»Wollt ihr mit uns grillen?« Maiks erhitztes und rotglänzendes Gesicht tauchte wie aus dem Nichts neben unserem Strandkorb auf. Die verrückten Jungs hatten tatsächlich den Grill angeschmissen. War hier bestimmt bei Todesstrafe verboten.

»Danke, kein Bedarf!«, antwortete Helen nur. Sie befürchtete wahrscheinlich, männertechnisch vom Regen in die Traufe zu kommen.

»Und ich kann sowieso nur Wassermelone auf den Grill legen«, sagte ich und winkte ab.

Doch Maik blieb hartnäckig.

»Nein, keinen Vegetarier-Mist. Gleich kommt noch ’ne Ladung Würstchen!«

Beim Wort Würstchen öffnete der BVB-Mann seine Augen und war plötzlich hellwach. Der Sandburgenbauer hatte sich auch sehr verausgabt und konnte bestimmt eine kleine Stärkung gebrauchen. Die Mutter-Oma-Tochter-Kombi im Tiger-Leo-Print sah zu, wie René den Grill fachmännisch befächerte.

»Aber bitte, wie ihr wollt, dann eben nich, Mädels!« Maik stapfte zurück in Richtung selbsternannte Grillzone.

Ich schloss meine Augen und versuchte ein wenig zu dösen. Dies war nicht störungsfrei möglich, sowohl wegen der Rauchschwaden als auch wegen des Lärmpegels.

»Ah, der Nachschub!«, grölten Maik und René.

Ich wollte gar nicht wissen, wer da eine Fuhre Würstchen ablieferte. Sicherlich ein weiterer lärmender Strand-Adonis aus dem reichhaltigen Freundeskreis der drei.

»Geil, Mann!«, rief eine Stimme, die ich inzwischen kannte. René. »Grill läuft schon!« Das war Maik. »Danke, Alter!«

»Kein Problem«, antwortete jemand, dessen Stimme ich auch kannte, aber schon mindestens eine Woche nicht mehr gehört hatte. Das konnte doch nicht …

Ruckartig saß ich kerzengerade auf meinem Handtuch. Helen neben mir schrak auf. Als ich die Augen aufmachte, bestätigte sich, dass mein Stimmerkennungs-Apparat voll funktionsfähig war. Allerdings sah ich nur den Rücken. Weder rot noch tätowiert.

»Gibt's doch nicht!?«, flüsterte ich, bevor ich aufstand und versuchte, nicht zu eilig über den Sand zu laufen.

»Ach nee, doch mitgrillen?«, rief René mir über den Sand zu, woraufhin sich der Grillgut-Lieferant umdrehte. Er lächelte mich vorsichtig an.

»Daniel!?«, fragte ich, obwohl das eine ziemlich dämlich Frage war.

»Deine Strandfreunde hier haben gesagt, ich soll Würstchen vorbeibringen. Da konnte ich ja nicht anders«, erklärte der Mann, nach dem ich mich seit rund neun Tagen sehnte. Ach, was dachte ich. Seit rund 36 Jahren.

»Aber, wieso …? Woher …? Wann …?«, stammelte ich. Ich verstand nur Bahnhof. »Kennt ihr euch?«

»Bisher eher nicht. Vorhin dann erste Kontaktaufnahme am Telefon«, erklärte Daniel und machte einen Schritt auf mich zu.

»Wie?« Ich musste jetzt wirklich lange überlegen. Dann sah ich René an, der sofort verteidigend die Arme hochriss.

»Ich hab dir, äh, Ihnen doch gesagt, Sie sollen mein Handy nicht anfassen«, ermahnte ich ihn sehr laut.

»Das war ja, nachdem ich mit ihm gesprochen hatte.«

»Ich dachte, das war meine Mutter.«

René lachte frech. »Das Telefon hat zweimal geklingelt. Beim zweiten Mal war er dran. Hab ihm gesagt, wo du bist und dass er Würstchen mitbringen soll.«

Ich riss meine Augen auf über so viel Dreistigkeit. Daniel amüsierte sich.

»Du hast echt angerufen?« Gar nicht mehr schimpfend sah ich nun Daniel in die Augen. »Obwohl ich …«

»Obwohl du geschrieben hast, dass du deine Ruhe haben möchtest, meinst du?«

Ich nickte leicht.

»So wie du auch gesagt hast, dass du auf offene Beziehungen stehst und nichts Festes möchtest?«

»Und woher wusstest du, dass ich das gar nicht so meinte, also, möglicherweise nicht so gemeint haben könnte?«

»Hatte ich irgendwie im Gefühl. Und als René mir dann sagte, dass du wohl den Tag über mal erwähnt hättest, dass du auf eine SMS oder einen Anruf wartest ...«

»Gejammert und geheult hat sie, die ganze Zeit!«, feixte René.

Ich wusste nicht, ob ich ihn umarmen oder erwürgen sollte.

»Hallo, du bist Daniel?« Helen hatte sich aus dem Strandkorb herausgeschält und kam auf uns zu. »Ich bin Helen.«

Daniel schüttelte ihr die Hand.

»Wir teilen uns den Strandkorb«, erklärte ich ihm.

Anna-Serena stand unterdessen am Grill neben dem BVB-Mann. Der Sandburgenbauer war fertig mit seinem Werk. »Alles Liebe zum Hochzeitstag«, hatte er aus Muscheln geschrieben. Seine Frau küsste ihn auf die Wange.

»Und wie lange ... also, bis wann ..., also, bis wann bleibst du?« Diese Stammelei musste endlich aufhören.

»Ich dachte, bis morgen«, erwiderte Daniel und strich mir sanft über den Arm. Ich strahlte.

»Denn ich hoffe mal ...«, dabei blickte Daniel Helen belustigt an, »... dass ihr euch nur den Strandkorb und nicht auch das Bett teilt.«

Erich Kästner

In der Eisenbahn

Ich fahre leidenschaftlich gern mit der Eisenbahn. Man legt in der Stunde sechzig Kilometer zurück, ohne nur einen Schritt zu gehen: Das ist der ideale Fall einer Leistung ohne Arbeit. Allerdings, zweiter Klasse fahre ich ungern. Sobald ich nämlich so ein rotplüschenes Abteil betrete, sehen mich alle an, als wollten sie sagen: »Das muss wohl ein Irrtum sein.« Und hierin bin ich sehr empfindlich. Auch dritter Klasse fahre ich ungern; denn da sitzt bestimmt irgendein rheumatischer Herr drin, der aufgeregt den Fensterspalt sucht, durch den es zieht; oder zwei nervöse Damen stellen mit bösen Seitenblicken fest, dass sie aus Versehen in das Raucherabteil gestiegen sind. Dabei husten sie kläglich und wedeln mit den Handschuhen. Und dann schmeckt mir meine Zigarette nicht mehr.

Aber vierter Klasse fahren – ja, das ist wirklich eine reine Freude! Manchmal kommt ein Mann herein, der ein Tiroler Hütchen aufhat und deshalb bayrischen Malz verkauft. Die Tüte kostet nur 150 Mark. Bevor er das aber sagt, verteilt er an alle kleine Kostproben, in Seidenpapier eingewickelt. Und da kauen dann alle ihr Stückchen bayrischen Malzes und machen süße Augen. Nur die konfirmierten Mädchen genieren sich und halten ihr Seidenpapierpaketchen zwischen den Zwirnhandschuhen. Peinlich wirkt die Stille, nachdem das Tiroler Hütchen den Preis seiner Tütchen genannt hat. Denn es kauft kein Mensch. Erst wenn dieser Wahl-Tiroler brummend aus dem Wagen geklettert ist, wird es wieder gemütlich.

Kürzlich stieg ein kleiner lebhafter Herr in den Wagen. Das war in Wurzen. Als der Zug weiterfuhr, stöhnte der kleine Herr leicht auf. Ihm gegenüber saß eine blasse junge Frau. Sie sah den stöhnenden Herrn mit ihren großen Augen forschend an. »Ach ja«, sagte der kleine Herr, »Eisenbahnfahren ist so furchtbar gefährlich. Man weiß nie, ob nicht ein Unglück passiert.« Und er stöhnte dabei leicht auf. »Es ist zum Beispiel erwiesen«, sagte der kleine Herr, »dass jeden Tag auf der Erde durchschnittlich zwei Eisenbahnkatastrophen vorkommen. – – – Wenn ich nun gerade in einen dieser zwei Züge gestiegen bin! So etwas weiß man ja immer erst hinterher genauer.« Die großen Augen der jungen Frau wurden noch größer. Eine alte Bäuerin betrachtete besorgt ihren Tragkorb voller Eier. »Bei dem Dresdner Zugunglück«, sagte der kleine Herr, »fuhr der Berliner Zug in den Leipziger Zug von hinten hinein. Der letzte Personenwagen wurde vollständig zerquetscht. Die darin saßen natürlich auch. Und der vorletzte Wagen wurde in den drittletzten richtig hineingedrückt; wie eine Schachtel in die andere. Die Reisenden wurden so ganz breitgedrückt. Keine Rippe blieb ganz.« Das Gesicht des kleinen Herrn strahlt förmlich vor Freude. Das junge Mädchen neben mir schmiegt sich zitternd an mich an. Sie hat so kornblonde Haare. – Der Gatte der blassen Frau mit den großen Augen sagt ärgerlich: »Da kann man sich ja in die vorderen Wagen setzen.« – »Nein, mein Lieber«, sagt der kleine Herr, »das nützt Ihnen gar nichts. Es gibt nämlich auch Zugzusammenstöße von vorn. Die Lokomotiven fahren gegeneinander. Und gerade die vorderen Wagen, in denen Sie, mein Lieber, sitzen, werden zertrümmert. – Das ist aber noch nicht alles: Es können auch Wagen, etwa die mittleren, aus den Gleisen geschleudert werden. Und dann stürzen Sie eine Brücke hinunter in den Abgrund!« Die Bauersfrau hält ihren Eierkorb mit beiden Händen krampfhaft fest. Das blonde Mädchen neben mir zittert wie ein Pinscher im Schnee. Der jungen Frau rollen dicke Kindertränen über die Backen. Der kleine Herr lächelt nachsichtig. Der Gatte der jungen Frau steht auf und sagt: »Wenn Sie jetzt nicht gleich Ihren Schnabel halten, schmeiße ich Sie durchs Fenster. Ja.« – »Aber erlauben Sie mal«, sagt darauf der kleine Herr, »ich wollte Sie nur auf die Größe der Gefahr aufmerksam machen, in der Sie täglich schweben. Da hilft nur eins: Sie müssen sich gegen Eisenbahnunfälle versichern. Ich bin nämlich Agent der seit zwanzig Jahren bestehenden Eisenbahn-Versicherung ›Adjutantia‹ …« – »Sie Halunke!«, brüllt da der junge Ehemann los, packt den kleinen Versicherungsbeamten an den Mantelknöpfen und schüttelt ihn temperamentvoll hin und her. Und als der Zug in Machern hält, wirft er ihn zur Tür hinaus. Doch der kleine Herr steckt noch einmal seinen Kopf durch die Tür, droht dem erregten Gatten mit einem Bündel Versicherungsformularen und schreit: »Sie – Sie Hausknechtsnatur Sie! Wenn Sie zerquetscht unter der Lokomotive liegen, dann werden Sie an mich denken! Sie! Herr!« Damit haut er die Tür zu.

Der Gatte ist um seine blasse junge Frau bemüht; ich aber um das niedliche blonde Mädchen. Und dann sind sie alle wieder ruhig. Nur die Bauersfrau hält ihren Eierkorb ängstlich umarmt. Und das junge Mädchen drückt sich noch immer leise an mich. Nicht gerade aus Angst; eher schon im Gegenteil ... Vielleicht ...

Kurz und gut: Ich fahre leidenschaftlich gern mit der Eisenbahn.

Rena Dumont

Adele

»Essen!«

Großmutters Stimme durchschnitt die Luft. Scharf, wie eine mongolische Machete. Opa zuckte zusammen, die kleine Adele stürzte aus dem Kämmerchen im Dachboden und sprang die Treppe hinunter. Alle waren erleichtert, weder Hase noch Karpfen essen zu müssen, es gab ein ganz normales Schnitzel mit Kartoffelpüree und Gurkensalat. Ein Essen, das nicht »stinkt«, wie Adele es analysierte. Alles schmeckte vorzüglich, zwei Schnitzel pro Nase, groß wie der gesamte Teller, mussten rein, koste es, was es wolle. Ungeachtet der Berge Püree, die verdrückt wurden. Nach dem Kirschkompott nahm sich Onkel Otto, der immer noch zum Mittagessen zu seiner Mama kam, die Freiheit, laut zu rülpsen. Nicht allein. Opa stimmte mit ein, zweistimmig. Oma brach in schallendes Gelächter aus. Diese Art von Humor lag allen.

Das Leben war wunderbar.

Adele fühlte sich glücklich. Es war Juli 1977, die Sommerferien hatten gerade begonnen, die zweite Klasse lag unwiederbringlich hinter ihr, die Welt wälzte sich in Langeweile, die Sonne schien munter, und niemand war gezwungen, ein sinnvolles Programm zu gestalten. Es gab nichts Schöneres, als nichts zu tun und sich dem Müßiggang zu ergeben. Einfach nur zu Hause hocken und sein.

Nach dem Mittagessen nähte Oma. Die Fenster standen offen, eine zarte Brise kitzelte den Nacken, Opa saß auf dem Klo und las Zeitung. Er war auf Seite drei, es konnte also noch eine Weile dauern. Otto hatte noch ein Stündchen und gönnte sich auf dem Kanapee ein kleines Schläfchen. Adeles Mutter war noch nicht zuhause. Als gefragte Frisörin war sie verpflichtet, bis 15 Uhr mit Lockenwicklern im Frisiersalon zu hantieren. Wenn sie nach Hause kam, würde die Idylle bald ein jähes Ende finden: Pflichten und Aufgaben vom Feinsten. Prost Mahlzeit. Also nichts wie spielen, irgendetwas, dachte Adele. Prinzessin spielen, Känguru spielen, Post spielen, oder Bunker bauen. Sie entschied sich für die Prinzessin.

Adele öffnete Großmutters Schrank im Schlafzimmer. Im obersten Fach befand sich etwas, das sie schon lange im Visier hatte: Unmengen an weißen Gardinen. Rasch, bevor Oma es verbieten konnte, zog sie den Stapel aus dem Fach. Als weißer Gardinenberg landete er auf dem Teppich. In Adeles Fantasie explodierten die Ideen. Sie wusste ganz genau, was sie wollte und wie sie es erreichen konnte. Zunächst benötigte sie ein Band. Mindestens zwei Meter lang, damit sie den Rock mehrere Male um ihre Taille binden konnte, und sehr fest sollte es sein. Ihre Oma besaß viele Kisten mit verschiedenstem Zeug. Die Kiste mit den Bändern steckte aber im Schränkchen im Wohnzimmer, wo die Großmutter auf dem großen Esstisch Papiermuster an die Stoffe steckte, um sie dann mit Kreide nachzuzeichnen. Diese Tätigkeit versprach Adele normalerweise viel Freiraum, denn auf die Stoffe das Muster abzupausen, dauerte verdammt lang. Und als Großmutter feststellte, dass auf dem Tisch noch ein Schnitzel-Fettfleck vom Mittagessen gelauert und sie damit den Stoff irreparabel beschmutzt hatte, blieb ihr nichts anderes übrig, als den Ärmel noch mal abzupausen.

Das hieß: Diesen Nachmittag würden die Gardinen Adele gehören. Aber wie sollte sie an das gottverdammte Band kommen? Ihr kam eine Idee. Jauchzend sprang sie auf und zog das Band aus Großvaters Jogginghose, die zusammengeknüllt neben dem Bett auf dem Boden lag, von Buxi, Opas weißem Pudel, kunstvoll zu einem Schlafnest drapiert. Gut, dass Buxi sein Herrchen bis zur Toilette begleitet hatte, sonst wäre es viel zu gefährlich gewesen, sich auch nur in die Nähe seiner Schlafstatt zu wagen.

Adele inspizierte die Schnur. »Verflixt, zu kurz.« Aber sie brauchte eine Schnur, sonst wäre der heutige Spaß gefährdet. Also blieb ihr nichts anderes übrig, als sich im Wohnzimmer eiligst zu bedienen.

»Was machst du denn da?«, fragte Oma, die Hornbrille auf der Nase, wie ein Sattel auf dem Pferderücken. Adele drehte sich zu ihr, das neue Bändchen aus Omas Schrank in ihrer Hand verbergend.

»Ach, Omi, ich hab dich so lieb!« Sie schmiegte sich an sie, die warme Speckschicht fest drückend, und küsste sie inbrünstig.

»Aaaah, Vorsicht, die Nadeln!«

»Meine liebste Omi!«

»Aaaah, die Nadeln.« Oma befreite sich von den stechenden Helfern, in der Absicht, ihre Enkelin hochzuheben und ihre unerwartete Leidenschaft zu erwidern, aber Adele war schon aus dem Zimmer. Die verzauberte Omi hatte längst vergessen, wonach sie gefragt hatte, sanft glitt ihr Blick zu den Schnittmustern, und mit ihren dicken Wurstfingern nahm sie gedankenverloren die weiße Kreide, um weitere Linien zu zeichnen.

Adeles Prinzessinnenwelt war nun vollkommen und sie konnte sich an die Gestaltung ihres Prinzessinnenrocks machen. Sie zurrte die beiden Bänder unaufknotbar zusammen, Großvaters Jogginghosenschnur war hiermit unbrauchbar geworden, das war aber momentan nicht weiter wichtig, sollte er doch herumlaufen, wie ihn Gott schuf.

Die Länge der Bänder reichte jetzt für drei Röcke! Sie sprang voller Übermut über das Ehebett, zerstörte dabei den mühevoll aufgetürmten Berg von Daunendecken und hüpfte dann auf den Boden, dass die Wände nur so wackelten.

»Meine Güte, unsere Nachbarn!«, kam es aus dem Wohnzimmer.

Adele knotete das eine Ende des Bandes an den Fuß des Fernsehtisches, auf dem der riesige Schwarz-Weiß-Fernseher ruhte. Das andere Ende des Bandes machte sie am Türscharnier fest. Jetzt konnte die eigentliche Arbeit beginnen. Adele warf eine Gardine nach der anderen über die Schnur und raffte sie. Das erforderte viel Geschick, da die Gardinen absolut mittig an der Schnur hängen sollten, um sie anschließend als Prinzessinnenrock um ihre Taille zu wickeln. Da das Band jedoch schräg gespannt war, rutschten die Gardinen immer zum unteren Ende, spannten und wurden schwerer und schwerer, wodurch sich die Knoten am Scharnier und am Fernsehtisch immer fester zuzogen. So stellte das Losbinden bald ein Problem dar, aber sie wollte es wenigstens versuchen. Das Band spannte. Es folgte ein kurzer Knall.

Großmutter schrie auf.

Der Fernseher lag wie ein trauriger Riese, ein geköpfter Ritter, weit weg von seiner Heimstatt auf dem Boden.

Sein Freund, der Eisentisch, lag umgestürzt neben ihm, noch immer an die weiße Schnur gebunden, die wie eine Nabelschnur mit einer Unzahl von Gardinen den Boden bedeckte. Adele erstarrte zur Salzsäule. Vor Schreck hielt sie sich die Wangen, sie wusste, was folgen würde.

»Was hast du gemacht!« Oma verwandelte sich in ein tobendes Monster, das dicke Gesicht war mit roten Adern übersät und drohte zu platzen. »Ich glaub, ich träume.«

»Ich …«

»Jesus Maria! Das darf doch nicht wahr sein!«

Warum werden Großmütter nur so laut? Was bezwecken sie damit? Omas fulminante Stimme riss beinah Löcher in die Trommelfelle.

»Ich …«

»Du Esel!«

»Ich wollte …«

»Was machen meine Gardinen hier?« Adele wurde kleiner und kleiner. »Christus Herr, das ist das Ende der Welt.«

»Ich wollte doch nur einen Prinzessinnenrock …«

»Einen Satz heiße Ohren kannst du von mir haben! Du Katastrophe von Kind! Du solltest gar nichts anfassen, lieber ein Dutzend Löwen, als dich in der Wohnung haben. Herr Gott noch mal!«, donnerte Oma weiter.

Onkel Otto erwachte mies gelaunt aus seinem Verdauungsschlaf. Die Gelegenheit zu schimpfen ließ er sich nicht entgehen und schloss sich dem Gewitter an.

»So, der Fernseher ist im Eimer«, kam von Otto abschließend. »Und heute spielt Borussia Dortmund … da wird sich Opa freuen! Der reißt dich in Stücke!«

»Opa, Opa!« Opa saß immer noch ahnungslos auf dem Klo. Der Po eiskalt, seine Zeitung auf Seite zehn.

»Opa!«, schrie Oma ein drittes Mal. Wieder nix.

Sie griff theatralisch nach den Gardinen und warf sie auf das Ehebett. Wutentbrannt schnitt sie die Jogginghosenschnur durch und begutachtete den Fernseher, um herauszufinden, ob der Bildschirm zersprungen war. Er lag mit der Bildschirmseite auf dem Teppich, was es schwer machte, eine Diagnose zu stellen. Als Opa endlich erschien und sein Repertoire an Flüchen und Verwünschungen heruntergerattert hatte, versuchten alle, die Kiste wieder auf die Beine zu stellen.

Der Bildschirm war nicht zerbrochen. Als die Männer die Kiste einschalteten, lief sie, als wäre nichts geschehen. Alle wunderten sich, waren beinah enttäuscht und vertieften sich sofort in eine unbedeutende TV-Sendung.

»Du armes Ding«, säuselte Oma voller Reue. »Man hat dich ja fast geschlagen, und der Apparat geht.« Mit Tränen in den Augen drückte sie ihre Enkelin an ihren massigen Leib. Willkommen zur Berg-und-Tal-Fahrt in Omas Gefühlsgondel. »... und die Arme wollte nur spielen. Was sind wir für eine Drecksfamilie ...«

Axel Hacke

Malcolm, you sexy thing!

Kürzlich las ich ein sehr witziges Buch von Rainer Moritz über den deutschen Schlager. Der Autor erzählte von einem Lied, das Freddy Quinn sang: *Abschied vom Meer*. Er hörte als Kind oft die dunklen Verse: »Abschied vom Meer, von Wolken, von Winden, von Sternen … von Häfen, von Flaggenhof im Wind, von Kameraden, die unvergessen sind.« Lange sann der Knabe Moritz über das zauberhafte Substantiv »Flaggenhof« und die Frage nach, was ein »Flaggenhof« sei, bis er, Jahre später, beim Wiederhören erkannte, dass Freddy gar nicht von einem »Flaggenhof im Wind« gesungen hatte. Sondern von »Flaggen hoch im Wind«.

Als ich zur Grundschule ging, mussten wir ein Lied lernen, das uns die Lehrerin zu diesem Zweck mehrmals vorsang. Darin war von einem Boot die Rede, das im Wind trieb, steuerlos. Im Refrain die Zeile: »… hat ein Ruder nicht dran.« Wir sangen das Lied, ich sang besonders laut, ohne mir Gedanken über den Text gemacht zu haben. Als wieder mal der Refrain dran war, machte die Lehrerin ein Zeichen, alle hörten auf singen, bloß ich, der ich das Zeichen im Eifer übersehen hatte, sang allein, nein, ich schmetterte das Liedlein, und zwar schmetterte ich, das im Sturm treibende Schifflein betreffend, die Worte: »… hat ein Bruder nicht dran.«

»Was singst du da?«, fragte die Lehrerin.

»... hat ein Bruder nicht dran«, wiederholte ich. Erst in diesem Moment verstand ich, was für ein Nonsens das war. Aber da lachten alle schon. Auch die Lehrerin.

Bloß ich nicht.

Ich habe nie mehr ohne eingehende Textprüfung gesungen. Aber neulich sang Paola. Sie tanzte im Flur und sang einen alten Hit von *Hot Chocolate*, der geht so (besser: sie sang ihn so): »I believe in nuckles, since you came along, you sexy thing.« Paola singt sehr schön, ich liebe es, wenn sie singt. Ihre gute Laune steckte mich an.

Ich stimmte ein und sang: »I believe in Malcolm ...«

»Was singst du da?«, fragte Paola.

»I believe in Malcolm«, sagte ich.

»So heißt es nicht«, sagte sie.

»Was singst *du* denn?«, fragte ich.

»I believe in nuckles. So heißt es aber auch nicht. Ich weiß bloß nicht, wie es richtig heißt«, sagte sie.

»Was heißt *nuckles*?«, fragte ich.

»Knöchel«, sagte sie.

»Ach so, *knuckles*«, sagte ich. »›Ich glaube an Knöchel‹, soso, aha. Ich hatte *nuckles* verstanden. Was heißt das?«

»Das gibt es nicht, glaube ich«, sagte sie.

Ich gab in meinen Computer das Suchwort *nuckles* ein und lernte, dass Frankie Nuckles ein DJ in Chicago war und dort 1977/78 in einer Diskothek namens *The Warehouse* den *House* erfand. Nuckles war der Gründervater des Techno. Dann gab ich die Suchwörter *I believe in Malcolm* ein. Da kamen mehrere Seiten, auf denen es ausschließlich um falsch verstandene Songs ging, nämlich *www.kissthisguy.com* und *www.amiright.com*. Ich lernte, dass die Zeile in unserem Song in Wahrheit lautete: »I believe in miracles, since you came along, you sexy thing.«

Es waren aber zahlreiche Beispiele aufgeführt, wie das Lied schon missverstanden worden war: I believe in milkbones, in milk-rolls, in milkos, in milkballs, in Melcho, in mecos, in Myrtle. Am besten gefiel mir: »I believe in miracles, since you came along, you saxophone.«

Ach, Malcolm. You sexy thing.

Den Rest des Abends verbrachten Paola und ich vor dem Bildschirm, Tausende von falsch verstandenen Liedtexten lesend. Hier zwei Beispiele: In Tina Turners Song *What's Love Got To Do With It* findet sich die Zeile: »What's love, but a second hand emotion?« Das haben Leute so gehört: What's love, but a second handy motion?; What's love, but a second hand in motion?; What's love, but just swimmin' in the ocean?

Das Beatles-Lied *Paperback writer* betreffend, gibt es folgende Irrtümer: Paperbag rider; Pay for that Chrysler; Face the bad rider; He's the Budweiser; Hy, barebacked rider!; Isn't that right, sir?; Take the back right turn!

Vor dem Schlafengehen gab ich das Suchwort »Flaggenhof« ein. Tja, Herr Moritz! Auf der Plassenburg bei Kulmbach gibt es einen Flaggenhof, den man auch »Südstreichwehr« nennt. Das um 1550 errichtete Ensemble, las ich, zähle zu den ältesten in italienischer Manier errichteten Bastionsanlagen in Deutschland.

Was soll man sagen? Singen bildet.

Mark Twain

Die Tagebücher von Adam und Eva

Vorbemerkung

Einen Teil dieses Tagebuchs habe ich vor einigen Jahren übersetzt, und ein paar Exemplare hat ein Freund in unvollständiger Form gedruckt, doch sind sie nie an die Öffentlichkeit gelangt. Seither habe ich noch mehr von Adams Hieroglyphen entziffert, und da er nun als Person des öffentlichen Lebens hinreichend bekannt ist, scheint mir ihre Veröffentlichung gerechtfertigt.
M. T.

Auszüge aus Adams Tagebuch

Montag – Dieses neue Wesen mit den langen Haaren ist ganz schön lästig. Es lungert herum und läuft mir dauernd nach. Das kann ich nicht leiden; ich bin Gesellschaft nicht gewöhnt. Wenn es doch bloß bei den anderen Tieren bliebe ... Heute bewölkt, Ostwind; glaube, wir kriegen Regen ... Wir? Wo habe ich dieses Wort her? – Jetzt fällt es mir ein – das neue Wesen benützt es.

Dienstag – Habe den großen Wasserfall inspiziert. Er ist, glaube ich, das Beste hier auf dem Grundstück. Das neue Wesen nennt ihn Niagarafälle – warum, ist mir ein Rätsel. Sagt, er sehe aus wie die Niagarafälle. Das ist kein

Grund, es ist schlicht und einfach Unsinn. Ich selber darf keinem Ding einen Namen geben. Das neue Wesen benennt alles, was daherkommt, bevor ich einen Einwand erheben kann. Und immer mit der gleichen Ausrede – es *sieht so und so aus*. Da ist zum Beispiel der Dodo. Es sagt, dass er »wie ein Dodo aussieht«. Er wird diesen Namen behalten müssen, ohne Zweifel. Es ist ermüdend, sich darüber aufzuregen, und es hat gar keinen Zweck. Dodo! Er sieht ebenso wenig wie ein Dodo aus wie ich.

Mittwoch – Habe mir einen Unterschlupf gegen den Regen gebaut, konnte ihn aber nicht in Frieden benützen. Das neue Wesen drängte sich mit hinein. Als ich es hinaussetzen wollte, lief ihm Wasser aus den Öffnungen, mit denen es sieht, und das wischte es mit dem Rücken seiner Pfoten weg und machte ein Geräusch wie andere Tiere, wenn sie in Not sind. Ich wünschte, es redete nicht; es redet immerfort. Das klingt so, als wollte ich das arme Wesen schlechtmachen, aber so meine ich es nicht. Ich habe noch nie die menschliche Stimme gehört, und jeder neue und fremde Laut, der in die feierliche Stille dieser verträumten Einsamkeit dringt, beleidigt mein Ohr und klingt wie ein falscher Ton. Und dieses neue Geräusch ist so nah; es ist gleich hinter meiner Schulter, gleich hinter meinem Ohr, erst auf der einen Seite, dann auf der anderen, und ich bin doch nur an Laute gewöhnt, die mehr oder weniger aus der Ferne kommen.

Freitag – Das Namengeben geht munter weiter, ich kann machen, was ich will. Ich hatte einen sehr guten Namen für das Grundstück, er war klangvoll und schön – GARTEN EDEN. Insgeheim nenne ich es immer noch so, aber ich spreche es nicht laut aus. Das neue Wesen sagt, es gebe hier nur Wald und Felsen und Landschaft und deshalb sei keinerlei Ähnlichkeit mit einem Garten vorhanden. Sagt, es *sieht aus* wie ein Park und wie nichts sonst. Also wurde es umgetauft, ohne dass ich gefragt worden wäre – NIAGARA FALLS PARK. Das ist ziemlich hoch gegriffen, finde ich. Und es steht auch schon ein Schild da:

RASEN BETRETEN VERBOTEN

Mein Leben ist nicht mehr so schön, wie es einmal war.

Samstag – Das neue Wesen isst zu viel Obst. Wahrscheinlich werden wir bald nichts mehr haben. Schon wieder »wir« – das ist sein Wort; meins nun auch, weil ich es so oft höre. Heute Morgen ziemlich neblig. Ich gehe bei Nebel nicht raus. Aber das neue Wesen schon. Es geht bei jedem Wetter raus und stapft dann mit seinen schmutzigen Füßen wieder herein. Und redet. Früher war es so schön und ruhig hier.

Sonntag – Heil überstanden. Dieser Tag wird immer mühsamer. Er wurde im vergangenen November als Ruhetag festgesetzt. Davon hatte ich sowieso schon sechs in der Woche. Heute früh erwischte ich das neue Wesen bei dem Versuch, mit Erdklumpen Äpfel von dem verbotenen Baum herunterzuholen.

Montag – Das neue Wesen sagt, es heiße Eva. Von mir aus, ich habe nichts dagegen. Sagt, mit dem Namen könne ich es rufen, wenn ich möchte, dass es kommt. Ich entgegnete, dass es dann überflüssig sei. Dieses Wort trug mir sichtlich Respekt ein; und in der Tat ist es ein großer, kräftiger Ausdruck, der eine Wiederholung verträgt. Das Wesen sagt, es sei kein Es, es sei eine Sie. Das bezweifle ich; doch für mich ist das einerlei; was sie ist, wäre mir egal, wenn sie mich nur in Ruhe lassen und nicht schwatzen würde.

Dienstag – Sie hat das ganze Grundstück mit abscheulichen Namen und grässlichen Schildern verschandelt:

ZUM WASSERSTRUDEL

ZUR ZIEGENINSEL

WINDHÖHLE HIER LANG

Sie sagt, der Park würde ein schmuckes Erholungsgebiet abgeben, wenn sich Gäste dafür fänden. Erholungsgebiet – wieder so eine Erfindung von ihr –, nur Worte, ohne jede Bedeutung. Was ist ein Erholungsgebiet? Aber ich frage lieber nicht, sie ist so wild aufs Erklären.

Freitag – Sie bekniet mich neuerdings dauernd, nicht den Wasserfall hinunterzurutschen. Was ist denn dabei? Sie meint, es würde sie schaudern machen. Ich frage mich, warum; ich habe es doch schon immer getan, ich mag den Sprung und die Erfrischung. Ich dachte, dafür sei der Wasserfall da. Er hat, soweit ich sehe, keinen anderen Zweck, und für irgendetwas muss er doch geschaffen worden sein. Sie sagt, er sei nur für die Aussicht da – wie das Nashorn und das Mammut.

Ich bin in einem Fass den Wasserfall hinuntergerutscht – damit war sie nicht zufrieden. Ich fuhr in einer Wanne hinab – immer noch nicht zufrieden. Ich schwamm im Strudel und durch die Stromschnellen in einem Feigenblatt-Badeanzug. Er hat ziemlich darunter gelitten. Folglich langatmige Klagen über meine Verschwendungssucht. Ich bin hier zu sehr eingeengt. Ich brauche dringend einen Ortswechsel.

Samstag – Vergangenen Dienstag bin ich nachts geflohen, war zwei Tage unterwegs und habe mir an einem abgeschiedenen Ort einen neuen Unterschlupf gebaut und meine Spuren verwischt, so gut ich konnte, aber sie spürte mich auf mit Hilfe eines Tieres, das sie gezähmt hat und das sie Wolf nennt. Sie kam und machte wieder dieses jämmerliche Geräusch und vergoss dieses Wasser aus den Öffnungen, mit denen sie sieht. Ich musste mit ihr zurückkehren, werde aber wieder auswandern, sobald sich die Gelegenheit bietet. Sie beschäftigt sich mit allen möglichen Albernheiten; unter anderem untersucht sie, warum die Tiere, die Löwen und Tiger heißen, von Gras und Blumen leben, wo doch, wie sie sagt, ihre Zähne den Schluss nahelegen, dass sie sich gegenseitig fressen sollten. Das ist lächerlich, denn es würde bedeuten, dass sie sich umbringen, und das würde etwas einführen, was, soweit ich weiß, »Tod« heißt; und der Tod ist, so wurde mir gesagt, in den Park noch nicht eingedrungen. Was in mancher Hinsicht bedauerlich ist.

Sonntag – Überstanden.

Montag – Ich glaube, ich weiß, wofür die Woche gut ist: Sie ist dazu da, dass man sich von der Langeweile am Sonntag erholt. Das scheint mir ein gescheiter Gedanke zu sein ... Sie ist wieder auf diesen Baum geklettert. Habe sie mit Erdklumpen runtergescheucht. Sie sagte, niemand habe es gesehen. Das scheint sie für eine ausreichende Rechtfertigung dafür zu halten, so etwas Gefährliches zu wagen. Habe ihr das gesagt. Das Wort Rechtfertigung erregte ihre Bewunderung – und auch ihren Neid, glaube ich. Es ist ein gutes Wort.

Dienstag – Sie hat mir erklärt, sie sei aus einer Rippe meines Körpers geschaffen. Das ist gelinde gesagt zweifelhaft, wenn nicht mehr als das. Ich vermisse keine Rippe ... Sie macht sich große Sorgen um den Bussard; meint, er vertrage kein Gras; fürchtet, sie könne ihn nicht aufziehen; glaubt, er müsse eigentlich von verwestem Fleisch leben. Der Bussard muss sich mit dem abfinden, was ihm vorgesetzt wird. Wir können nicht die ganze Ordnung hier auf den Kopf stellen, nur um den Bussard zufriedenzustellen.

Samstag – Gestern ist sie in den Teich gefallen, als sie

sich darin betrachtete; das tut sie die ganze Zeit. Sie wäre beinahe erstickt und sagte, es sei äußerst unangenehm gewesen. Daraufhin taten ihr die Geschöpfe leid, die darin leben – sie nennt sie Fische, denn sie hört nicht auf, Dinge mit Namen zu versehen, die keine brauchen und nicht kommen, wenn man sie damit ruft, was ihr gar nichts ausmacht; sie ist überhaupt ein rechter Dummkopf. So hat sie gestern Abend eine Menge von ihnen herausgeholt und in mein Bett gelegt, damit sie es warm haben; aber ich habe sie während des Tages hin und wieder beobachtet und kann nicht feststellen, dass sie glücklicher sind als vorher, nur stiller. Wenn die Nacht kommt, werde ich sie hinauswerfen. Ich schlafe nicht noch mal mit ihnen, denn sie fühlen sich glitschig an und unangenehm, wenn man zwischen ihnen liegt und nichts anhat.

Sonntag – Überstanden.

Dienstag – Sie hat jetzt mit einer Schlange angebandelt. Die anderen Tiere sind erleichtert, denn sie hat immer mit ihnen experimentiert und sie belästigt; und ich bin erleichtert, da die Schlange redet; das gibt mir die Möglichkeit, mich zu erholen.

Freitag – Sie sagt, die Schlange rät ihr, die Frucht von diesem Baum zu probieren, damit werde sie sich eine große und schöne und edle Bildung erwerben. Ich erklärte ihr, es würde noch eine andere Folge haben – es würde den Tod in die Welt bringen. Das war ein Fehler – ich hätte die Bemerkung lieber für mich behalten sollen; es brachte sie nur auf die Idee, sie könnte den kranken Bussard retten und die geschwächten Löwen und Tiger mit frischem Fleisch versorgen. Ich riet ihr, sich von dem Baum fernzuhalten. Sie sagte, sie werde das nicht tun. Ich sehe Unheil voraus. Werde auswandern.

Mittwoch – Ich habe eine abwechslungsreiche Zeit

hinter mir. Letzte Nacht bin ich geflohen und die ganze Nacht so schnell wie möglich auf einem Pferd geritten, in der Hoffnung, aus dem Park verschwinden und mich in einem anderen Land verstecken zu können, bevor das Unheil losbricht; aber es sollte nicht sein. Etwa eine Stunde nach Sonnenaufgang, als ich über eine blühende Ebene ritt, auf der Tausende von Tieren nach Lust und Laune grasten, dösten oder miteinander spielten, brachen diese mit einem Mal in einen Sturm panischer Laute aus, und im Nu war die Ebene ein rasendes Durcheinander, und die Tiere zerstörten sich gegenseitig. Ich wusste, was das bedeutete – Eva hatte die Frucht gegessen, und der Tod war in die Welt gekommen. ... Die Tiger fraßen mein Pferd, und als ich ihnen befahl, davon abzulassen, kümmerten sie sich nicht darum. Sie hätten auch mich gefressen, wenn ich geblieben wäre, doch ich zog es vor, mich eilig davonzumachen. ... Ich entdeckte außerhalb des Parks diesen Ort hier, und es ging mir einige Tage lang ganz gut, aber sie hat mich ausfindig gemacht. Hat mich gefunden und den Ort Tonawanda genannt – sagt, er *sähe so aus*. Eigentlich bedaure ich nicht, dass sie gekommen ist, denn es gibt hier nur wenig Essbares, und sie hat ein paar von den Äpfeln mitgebracht. Ich war gezwungen, sie zu essen, so hungrig war ich. Es verstieß gegen meine Grundsätze, aber ich bin der Meinung, dass Grundsätze kein wirkliches Gewicht haben, solange man hungrig ist. ... Sie kam in Girlanden und Blätterbüschel eingehüllt, und als ich sie fragte, was der Unsinn bedeute, und alles abriss und zu Boden warf, kicherte sie und errötete. Ich hatte zuvor noch nie jemanden kichern und erröten sehen und fand, dass es ihr nicht gut zu Gesicht stand und etwas blöde wirkte. Sie sagte, ich würde bald selbst merken, wie das sei. Das stimmte. Hungrig wie ich war, legte ich den Apfel halb gegessen beiseite – es war zweifellos der beste, der mir je untergekommen ist, wenn man die späte Jahreszeit bedenkt – und behängte mich mit den abgeworfenen Girlanden und Zweigen, und dann befahl ich ihr streng, loszugehen und mehr davon zu holen und sich nicht so zur Schau zu stellen. Sie tat es, und danach schlichen wir dorthin, wo die Tiere miteinander gekämpft hatten, und sammelten einige Felle auf, und ich ließ sie daraus ein paar Anziehsachen basteln, die für die Öffentlichkeit taugen. Sie sind unbequem, das ist wahr, aber schick, und das ist bei Kleidung das Wichtigste. … Ich finde, sie ist eine recht gute Gefährtin. Mir ist klar, dass ich ohne sie einsam und traurig wäre, jetzt, da ich meinen Besitz verloren habe. Übrigens sagt sie, sei es vorgesehen, dass wir von jetzt an für unser Leben arbeiten müssten. Da wird sie brauchbar sein. Ich werde die Aufsicht führen.

Zehn Tage später – Sie wirft *mir* vor, ich sei schuld an der Katastrophe! Sie behauptet mit vollem Ernst, die Schlange habe ihr versichert, dass die verbotene Frucht nicht Apfel, sondern Kamelle heiße. Ich erwiderte, ich sei also unschuldig, denn ich hätte keinerlei olle Kamelle gegessen. Sie erklärte, die Schlange habe sie darüber belehrt, dass »olle Kamelle« der bildliche Ausdruck für einen alten und schalen Witz sei. Da wurde ich blass, denn ich habe viele Witze gemacht, um die Langeweile zu vertreiben, und manche davon waren vielleicht von dieser Sorte, obwohl ich sie damals ehrlich für neu gehalten hatte. Sie fragte mich, ob ich zur Zeit der Katastrophe einen gemacht hätte. Das musste ich zugeben, wenn ich ihn auch nicht laut ausgesprochen hatte. Er ging so: Ich dachte über den Wasserfall nach und sagte mir: »Wie staunenswert ist es, dieses gewaltige Gewässer hinabstürzen zu sehen!« Dann blitzte ein Gedanke in meinem Kopf auf, und ich ließ ihm freien Lauf: »Es wäre um vieles staunenswerter, wenn man es *hinauf*stürzen sähe!« – ich war kurz davor, mir die Seele aus dem Leib zu lachen, als die ganze Natur in Chaos und Verderben stürzte und ich um mein Leben rennen musste. »Aha«, antwortete sie triumphierend, »genau das ist er; die Schlange hat genau diesen Witz erwähnt und ihn die Erste Olle Kamelle genannt und gesagt, er sei so alt wie die Schöpfung.« Ach! Ich bin also wirklich schuld. Wäre ich doch bloß nicht so witzig; oh, hätte ich doch nie diesen glänzenden Einfall gehabt!

Ein Jahr später – Wir haben es Kain genannt. Sie hat es gefangen, als ich weiter oben im Land unterwegs war und am Nordufer des Eriesees Fallen stellte; hat es im Wald gefangen, zwei Meilen von unserer Erdhöhle entfernt – oder vielleicht waren es vier Meilen, sie ist sich nicht sicher. In gewisser Weise ähnelt es uns und ist vielleicht mit uns verwandt. Jedenfalls denkt sie das, aber meiner Meinung nach ist das ein Irrtum. Der Größenunterschied berechtigt zu dem Schluss, dass es sich um eine andere Tierart handelt – vielleicht um einen Fisch; allerdings ging es unter, als ich es ins Wasser legte, und sie stürzte sich hinein und riss es hoch, bevor der Versuch die Sache eindeutig klären konnte. Ich glaube nach wie vor, dass es ein Fisch ist, aber ihr ist es einerlei, was es ist, und will es mich nicht ausprobieren lassen. Ich verstehe das nicht. Die Ankunft von diesem Geschöpf scheint ihr ganzes Wesen verändert zu haben und erfüllt sie mit einer unvernünftigen Abneigung gegen solche Versuche. Sie hängt an diesem Tier mehr als an irgendeinem anderen, sie kann aber nicht erklären, warum. Ihr Verstand ist durcheinandergeraten – das sieht man deutlich. Manchmal trägt sie den Fisch die halbe Nacht herum, wenn er schreit und ins Wasser will. Dann läuft das Wasser aus den Stellen in ihrem Gesicht, mit denen sie sieht, und sie tätschelt dem Fisch den Rücken und macht sanfte Laute mit ihrem Mund, um ihn zu beruhigen, und zeigt auf hunderterlei Weise, wie bekümmert und besorgt sie ist. Ich habe sie das nie mit einem anderen Fisch tun sehen, und es beunruhigt mich sehr. Die kleinen Tiger trug sie auch so herum und spielte mit ihnen, bevor wir unseren Besitz verloren, aber es war nur Spiel; bei ihnen stellte sie sich nie so an, wenn ihnen das Essen nicht bekam.

Sonntag – Sonntags arbeitet sie nicht, sondern liegt nur völlig erschöpft herum und liebt es, wenn sich der Fisch auf ihr wälzt; und sie gibt komische Geräusche von sich, um ihn zu necken, und tut so, als wolle sie seine Pfoten fressen, und das bringt ihn zum Lachen. Ich habe bisher noch keinen Fisch gesehen, der lachen konnte. Das gibt mir zu denken. ... Inzwischen mag ich den Sonntag gern. Die ganze Woche lang Beaufsichtigen ist recht anstrengend. Es sollte mehr Sonntage geben. Früher waren sie mühsam, aber jetzt kommen sie sehr gelegen.

Mittwoch – Es ist kein Fisch. Ich habe noch nicht heraus, was es ist. Es gibt merkwürdige teuflische Geräusche von sich, wenn es unzufrieden ist, und sagt »guh-guh«, wenn es sich freut. Es ist keiner von uns, denn es läuft nicht; es ist kein Vogel, denn es fliegt nicht; es ist kein Frosch, denn es springt nicht; es ist keine Schlange, denn es kriecht nicht; ich bin mir sicher, dass es kein Fisch ist, obwohl ich keine Gelegenheit bekomme, herauszufinden, ob es schwimmen kann oder nicht. Es liegt immer nur herum, meistens auf dem Rücken, die Füße nach oben gestreckt. Ich habe so etwas bei noch keinem Tier gesehen. Ich sagte, für mich sei es ein Enigma; aber sie bewunderte nur das Wort, ohne es zu verstehen. Meinem

Urteil nach ist es entweder ein Enigma oder eine Art Käfer. Wenn es stirbt, werde ich es auseinandernehmen und schauen, wie es zusammengesetzt ist. Noch nie hat mich etwas so verwirrt.

Drei Monate später – Die Verwirrung wird immer größer statt kleiner. Ich schlafe nur wenig. Es hat aufgehört herumzuliegen und läuft jetzt auf vier Beinen. Doch es unterscheidet sich von anderen vierbeinigen Tieren, denn seine Vorderbeine sind ungewöhnlich kurz, weshalb sein Hinterteil hoch in die Luft ragt, und das ist kein schöner Anblick. Es ist im Großen und Ganzen so wie wir gebaut, aber die Art, wie es sich fortbewegt, zeigt, dass es nicht mit uns verwandt ist. Die kurzen Vorder- und langen Hinterbeine lassen vermuten, dass es zur Familie der Kängurus gehört, aber es ist eindeutig eine neue Abart der Spezies, denn das echte Känguru springt und dieses nie. Jedenfalls ist es eine seltsame und interessante Variante, die noch nicht erfasst ist. Zum Zeichen, dass seine Entdeckung mein Verdienst ist, habe ich ihm meinen Namen gegeben: *Kängururum Adamiensis*. … Es muss als Junges zu uns gekommen sein, denn es ist seither mächtig gewachsen. Es ist heute sicher fünf Mal so groß wie damals, und wenn es unzufrieden ist, kann es zweiundzwanzig bis achtunddreißig Mal mehr Lärm machen als zu Anfang. Zwang hilft hier nicht, sondern bewirkt das Gegenteil. Aus diesem Grunde habe ich damit aufgehört. Sie beruhigt es durch Überredung und indem sie ihm Sachen gibt, von denen sie mir vorher versichert hat, sie würde sie ihm nicht geben. Wie schon erwähnt, war ich nicht zu Hause, als es ankam, und sie erklärte mir, sie hätte es im Wald gefunden. Es wundert mich, dass es das Einzige sein soll, aber dem ist wohl so, denn ich habe in den letzten Wochen bis zur Erschöpfung versucht, ein anderes zu finden, um es meiner Sammlung hinzuzufügen und auch als Spielgefährten für unseres; denn natürlich wäre es dann ruhiger, und wir könnten es leichter zähmen. Aber ich finde keines, nicht einmal irgendwelche Überreste und seltsamerweise auch keine Spuren. Es muss auf dem Boden leben; es ist unbeholfen; wie kommt es also vorwärts, ohne Spuren zu hinterlassen? Ich habe ein Dutzend Fallen aufgestellt, aber sie nützen nichts. Ich fange alle kleinen Tiere, nur dieses nicht; Tiere, die nur aus Neugier in die Falle gehen, um zu sehen, was es mit der Milch auf sich hat. Sie trinken nie davon.

Drei Monate später – Das Känguru wächst immer weiter, was sehr seltsam und verwirrend ist. Ich habe noch nie etwas gesehen, das so lange zum Wachsen braucht. Es hat jetzt Fell auf dem Kopf; nicht wie Kängurufell, sondern genauso wie unser Haar, nur dass es viel feiner und weicher und rot statt schwarz ist. Ich verliere fast den Verstand angesichts der launenhaften und verdrießlichen Entwicklung dieser unklassifizierbaren zoologischen Missgeburt. Wenn ich nur ein Weiteres fangen könnte – aber das ist hoffnungslos; es ist eine neue Art und das einzige Exemplar; das ist eindeutig. Ich habe ein echtes Känguru gefangen und hergebracht, weil ich dachte, unseres, einsam wie es ist, hätte lieber dieses zur Gesellschaft als gar keinen Verwandten oder sonst ein Tier, dem es sich nah fühlen oder von dem es Zuneigung bekommen könnte. Es lebt hier doch verloren unter Fremden, die seine Bedürfnisse und seine Lebensart nicht verstehen und nicht wissen, wie sie ihm das Gefühl geben können, unter Freunden zu sein. Aber das war ein Fehler – es bekam solche Anfälle, als es das Känguru erblickte, dass es unmöglich schon einmal eines gesehen haben kann. Das arme, lärmende kleine Tier tut mir leid, aber ich kann nichts tun, um es glücklich zu machen. Wenn ich es doch nur zähmen könnte – aber das ist undenkbar; je mehr ich es versuche, desto schlimmer wird es. Es tut mir in der Seele weh, seine kleinen kummervollen Wutausbrüche zu sehen. Ich wollte es freilassen, aber davon wollte sie nichts wissen. Das schien grausam und gar nicht zu ihr zu passen; aber möglicherweise hat sie recht. Es wäre vielleicht noch einsamer als bisher; denn wenn *ich* kein anderes finden kann, wie sollte es selbst das können?

Fünf Monate später – Es ist kein Känguru. Nein, es hält sich selbst aufrecht an ihrem Finger und geht auf diese Weise ein paar Schritte auf seinen Hinterbeinen, bis es umfällt. Wahrscheinlich ist es eine Art Bär; aber es hat keinen Schwanz – bisher – und kein Fell, außer auf dem Kopf. Es wächst immer noch weiter – das ist erstaunlich, denn Bären sind früher ausgewachsen. Bären sind gefährlich – seit unserer Katastrophe –, und ich werde nicht zulassen, dass dieser hier noch sehr viel länger ohne Maulkorb durch die Gegend schleicht. Ich habe angeboten, ihr ein Känguru zu besorgen, wenn sie den kleinen Bären gehen lässt, aber das kam nicht gut an – ich habe den Eindruck, sie ist entschlossen, uns allen möglichen sinnlosen Gefahren auszusetzen. Sie hat sich sehr verändert, seit sie den Verstand verlor.

Vierzehn Tage später – Ich habe sein Maul untersucht. Es besteht noch keine Gefahr: Er hat nur einen Zahn. Er hat immer noch keinen Schwanz. Er macht mittlerweile mehr Lärm denn je – hauptsächlich nachts. Ich bin ausgezogen. Aber ich werde morgens rübergehen, zum Frühstück, und sehen, ob er mehr Zähne bekommen hat. Wenn sein Mund voller Zähne ist, wird's Zeit, dass er geht, Schwanz hin oder her, ein Bär braucht keinen Schwanz, um gefährlich zu sein.

Vier Monate später – Ich war einen Monat lang jagen und fischen, oben in der Gegend, die sie Buffalo nennt; ich weiß nicht, warum, es sei denn, weil es dort nicht die geringste Spur von Büffeln gibt. Inzwischen hat der Bär gelernt, alleine auf seinen Hinterbeinen überall herumzutapsen, und sagt »Papa« und »Mama«. Es ist mit Sicherheit eine neue Spezies. Diese Ähnlichkeit mit Worten kann natürlich reiner Zufall und vielleicht ohne Zweck oder Bedeutung sein; doch selbst dann ist es immer noch außergewöhnlich; kein anderer Bär bringt so etwas fertig. Diese Nachahmung des Sprechens, zusammen mit dem Fehlen eines Fells und der vollkommenen Ermangelung eines Schwanzes deutet darauf hin, dass es sich um eine neue Bärenart handelt. Es wird äußerst aufschlussreich sein, ihn weiterhin zu studieren. Inzwischen will ich eine ausgedehnte Expedition in die nördlichen Wälder unternehmen und eine gründliche Suche durchführen. Es muss doch irgendwo ein anderes Exemplar geben, und dieses hier wird weniger gefährlich sein, wenn es Gesellschaft von seiner eigenen Spezies hat. Ich will sogleich aufbrechen; aber diesem hier will ich erst noch einen Maulkorb umbinden.

Drei Monate später – Die Jagd war entsetzlich ermüdend und dennoch erfolglos. Unterdessen hat sie, ohne unser Grundstück zu verlassen, ein Zweites gefangen! Ein unerhörtes Glück! Ich hätte Hunderte von Jahren in den Wäldern zubringen können, ohne dass mir so ein Ding über den Weg gelaufen wäre.

Nächster Tag – Ich habe den Neuen mit dem Alten verglichen, und es ist eindeutig, dass sie der gleichen Tierart angehören. Ich wollte einen für meine Sammlung ausstopfen, aber sie ist aus unerfindlichen Gründen dagegen; also habe ich gegen meine Überzeugung das Vorhaben aufgegeben. Es wäre ein nicht wiedergutzumachender Verlust für die Wissenschaft, wenn sie entwischen sollten. Das Ältere ist zahmer als früher, es kann lachen und wie ein Papagei reden – zweifellos, weil es so viel mit dem Papagei zusammen ist und einen ausgeprägten Nachahmungsdrang besitzt. Ich würde mich wundern, wenn es sich als neue Papageienart entpuppen sollte; allerdings sollte mich gar nichts mehr wundern, denn von dem Tag an, als es hier als Fisch ankam, war es bereits alles Mögliche. Das Neue ist genauso hässlich wie das andere zu Anfang; es hat die gleiche Gesichtsfarbe von gepökeltem rohem Fleisch und den gleichen seltsamen Kopf ohne jedes Fell. Sie nennt es Abel.

Zehn Jahre später – Es sind *Jungen*; wir haben das schon vor einer ganzen Weile herausgefunden. Dass sie so klein und unterentwickelt zu uns kamen, hatte uns verwirrt; wir waren nicht daran gewöhnt. Jetzt gibt es auch ein paar Mädchen. Abel ist ein guter Junge, doch Kain wäre besser ein Bär geblieben. Nach all diesen Jahren merke ich, dass ich mich anfangs in Eva getäuscht hatte; es ist besser, mit ihr außerhalb des Gartens zu leben, als im Garten ohne sie. Erst dachte ich, sie rede zu viel; aber jetzt wäre ich traurig, wenn diese Stimme verstummen und aus meinem Leben verschwinden würde. Gesegnet sei die olle Kamelle, die uns zusammengebracht und mir erlaubt hat, die Güte ihres Herzens und die Anmut ihres Geistes kennenzulernen!

Evas Tagebuch

(Aus dem Urtext übersetzt)
Samstag – Ich bin jetzt fast einen Tag alt. Ich bin gestern eingetroffen. Zumindest kommt es mir so vor. Und es

muss so sein, denn wenn es einen Tag vor gestern gegeben hat, war ich nicht da, als er stattfand, sonst würde ich mich daran erinnern. Es könnte natürlich sein, dass er stattfand und ich ihn nicht bemerkt habe. Na ja; ab jetzt werde ich genau achtgeben, und wenn es irgendwelche Vorgestern gibt, werde ich es festhalten. Man muss das von Anfang an richtig handhaben, damit die Aufzeichnungen nicht durcheinandergeraten, denn mein Instinkt sagt mir, dass solche Einzelheiten irgendwann für die Geschichtsschreibung wichtig sein werden. Ich komme mir nämlich wie ein Experiment vor, genau wie ein Experiment; niemand könnte sich mehr wie ein Experiment vorkommen als ich, und so gewinne ich die Überzeugung, dass ich genau das *bin* – ein Experiment; nicht mehr und nicht weniger.

Doch wenn ich ein Experiment bin, bin ich dann auch das Ganze? Nein, ich glaube nicht; ich denke, das Übrige gehört auch dazu. Ich bin zwar die Hauptsache, aber ich glaube, das Übrige hat auch seinen Anteil daran. Ist meine Stellung sicher, oder muss ich wachsam sein und ständig aufpassen? Möglicherweise Letzteres. Ein Instinkt sagt mir, dass ständige Wachsamkeit der Preis für Überlegenheit ist. (Das ist gut gesagt, finde ich, für mein zartes Alter.)

Heute sieht alles viel besser aus als gestern. In der Eile der Fertigstellung gestern blieben die Berge in einem verwahrlosten Zustand, und manche Ebenen waren so mit Schutt und Resten übersät, dass sie einen recht scheußlichen Anblick boten. Edle und schöne Kunstwerke sollten keinem Zeitdruck unterliegen; und diese majestätische neue Welt ist wirklich ein sehr edles und schönes Werk. Und sie kommt sicherlich der Vollkommenheit erstaunlich nahe, trotz der Kürze der Zeit. An manchen

Stellen gibt es zu viele Sterne und an anderen zu wenige, aber dem kann zweifellos rasch abgeholfen werden. Der Mond löste sich letzte Nacht, rutschte herunter und fiel aus dem Bild – ein sehr großer Verlust; mir bricht das Herz, wenn ich daran denke. Es gibt unter den Schmuck- und Zierstücken nichts vergleichbar Schönes und Gelungenes. Er hätte besser befestigt werden müssen. Wenn wir ihn nur wiederkriegen könnten …

Aber man weiß natürlich nicht, wo er hingekommen ist. Und wer ihn findet, wird ihn außerdem bei sich verstecken; das weiß ich, weil ich es genauso machen würde. Ich glaube, ich kann in allem anderen aufrichtig sein, aber ich erkenne bereits, dass mein innerstes Wesen in der Liebe zum Schönen besteht, einer Leidenschaft für das Schöne, und dass es fahrlässig wäre, mir einen Mond anzuvertrauen, der jemand anderem gehört, ohne dass er weiß, dass ich ihn habe. Von einem Mond, den ich tagsüber finde, könnte ich mich trennen, weil ich Angst hätte, dass mich jemand sieht; aber wenn ich ihn im Dunkeln finden würde, fiele mir bestimmt eine Ausrede ein, weshalb ich nichts davon erzähle. Denn ich liebe Monde, sie sind so hübsch und romantisch. Ich wünschte, wir hätten fünf oder sechs; ich würde nie ins Bett gehen; ich würde nie müde werden, auf der Moosbank zu liegen und zu ihnen aufzuschauen.

Sterne sind auch schön. Ich würde mir gern welche ins Haar stecken. Aber ich glaube, das geht nicht. Es ist überraschend, wie weit weg sie sind, denn es hat gar nicht den Anschein. Als sie zum ersten Mal erschienen, gestern Nacht, versuchte ich, ein paar mit dem Stock herunterzuholen, aber er war erstaunlicherweise nicht lang genug; dann versuchte ich es mit Erdklumpen, bis ich völlig erschöpft war, aber ich traf keinen einzigen. Das lag daran, dass ich Linkshänderin bin und nicht gut werfen kann. Selbst als ich auf einen zielte, den ich gar nicht wollte, traf ich den anderen nicht, dabei war ich ein paarmal recht nah dran, denn ich sah den schwarzen Fleck des Klumpens vierzig- bis fünfzigmal mitten in den goldenen Haufen fliegen, immer nur knapp daneben, und wenn ich ein bisschen ausdauernder gewesen wäre, hätte ich vielleicht einen erwischt.

Also weinte ich ein bisschen, was wohl natürlich ist für jemanden in meinem Alter, und nachdem ich mich ausgeruht hatte, nahm ich mir einen Korb und brach zu einem Ort am äußersten Rand der Kreisscheibe auf, wo sich die Sterne nah am Boden befanden und ich sie mit den Händen greifen würde. Das wäre auf alle Fälle besser gewesen, weil ich sie dann sanft hätte pflücken können, ohne sie zu zerbrechen. Aber es war weiter, als ich dachte, und schließlich musste ich aufgeben; ich war so müde, dass ich mich keinen Schritt weiter schleppen konnte; und außerdem waren meine Füße wund und taten sehr weh.

Ich konnte nicht nach Hause zurückkehren; es war zu weit und es wurde kalt; aber ich fand ein paar Tiger und kuschelte mich zwischen sie und hatte es wunderbar bequem. Ihr Atem war süß und angenehm, weil sie sich von Erdbeeren ernähren. Ich hatte noch nie einen Tiger gesehen, aber an den Streifen erkannte ich sie sofort. Wenn ich so ein Fell hätte, gäbe das ein hinreißendes Kleid.

Heute wird mir die Sache mit den Entfernungen schon klarer. Ich war so versessen auf all die schönen Dinge, dass ich begierig nach jedem griff. Manchmal war es zu weit weg, und manchmal war es zwar nur eine Handbreit entfernt, schien aber einen Fuß weit weg zu sein – ach, mit Dornen dazwischen! Ich habe eine Lektion gelernt; auch habe ich eine Lebensregel erfunden, ganz selbstständig – meine allererste: *»Zerkratztes Experiment scheut den Dorn.«* (Ich glaube, sie ist sehr gut für jemanden in meinem Alter.)

Gestern Nachmittag bin ich dem anderen Experiment in einigem Abstand gefolgt, um, wenn möglich, zu sehen, wozu es da ist. Aber ich konnte es nicht herauskriegen. Ich glaube, es ist ein Mann. Ich habe noch nie einen Mann gesehen, aber es sah so aus, und ich bin sicher, dass es einer ist. Ich merke, dass es mich neugieriger macht als alle anderen Reptilien. Wenn es ein Reptil ist, aber davon gehe ich aus; denn es hat strubbelige Haare und blaue Augen und sieht wie ein Reptil aus. Es hat keine Hüften; es läuft nach unten spitz zu wie eine Karotte; wenn es steht, spreizt es sich wie ein Lastkran; also nehme ich an, es ist ein Reptil, aber es könnte auch ein Bauwerk sein.

Zuerst fürchtete ich mich davor und wollte immer weglaufen, wenn es sich umdrehte, denn ich dachte, es wollte mich jagen; doch nach und nach habe ich gemerkt, dass es nur wegzukommen versuchte, so dass ich meine Scheu ablegte und es verfolgte, stundenlang, mit etwa zwanzig Metern Abstand; das machte es nervös und unglücklich. Am Ende war es regelrecht verstört und kletterte auf einen Baum. Ich wartete eine ganze Weile, dann gab ich es auf und ging heim.

Heute wieder das Gleiche. Ich habe es wieder auf den Baum getrieben.

Sonntag – Es hockt immer noch dort oben. Offenbar ruht es sich aus. Aber das ist nur ein Vorwand: Sonntag ist nicht der Ruhetag; der Samstag ist dafür bestimmt. Das Reptil kommt mir vor wie ein Wesen, das sich vor allem fürs Ausruhen interessiert. Ich fände es ermüdend, so viel zu ruhen. Mich macht es schon müde, hier herumzusitzen und den Baum zu beobachten. Ich möchte wissen, wozu es gut ist; ich sehe nie, dass es irgendetwas tut.

Letzte Nacht haben sie uns den Mond zurückgegeben, und ich war *so* glücklich! Ich finde das sehr anständig von ihnen. Er rutschte wieder ab und fiel herunter, aber ich war nicht beunruhigt; es gibt keinen Grund zur Sorge, wenn man solche Nachbarn hat; sie werden ihn zurückbringen. Ich wünschte, ich könnte etwas tun, um ihnen meine Wertschätzung zu zeigen. Ich würde ihnen gern ein paar Sterne schicken, denn wir haben mehr als genug. Ich meine »ich«, nicht »wir«, denn ich sehe, dass das Reptil sich nichts aus solchen Sachen macht.

Es hat einen gewöhnlichen Geschmack und ist unfreundlich. Als ich gestern Abend in der Dämmerung hinging, war es heruntergeklettert und versuchte die kleinen gefleckten Fische zu fangen, die im Teich spielen, und ich musste es mit Erdklumpen bewerfen, damit es sich wieder auf den Baum verzog und sie in Ruhe ließ. Ich frage mich, ob es *dazu* da ist? Hat es denn gar kein Herz? Hat es kein Mitgefühl mit diesen kleinen Geschöpfen? Kann es sein, dass es für eine so erbärmliche Tätigkeit ersonnen und geschaffen wurde? Es sieht so aus. Einer der Erdklumpen traf es hinter dem Ohr, und es hat Worte gebraucht. Das fand ich aufregend, denn es war das erste Mal, dass ich außer mir selbst jemand reden hörte. Ich verstand die Worte nicht, aber sie klangen ausdrucksvoll.

Als ich merkte, dass es reden kann, gewann ich neues Interesse an ihm, denn ich rede so gern; ich rede den ganzen Tag und auch im Schlaf; ich bin sehr interessant, doch wenn ich mit jemand anderem reden könnte, könnte ich doppelt so interessant sein und würde, falls gewünscht, nie mehr mit Reden aufhören.

Wenn dieses Reptil ein Mann ist, dann ist es kein *Es*, nicht wahr? Das wäre grammatikalisch nicht korrekt, oder? Ich glaube, es wäre dann ein Er. Vermutlich. In diesem Fall würde man es so beugen: Nominativ *er*; Dativ *ihm*; Possessiv *ihm seins*. Ja, ich werde das Reptil als Mann ansehen und es »er« nennen, solange es sich nicht als etwas anderes herausstellt. Das ist praktischer als so viele Ungewissheiten.

Sonntag, eine Woche darauf – Die ganze Woche bin ich hinter ihm hergezockelt und habe versucht, Bekanntschaft zu schließen. Das Reden musste ich übernehmen, denn er war schüchtern, aber ich habe es nicht krummgenommen. Es schien ihn zu freuen, dass ich da war, und ich benutzte oft das umgängliche »wir«, weil es ihm anscheinend schmeichelt, dazuzugehören.

Mittwoch – Wir kommen jetzt wirklich gut miteinander aus und lernen uns immer besser kennen. Er versucht nicht mehr, mir auszuweichen, was ein gutes Zeichen ist und zeigt, dass er mich gern um sich hat. Das freut mich, und ich bemühe mich, ihm auf jede nur denkbare Weise nützlich zu sein, um seine Achtung zu steigern.

Während der letzten ein, zwei Tage habe ich die ganze Last, Dinge zu benennen, von seinen Schultern genommen, und es war eine große Erleichterung für ihn, denn er ist recht unbegabt und offensichtlich sehr dankbar. Es fällt ihm um nichts in der Welt ein vernünftiger Name ein, aber ich lasse ihn nicht spüren, dass ich seine Schwäche kenne. Wann immer ein neues Geschöpf auftaucht, gebe ich ihm einen Namen, bevor er Zeit hat, sich durch peinliches Schweigen bloßzustellen. Auf diese Weise habe ich ihm etliche Verlegenheiten erspart. Ich habe keine solche Schwäche. Sobald mein Blick auf ein Tier fällt, weiß ich, wie es heißt. Ich brauche keine Sekunde zu überlegen; der richtige Name kommt sofort, wie eine Eingebung, was er zweifellos ist, denn ich bin mir sicher, dass er noch vor einer halben Minute nicht in mir war. Ich scheine ein Tier einfach an seiner Gestalt und seinem Verhalten zu erkennen.

Als der Dodo auftauchte, meinte er, es handle sich um eine Wildkatze – ich habe es an seinem Blick gesehen. Aber ich habe ihn gerettet. Und ich war sorgfältig darauf bedacht, seinen Stolz nicht zu verletzen. Ich habe ganz natürlich, in einer Art freudiger Überraschung – und nicht, als ob ich auch nur im Traum daran dächte, ihm etwas mitzuteilen – einfach laut gesagt: »Also, ich muss schon sagen, wenn das kein Dodo ist!« Ich erklärte – ohne dass es sich wie eine Erklärung anhörte –, woher ich wusste, dass es ein Dodo ist; zwar kam er mir ein wenig pikiert vor, weil ich das Geschöpf kannte und er nicht, doch es war unübersehbar, dass er mich bewunderte. Das war sehr angenehm, und ich dachte mehr als einmal dankbar daran, bevor ich einschlief. Wie uns doch eine Kleinigkeit glücklich machen kann, wenn wir spüren, dass wir sie verdienen!

Donnerstag – Mein erster Kummer. Gestern hat er mich gemieden, er wollte anscheinend nicht, dass ich ihn anspreche. Ich wollte es nicht wahrhaben und dachte, es läge ein Irrtum vor, denn ich war gern mit ihm zusammen und hörte ihn gern reden; wie konnte es also sein, dass er unfreundliche Gefühle mir gegenüber hegte, wo ich doch nichts getan hatte? Aber schließlich konnte ich nicht mehr daran zweifeln, also ging ich fort und setzte mich einsam dorthin, wo ich ihn zum ersten Mal gesehen habe, an dem Morgen, als wir geschaffen wurden und ich nicht wusste, was er war, und er mir gleichgültig war; doch jetzt war es ein trauriger Ort, und alles erinnerte an ihn, und mein Herz wurde sehr schwer. Ich wusste nicht genau, warum, denn es war ein neues Gefühl; ich hatte es noch nie empfunden, es war mir ein vollkommenes Rätsel, und ich konnte nicht schlau daraus werden.

Aber als die Nacht kam, hielt ich die Einsamkeit nicht länger aus und ging zu dem neuen Unterschlupf, den er gebaut hat, um ihn zu fragen, was ich falsch gemacht hätte und wie ich es ändern und seine Zuneigung zurückgewinnen könne; aber er schob mich hinaus in den Regen, und das war mein erster Kummer.

Sonntag – Es ist jetzt wieder schön, und ich bin froh; aber ich habe schwere Tage hinter mir. Ich vermeide es, an sie zu denken.

Ich habe versucht, ihm ein paar von diesen Äpfeln zu holen, aber ich schaffe es einfach nicht, gerade zu werfen. Es ist mir also nicht gelungen, aber ich glaube, die gute Absicht hat ihn erfreut. Sie sind verboten, und er sagt, ich würde zu Schaden kommen; aber wenn ich zu Schaden komme, indem ich ihm eine Freude mache, was kümmert mich dann der Schaden?

Montag – Heute Morgen habe ich ihm meinen Namen gesagt in der Hoffnung, dass ihm etwas daran liegt. Aber es war ihm gleichgültig. Das ist seltsam. Wenn er mir seinen Namen sagen würde, wäre mir das nicht gleichgültig. Ich glaube, er klänge mir lieblicher in den Ohren als jeder andere Laut.

Er spricht sehr wenig. Vielleicht, weil er nicht besonders helle ist und es aus Scham nicht zeigen will. Es ist ein Jammer, dass er sich so fühlt, denn ein heller Verstand zählt nicht; die wahren Werte liegen im Herzen. Ich wünschte, ich könnte ihm begreiflich machen, dass ein liebendes gutes Herz der wahre Reichtum ist und der Intellekt allein Armut.

Obwohl er so wenig redet, hat er einen beachtlichen Wortschatz. Heute Morgen gebrauchte er ein erstaunlich gutes Wort. Er hat offenbar selber gemerkt, dass es gut war, denn er hat es noch zweimal eingeflochten, ganz beiläufig. Er tat es nicht sehr geschickt, aber immerhin zeigt es, dass er über ein gewisses Wahrnehmungsvermögen verfügt. Ohne Zweifel ist das ein Samenkorn, das man zum Wachsen bringen kann, wenn man es pflegt.

Wo hatte er das Wort her? Ich glaube nicht, dass ich es je verwendet habe.

Nein, an meinem Namen war ihm nichts gelegen. Ich versuchte, meine Enttäuschung zu verbergen, wahrscheinlich ohne Erfolg. Ich ging weg und setzte mich auf die Moosbank, die Füße im Wasser. Dorthin gehe ich immer, wenn ich Sehnsucht nach Gesellschaft habe, nach jemandem, den ich ansehen und mit dem ich reden kann. Diese liebliche weiße Gestalt, die dort im Teich gemalt ist, genügt mir eigentlich nicht, aber sie ist immerhin etwas; und etwas ist besser als völlige Einsamkeit. Sie redet, wenn ich rede; sie ist traurig, wenn ich traurig bin; sie tröstet mich mit ihrem Mitgefühl; sie sagt: »Sei nicht so niedergeschlagen, armes freundloses Mädchen; ich will deine Freundin sein.« Sie ist mir wirklich eine gute Freundin, meine einzige; sie ist meine Schwester.

Als sie mich das erste Mal im Stich ließ! Ach, nie werde ich das vergessen – nie, nie. Das Herz lag mir bleischwer in der Brust! Ich sagte: »Sie war alles, was ich hatte, und jetzt ist sie weg!« In meiner Verzweiflung sagte ich: »Brich, mein Herz; ich ertrage mein Leben nicht länger!«, und bedeckte mein Gesicht mit den Händen und war untröstlich. Doch als ich die Hände kurz darauf wegnahm, war sie wieder da, weiß und glänzend und wunderschön, und ich sprang ihr in die Arme!

Es war die vollkommene Glückseligkeit; ich hatte Glück schon zuvor erlebt, aber es war nicht wie dieser Rausch. Ich habe später nie wieder an ihr gezweifelt. Manchmal blieb sie weg – mal eine Stunde, mal fast den ganzen Tag, aber ich wartete und zweifelte nicht; ich sagte: »Sie hat zu tun oder sie ist unterwegs, aber sie wird kommen.« Und so war es: Sie kam immer wieder. Wenn es nachts dunkel war, erschien sie nicht, denn sie war ein ängstliches kleines Ding; aber bei Mondschein kam sie immer. Ich habe keine Furcht im Dunkeln, aber sie ist jünger als ich; sie wurde nach mir geboren. Viele, viele Male habe ich sie besucht; sie ist mein Trost und meine Zuflucht, wenn das Leben schwer ist – und das ist es meistens.

Dienstag – Den ganzen Morgen über habe ich unser Grundstück verschönert; von ihm hielt ich mich absichtlich fern in der Hoffnung, er würde sich einsam fühlen und kommen. Tat er aber nicht.

Mittags machte ich Schluss und erholte mich, indem ich mit den Bienen und Schmetterlingen herumtollte und mich an den Blumen erfreute, diesen wunderschönen Geschöpfen, die das Lächeln Gottes aus dem Himmel fangen und aufbewahren! Ich pflückte sie und wand sie zu Kränzen und Girlanden und schmückte mich mit ihnen, während ich zu Mittag aß – natürlich Äpfel; dann ließ ich mich im Schatten nieder und hatte Sehnsucht und wartete. Doch er kam nicht.

Aber es ist gleichgültig. Es wäre nichts dabei herausgekommen, denn er macht sich nichts aus Blumen. Er nennt sie Plunder, kann sie nicht voneinander unterscheiden und hält das für ein Zeichen seiner Überlegenheit. Er macht sich nichts aus mir, er macht sich nichts aus Blumen, er macht sich nichts aus dem leuchtenden Abendhimmel – gibt es irgendetwas, aus dem er sich etwas macht, außer Hütten zu bauen, um sich darin vor dem guten klaren Regen zu verkriechen, und die Melonen zu betatschen, die Weintrauben zu kosten und die Früchte an den Bäumen zu befingern, um zu sehen, wie sein Besitz gedeiht?

Ich legte einen trockenen Stecken auf die Erde und versuchte mit einem zweiten ein Loch hineinzubohren, weil ich etwas Bestimmtes vorhatte, aber da bekam ich einen furchtbaren Schrecken. Ein dünner, durchsichtig bläulicher Schleier stieg von dem Loch auf; ich ließ alles fallen und rannte weg! Ich dachte, es sei ein Geist, und hatte solche Angst! Doch als ich mich umwandte, folgte er mir nicht. Also lehnte ich mich an einen Fels, atmete kräftig durch und ließ meine Beine zittern, bis sie wieder ruhig wurden; dann schlich ich vorsichtig zurück, wachsam und bereit zu fliehen, wenn es nötig wäre. Als ich nah herangekommen war, teilte ich die Zweige eines Rosenbuschs und lugte hindurch – schade, dass der Mann nicht da war, ich sah so süß und hübsch aus –, doch der Geist war verschwunden. Ich trat näher und sah ein wenig feinen rosa Staub in dem Loch. Ich steckte meinen Finger hinein, um festzustellen, wie es sich anfühlte, und rief: *Autsch!* und sofort zog ich ihn wieder heraus. Es war ein heftiger Schmerz. Ich steckte den Finger in den Mund, trat von einem Fuß auf den anderen und stöhnte, und gleich ging es mir besser; da wurde ich neugierig und fing an nachzuforschen.

Ich wollte wissen, was es mit dem rosa Staub auf sich hatte. Plötzlich fiel mir der Name dafür ein, obwohl ich ihn noch nie gehört hatte. Es war *Feuer!* Ich war so sicher, wie jemand sich einer Sache in der Welt nur sicher sein kann. Also gab ich ihm ohne Zögern diesen Namen: Feuer.

Ich hatte etwas geschaffen, das es vorher nicht gegeben

hatte; ich hatte den unzähligen Dingen auf der Welt etwas Neues hinzugefügt; das erkannte ich, und ich war stolz auf meine Leistung, wollte schon zu ihm laufen und ihm davon erzählen, um seine Achtung zu gewinnen – aber ich überlegte es mir anders. Nein – er würde sich nichts daraus machen. Er würde fragen, wozu es nütze wäre, und was konnte ich da antworten? Denn es war nicht nützlich, sondern nur schön, einfach wunderschön …

So seufzte ich und ging nicht hin. Denn es hatte überhaupt keinen Nutzen; es konnte keine Hütte bauen, es konnte keine Melonen reifen, es konnte keine Ernte beschleunigen; es war nutzlos, es war nur Unvernunft und Eitelkeit; er würde es verachten und verletzende Worte sagen. Doch für mich war es nicht verachtenswert; ich sagte: »Oh, du Feuer, ich liebe dich, du reizendes rosa Geschöpf, denn du bist *schön* – und das genügt!«, und wollte es an meine Brust drücken. Doch ich nahm davon Abstand. Stattdessen stellte ich eine weitere Lebensregel auf, ganz allein, aber sie ähnelt so sehr der ersten, dass ich fürchte, sie ist nur ein Abklatsch: *»Gebranntes Experiment scheut das Feuer.«*

Ich arbeitete weiter; und als ich eine reichliche Menge Feuerstaub hergestellt hatte, schüttete ich ihn auf eine Handvoll trockenes braunes Gras, um das Feuer mit nach Hause zu nehmen, es für immer zu behalten und mich damit zu vergnügen; doch der Wind blies hinein, es flog auf und spuckte mich heftig an, und ich ließ es fallen und rannte weg. Als ich zurückblickte, erhob sich der blaue Geist turmhoch, dehnte sich aus und wurde fortgetrieben wie eine Wolke, und im Nu fiel mir sein Name ein – *Rauch!* –, obwohl ich beschwören kann, dass ich noch nie von Rauch gehört hatte.

Bald schossen blendende gelbe und rote Lichter durch

den Rauch, und ich gab ihnen sogleich einen Namen – *Flammen* – und lag auch damit richtig, obwohl es die allerersten Flammen der Welt waren. Sie kletterten die Bäume hinauf, sie blitzten prächtig in und aus der riesigen wachsenden Masse sich wälzenden Rauches, und ich musste einfach in die Hände klatschen und lachen und tanzen vor Entzücken, es war so neu und fremd und wundervoll und schön!

Er kam gerannt, blieb stehen und starrte und sagte minutenlang kein Wort. Dann fragte er, was das sei. Ach, es war zu schade, dass er eine so direkte Frage stellte. Ich musste sie natürlich beantworten. Ich sagte, es sei Feuer. Wenn es ihn ärgerte, dass ich es wusste und er erst fragen musste, dann war es nicht meine Schuld; ich wollte ihn nicht verärgern. Nach einer Pause fragte er:

»Woher kommt es?«

Noch eine direkte Frage, und sie musste genauso direkt beantwortet werden.

»Ich habe es gemacht.«

Das Feuer bewegte sich immer weiter weg. Er trat an den Rand der verbrannten Fläche und schaute zu Boden und fragte:

»Was ist das?«

»Holzkohle.«

Er hob ein Stück auf, um es zu begutachten, änderte aber seine Meinung und ließ es wieder fallen. Dann ging er fort. *Nichts* interessiert ihn.

Aber mich interessierte es. Es gab nun Asche, grau und zart und fein und hübsch – ich wusste sofort, was es war. Und Glut; ich erkannte auch, dass es Glut war. Ich fand meine Äpfel, scharrte sie heraus und freute mich; denn ich bin sehr jung und habe regen Appetit. Aber zu meiner Enttäuschung waren sie alle aufgeplatzt und verdorben. Scheinbar verdorben; aber nicht wirklich; sie schmeckten besser als frische. Feuer ist wunderbar; eines Tages wird es von Nutzen sein, glaube ich.

Freitag – Ich habe ihn wieder gesehen, für einen Augenblick, letzten Montag, bei Einbruch der Dunkelheit, aber wirklich nur für einen Augenblick. Ich hoffte, er würde mich dafür loben, dass ich versucht hatte, unser Grundstück zu verschönern, denn ich hatte es gut gemeint und hart gearbeitet. Aber er war nicht erfreut, drehte sich um und verließ mich. Auch bei einer anderen Begegnung war er verärgert: Ich versuchte noch einmal ihm auszureden, den Wasserfall hinunterzurutschen. Und zwar deshalb, weil das Feuer mir ein neues Gefühl offenbart hat – ganz neu und deutlich anders als Liebe, Leid und die übrigen Gefühle, die ich schon kannte – *Furcht*. Und sie ist entsetzlich! Ich wünschte, ich hätte sie nie kennengelernt; sie bereitet mir düstere Stunden, sie zerstört mein Glück, sie macht mich zittern und schaudern. Aber ich konnte ihn nicht überzeugen, er kennt die Furcht noch nicht, und so konnte er mich nicht verstehen.

Auszug aus Adams Tagebuch

Vielleicht sollte ich berücksichtigen, dass sie noch sehr jung ist, bloß ein Mädchen, und sollte großzügiger sein. Sie ist ganz Neugier, Eifer, Lebhaftigkeit, die Welt ist für sie ein Zauber, ein Wunder, ein Geheimnis, ein Spaß; sie bringt vor Glück kein Wort heraus, wenn sie eine neue Blume findet, sie muss sie herzen und liebkosen, sie muss an ihr riechen, zu ihr sprechen und sie mit liebevollen Namen überhäufen. Und sie ist vernarrt in Farben: brauner Fels, gelber Sand, graues Moos, grünes Blattwerk, blauer Himmel; das Perlweiß der Morgendämmerung, die violetten Schatten auf den Bergen, die goldenen Inseln, die bei Sonnenuntergang auf dem Karmesinrot des Meeres treiben, der bleiche Mond, der durch die Wolkenfetzen segelt, die Sternjuwelen, die in der Wüstenei des Weltraums glitzern – nichts davon hat, soweit ich sehe, irgendeinen praktischen Wert, doch weil sie Farbe und Majestät haben, genügt ihr das, und sie verliert darüber den Verstand. Wenn sie sich beruhigen und ein paar Minuten hintereinander still sein könnte, wäre es ein friedvoller Anblick. In diesem Fall, glaube ich, würde ich sie gerne ansehen; ich bin mir dessen sogar sicher, denn mir wird allmählich klar, dass sie ein bemerkenswert attraktives Geschöpf ist – geschmeidig, schlank, zierlich, wohlgerundet und geformt, gewandt, anmutig; als sie einmal marmorweiß und sonnenüberflutet auf einem Felsen stand, den jungen Kopf in den Nacken gelegt, mit der Hand ihre Augen beschirmend, um dem Flug eines Vogels am Himmel zu folgen, erkannte ich, dass sie schön war.

Montagmittag – Wenn es irgendetwas auf der Welt gibt, für das sie sich nicht interessiert, kommt es auf meiner Liste nicht vor. Es gibt Tiere, die lassen mich kalt, doch bei ihr ist das anders. Sie macht keinen Unterschied, sie nimmt sich eines jeden an, sie hält sie alle für kostbar, jedes neue ist ihr willkommen.

Als der riesige Brontosaurus ins Lager gestapft kam, sah sie in ihm eine Bereicherung, ich dagegen eine Katastrophe; das ist ein gutes Beispiel dafür, wie wenig wir in unseren Ansichten übereinstimmen. Sie wollte ihn an uns gewöhnen, ich wollte ihm unsere Heimstatt zum Geschenk machen und ausziehen. Sie meinte, er könne durch freundliche Behandlung gezähmt werden und dann ein gutes Haustier abgeben; ich sagte, ein Haustier, das einundzwanzig Fuß hoch und vierundachtzig Fuß lang ist, ist keines, das man bei sich haben möchte. Selbst mit den besten Absichten und ohne etwas Böses im Sinn zu haben, könnte er sich auf unser Haus setzen und es zermalmen. Denn seinen Augen war die Geistesabwesenheit anzusehen.

Doch sie hatte ihr Herz an das Ungeheuer gehängt und konnte nicht mehr davon lassen. Sie meinte, wir könnten mit ihm eine Milchwirtschaft gründen, ich sollte ihr beim Melken helfen; ich lehnte aber ab; es war mir zu gefährlich. Das Geschlecht war nicht das richtige, und außerdem hatten wir keine Leiter. Dann wollte sie auf ihm reiten und sich die Landschaft anschauen. Dreißig oder vierzig Fuß seines Schwanzes lagen auf dem Boden, wie ein umgefallener Baum, und sie meinte, sie könnte hinaufklettern, aber da irrte sie sich; als sie an die steile Stelle kam, war es zu glitschig, und sie fiel herunter und hätte sich verletzt, wenn ich nicht da gewesen wäre.

Gab sie sich nun zufrieden? Nein. Außer einem handfesten Beweis stellt nichts sie zufrieden; ungeprüfte Theorien sind nicht ihr Fall, und sie will nichts davon wissen. Das ist zugegebenermaßen die richtige Einstellung; ich fühle mich davon angezogen und merke, wie sie mich beeinflusst; wenn ich mehr mit ihr zusammen wäre, könnte ich sie mir vielleicht zu eigen machen. Tja, und sie hatte noch eine Idee für diesen Koloss zur Hand: Sie meinte, wenn wir ihn zähmen und freundlich stimmen könnten, dann könnten wir ihn in den Fluss stellen und als Brücke benutzen. Es zeigte sich, dass er schon reichlich zahm war – zumindest, soweit es sie betraf –, also probierte sie es aus, doch ohne Erfolg: Jedes Mal, wenn sie ihn richtig im Fluss aufgestellt hatte und ans Ufer kam, um auf ihm den Fluss zu überqueren, kam er heraus und lief ihr nach, wie ein anhänglicher Berg. Wie die anderen Tiere. Sie machen es alle so.

Evas Tagebuch

(Fortsetzung)
Freitag – Dienstag – Mittwoch – Donnerstag – und heute: all die Tage, ohne ihn zu sehen. Die Zeit wird einem lang, so allein; aber lieber allein sein als unwillkommen.

Ich *brauchte* einfach Gesellschaft – dafür war ich geschaffen, glaube ich –, also freundete ich mich mit den Tieren an. Sie sind einfach reizend, und so freundlich und rücksichtsvoll; nie blicken sie missmutig drein, nie geben sie einem das Gefühl, dass man sich aufdrängt, sie lächeln dich an und wedeln mit dem Schwanz, sofern sie einen haben, und sie sind immer zu einer Balgerei aufgelegt, einem Ausflug oder was auch immer man vorschlägt. Ich finde, sie sind vollkommene Kavaliere. All diese Tage haben wir uns bestens vergnügt, und ich habe mich nie einsam gefühlt.

Einsam? Nein, das kann ich nicht sagen! Denn ich bin immer von einer ganzen Horde umgeben – manchmal erstreckt sie sich über ein bis zwei Hektar –, sie lassen sich nicht mehr zählen; steht man auf einem Felsen mittendrin und lässt den Blick über diese pelzige Weite schweifen, dann herrscht da ein solches Gewimmel und Gewusel, lustig buntes Gerangel und Gewedel mit Sonnenblitzen und Gekräusel und Streifen, dass man meinen könnte, es handle sich um einen See, nur weiß man, es ist keiner; und dann diese Stürme von Vogelschwärmen und Orkane von schwirrenden Flügeln; und wenn die Sonne auf diesen gefiederten Tumult trifft, dann ist es wie ein Auflodern aller Farben, die man sich nur denken kann, genug, dass einem die Augen übergehen.

Wir haben weite Ausflüge unternommen, und ich habe viel von der Welt gesehen; fast alles, glaube ich; und damit bin ich die erste und die einzige Reisende. Wenn wir unterwegs sind, geben wir ein eindrucksvolles Bild ab – es gibt nirgendwo etwas Vergleichbares. Aus Bequemlichkeit reite ich einen Tiger oder Leoparden, weil sie weich sind und einen runden, mir bequemen Rücken haben und weil es so schöne Tiere sind; doch für längere Strecken oder um gute Aussicht zu haben, reite ich den Elefanten. Der hievt mich mit seinem Rüssel hoch, aber herunter komme ich alleine; wenn wir eine Rast einlegen wollen, lässt er sich nieder, und ich rutsche seinen Rücken hinab.

Die Vögel und Tiere sind alle freundlich zueinander, und es gibt keinerlei Streit. Sie reden alle, sie reden auch alle mit mir, aber es muss eine fremde Sprache sein, denn ich verstehe kein Wort von dem, was sie sagen; doch oft verstehen sie mich, wenn ich antworte, vor allem der Hund und der Elefant. Das beschämt mich. Es zeigt, dass sie klüger sind als ich und folglich über mir stehen. Das ist ärgerlich, denn ich möchte selbst das Hauptexperiment sein – und ich habe auch fest vor, es zu sein.

Ich habe eine Menge gelernt und bin jetzt gebildet; das war ich keineswegs von Anfang an. Zuerst war ich unwissend. Da regte es mich mächtig auf, dass ich es trotz eingehender Beobachtungen nie schaffte, zur Stelle zu sein, wenn das Wasser aufwärts floss; aber jetzt stört mich das nicht mehr. Ich habe unentwegt Versuche angestellt, so dass ich jetzt weiß, dass es nur im Dunkeln aufwärts fließt. Dass es im Dunkeln aufwärts fließt, weiß ich, weil der Teich nie austrocknet, was er müsste, wenn das Wasser nicht nachts zurückkäme. Es ist am besten, etwas durch echte Experimente zu beweisen; dann kann man etwas wissen; wenn man dagegen auf Raten und

Mutmaßen und Spekulieren angewiesen ist, wird man nie gebildet.

Manche Dinge *kann* man nicht herausfinden; aber das erfährt man nicht durch Raten und Mutmaßen: Nein, man muss geduldig sein und weiter experimentieren, bis man herausfindet, dass man es nicht herauskriegen kann. Und es ist wunderbar, dass das so ist, es macht die Welt so interessant. Gäbe es nichts herauszufinden, wäre sie langweilig. Schon der Versuch, etwas herauszufinden und es dann doch nicht herausfinden, ist ebenso interessant wie der Versuch, etwas herauszufinden und es tatsächlich herausfinden – eigentlich sogar noch interessanter. Das Geheimnis des Wassers war wie ein Schatz für mich, bis ich ihn *entdeckt* hatte; dann war aller Reiz genommen, und es blieb nur Leere.

Durch Ausprobieren weiß ich, dass Holz schwimmt, und ebenso trockene Blätter und Federn und viele andere Dinge; es spricht also alles dafür, dass auch ein Felsen schwimmen kann; doch muss man es bei diesem Wissen bewenden lassen, denn es gibt bislang keine Möglichkeit, es zu überprüfen. Aber ich werde einen Weg finden – und dann wird auch diese Sache ihren Reiz verlieren. Das macht mich traurig; denn wenn ich nach und nach alles herausgefunden habe, wird es nichts Aufregendes mehr geben, und ich liebe die Aufregung so! Neulich konnte ich vor lauter Nachdenken darüber die ganze Nacht nicht schlafen.

Erst war es mir schleierhaft, wozu ich geschaffen bin, aber jetzt glaube ich, ich soll die Geheimnisse dieser wundervollen Welt ergründen und mich freuen und dem Stifter alles dessen dafür danken, dass er sie sich ausgedacht hat. Ich denke, es gibt noch viel zu lernen – ich hoffe es; und wenn ich es mir gut einteile und nichts übereile, wird es hoffentlich noch Wochen und Wochen vorhalten. Wenn man eine Feder hochwirft, segelt sie auf der Luft davon, bis man sie nicht mehr sieht; dann wirft man einen Erdklumpen in die Luft, und er tut das nicht. Er fällt runter, jedes Mal. Ich habe es immer wieder versucht, und es ist immer so. Ich frage mich, warum? Natürlich fällt er *nicht* herunter, aber warum *scheint* es so zu sein? Ich glaube, es ist eine optische Täuschung. Ich meine, eines von beiden muss eine sein, ich weiß nur nicht, welches. Es kann die Feder, es kann der Erdklumpen sein; ich kann nicht beweisen, was von beiden, ich kann nur zeigen, dass eines von beiden ein Schwindel ist, welches, muss jeder selbst entscheiden.

Durch Beobachtung weiß ich, dass die Sterne nicht lange halten werden. Ich habe einige der schönsten schmelzen und den Himmel hinabrutschen sehen. Wenn einer schmelzen kann, können alle schmelzen; wenn alle schmelzen können, können auch alle in einer Nacht schmelzen. Dieses Unglück ist unvermeidlich – ich weiß es. Ich habe vor, jede Nacht aufzubleiben und sie zu betrachten, solange ich wach bleiben kann; und ich will mir diese funkelnden Gefilde einprägen, so dass ich nach und nach, wenn sie einmal verschwunden sind, in meiner Vorstellung die zauberischen Myriaden am schwarzen Himmel wiederherstellen, sie wieder zum Funkeln bringen und mit meinen Tränen verdoppeln kann.

Nach dem Sündenfall

Wenn ich zurückblicke, erscheint mir der Garten wie ein Traum. Er war schön, wunderschön, berauschend schön; jetzt ist er verloren, und ich werde ihn nie wiedersehen.

Der Garten ist verloren, aber ich habe *ihn* gefunden

und bin glücklich. Er liebt mich so gut er kann; ich liebe ihn mit aller Kraft meiner leidenschaftlichen Natur, das entspricht, glaube ich, meiner Jugend und meinem Geschlecht. Wenn ich mich frage, warum ich ihn liebe, stelle ich fest, dass ich es nicht weiß, und ich gäbe auch nicht sonderlich viel darum, es zu wissen; also nehme ich an, dass diese Art von Liebe nicht das Ergebnis von Gründen und deren Aufzählung ist, wie die Liebe zu anderen Reptilien und Tieren. Ich glaube, so muss es sein. Ich liebe bestimmte Vögel ihres Gesanges wegen; aber Adam liebe ich nicht um seines Gesanges willen – nein, beileibe nicht; je mehr er singt, desto weniger kann ich mich damit anfreunden. Und doch bitte ich ihn zu singen, weil ich lernen will, alles zu mögen, was ihm gefällt. Ich bin sicher, dass ich das lernen kann, denn am Anfang konnte ich es überhaupt nicht aushalten, und jetzt kann ich's. Die Milch wird sauer davon, aber das macht nichts; ich kann mich an diese Art Milch gewöhnen.

Ich liebe ihn nicht wegen seiner Klugheit – nein, keineswegs. Man kann ihm wegen seiner Intelligenz, so wie sie ist, keine Vorwürfe machen, denn er hat sie ja nicht selbst gemacht; Adam ist, wie Gott ihn schuf, und das genügt. Es liegt darin ein weiser Zweck, *das* weiß ich. Mit der Zeit wird sie sich entwickeln, aber sehr rasch wird das wohl nicht geschehen; und abgesehen davon hat es auch keine Eile; er ist gut genug, so wie er ist.

Ich liebe ihn nicht seiner gütigen und rücksichtsvollen Art und seines Zartgefühls wegen. Nein, nein, daran mangelt es ihm eher, aber er ist auch so gut genug, und er bessert sich.

Ich liebe ihn nicht wegen seines Fleißes – nein, keineswegs. Ich glaube, der steckt in ihm, aber ich weiß nicht, warum er ihn vor mir verbirgt. Das ist mein einziger

Kummer. Sonst ist er mir gegenüber jetzt offen und geradeheraus. Ich bin mir sicher, dass er weiter nichts verheimlicht. Es grämt mich, dass er ein Geheimnis vor mir haben könnte, und manchmal raubt es mir den Schlaf, wenn ich daran denke, aber ich will es mir aus dem Kopf schlagen; ich werde mein Glück nicht trüben, das ansonsten bis zum Überfließen voll ist.

Ich liebe ihn nicht seiner Bildung wegen – nein, keineswegs. Er hat sie sich selbst angeeignet und weiß wirklich eine Menge, aber er sitzt vielen Irrtümern auf.

Ich liebe ihn nicht wegen seiner Ritterlichkeit – nein, keineswegs. Er hat mich verpetzt, aber das mache ich ihm nicht zum Vorwurf; ich glaube, es ist eine Eigenheit seines Geschlechts, und er hat sein Geschlecht nicht gemacht. Natürlich hätte ich ihn nicht verpetzt, eher wäre ich gestorben; aber das ist auch eine geschlechtsbedingte Eigenheit, und ich bilde mir darauf nichts ein, denn auch ich habe mein Geschlecht nicht gemacht.

Warum liebe ich ihn dann? *Einfach, weil er ein Mann ist*, glaube ich.

Im Grunde ist er gut, und darum liebe ich ihn, aber ich könnte ihn auch ohne das lieben. Wenn er mich schlüge und misshandelte, ich würde ihn trotzdem lieben. Das weiß ich. Ich glaube, es ist eine Frage des Geschlechts.

Er ist stark und sieht gut aus, darum liebe ich ihn, ich bewundere ihn und bin stolz auf ihn, aber ich könnte ihn auch ohne diese Eigenschaften lieben; wäre er hässlich, ich würde ihn auch lieben; wäre er ein Krüppel, ich würde ihn lieben und ich würde für ihn arbeiten und mich für ihn zerreißen und für ihn beten und an seinem Bett wachen, bis zu meinem Tod.

Ja, ich glaube, ich liebe ihn nur, weil er *mein* und weil er ein *Mann* ist. Es gibt vermutlich keinen anderen Grund.

Also denke ich, es ist, wie ich anfangs sagte: dass diese Art Liebe nicht auf Gründen und deren Aufzählung beruht. Sie *kommt* einfach – keiner weiß, woher – und man kann sie nicht erklären. Und das ist auch nicht nötig.

Das also denke ich. Aber ich bin nur ein junges Ding, die Erste, die diesen Gegenstand bedacht hat, und es könnte sich herausstellen, dass ich ihn in meiner Unwissenheit und Unerfahrenheit nicht richtig aufgefasst habe.

Vierzig Jahre später

Mein Gebet, meine Sehnsucht ist, dass wir gemeinsam aus diesem Leben scheiden – eine Sehnsucht, die nie mehr von der Erde weichen möge, sondern im Herzen jeder Frau, die liebt, Platz finden soll, bis an das Ende der Zeit; und sie soll meinen Namen tragen.

Aber wenn einer von uns zuerst gehen muss, so bete ich, dass ich es sein möge; denn er ist stark, und ich bin schwach, er braucht mich nicht so sehr wie ich ihn – ein Leben ohne ihn wäre kein Leben; wie sollte ich es ertragen? Und dieses Gebet ist unsterblich und wird gesprochen werden, solange es meinesgleichen gibt. Ich bin die erste Ehefrau; und noch in der letzten Ehefrau werde ich vorhanden sein.

An Evas Grab

Adam: Wo sie war, war das Paradies.

Diana Hillebrand

Das letzte seiner Art

Ich lernte Nina auf einer dreiteiligen Matratze kennen. Ohne Bettlaken. Immer wenn wir uns bewegten, rutschten die Teile ein Stück weiter auseinander und dann landete Nina mit ihrem nackten Hintern in den Lücken dazwischen. Es musste kalt gewesen sein auf dem Laminat. Beschwert hat sie sich nie. Während wir uns liebten, schoben wir die Matratzenstücke wie schwimmende Inseln vor uns her. Wir krallten, rissen und zerrten daran, zogen am Ufer des Baumwoll-Polyester-Bezugs entlang und ließen uns schließlich in den weichen Komfort von Polyethylen und Stahlfederkern sinken. Am Ende unserer Liebesreise besetzte jeder von uns nackt und siegessicher seine Insel – nahe genug, um die Fingerspitzen des anderen zu berühren.

»Peer«, flüsterte Nina dann über den Ozean unserer Studentenbude hinweg und mich überzog es mit glühendem Eis. Diese Matratze verband uns mehr als jedes andere Möbelstück, das wir besaßen. Wir nannten sie Molly.

Mindestens drei Mal zogen wir mit Molly um. Stapelten sie in den Bully eines Freundes, luden sie aus und schoben die Stücke in der neuen Wohnung vor den Augen der anderen ordentlich zusammen. Wir taten unschuldig, aber unsere Blicke verfingen sich in dem geheimen Wissen um unsere kommenden Reisen.

Molly war mehr als ein Bett, sie war Vertraute, unser Flaggschiff, mit dem wir den Ozean unserer Liebe erkundeten. Das ging ein paar Jahre so. Doch eines Tages schleppte Nina Molly auf den Dachboden. Ein richtiges Bett sollte her: Bettgestell, Lattenrost und Kaltschaummatratze.

Ich wäre gern noch ein paar Jahre auf Molly weitergeschippert. Aber Nina wollte nicht. Sie meinte, unsere wilden Studentenjahre seien vorbei und es sei an der Zeit, unser Leben und unsere Liebe in ordentliche Laken zu wickeln. So hatte sie es natürlich nicht gesagt, sondern eher etwas wie: »Peer – wir müssen mal über Molly reden.«

Allein schon, wie sie meinen Namen aussprach, machte mich jedes Mal wachsweich. Ich wurde Zucker. Ich karamellisierte und verfeuerte meine gesamte Energie damit, es mir nicht anmerken zu lassen. Nina zog den Doppelvokal meines Namens behutsam in die Länge, mit wenig Stimme, aber mehr als nur einem Hauch. Sie vermochte ihrer Stimme etwas Raues mitzugeben. Vollmilchschokolade mit Krokant. Ihr Atem streifte meinen Nacken und zündete eine Kettenreaktion in meinem Körper. Ich kämpfte nicht dagegen an, ich gehorchte.

Dann hatte Nina in der Zeitung von »einer ganz tollen« Aktion eines neuen Möbelhauses gelesen: *Verbringen Sie eine Nacht bei RatzFatz in Ihrem Traumbett und nehmen Sie es anschließend gleich mit nach Hause!*

Ohne mir etwas zu sagen, hatte sie sich in unserem Namen beworben. Ich werde ihr niemals verzeihen, was sie über Molly schrieb: »Wir haben unsere Alte verlassen und suchen eine Neue!« Die Geschichte eines nicht mehr ganz jungen Paares, das sein bisheriges Leben auf einer dreiteiligen Matratze fristete, hatte offenbar so etwas wie Mitleid ausgelöst, jedenfalls waren wir ausgewählt worden. Jetzt fand ich Nina im Schlafzimmer, das sich ohne Molly seltsam leer anfühlte. Sie war gerade dabei, eine Reisetasche für die Möbelhausnacht zu packen.

»Meinst du, dass wir im Bett essen?«

Ich starrte sie an. »Wir müssen ja hoffentlich nicht wirklich die ganze Zeit im Bett verbringen, oder? Außerdem muss ich noch mal sagen, dass ich das Molly gegenüber …«

»Doch. Das ist ja gerade das Lustige daran. Morgen geht's los.« Sie trat nahe an mich heran, streute Knusperkrokant in ihre Stimme. »Peer, stell dir das doch mal vor: wir beide ganz lange zusammen im Bett. Das hat dir doch früher immer so viel Spaß gemacht! Mist, wo ist mein Pyjama?«

»Ja, aber zum Essen sind wir immer aufgestanden.«

Ninas wühlte wie besessen im Schrank herum.

»Das gibt es doch nicht … Ist doch witzig, wenn wir das Essen ans Bett bekommen. Wir müssen uns um nichts kümmern. Einfach nur daliegen und …«

»Und was ist, wenn ich auf die Toilette muss? Oder soll ich etwa ins Bett pinkeln?«

Nina zog ihren Kopf aus dem Schrank. Ihre Haare waren zerwühlt, die Augen glühten. Verdammt, sie sah so gut aus. Ich hätte sie geküsst, ich hätte alles mit ihr angestellt, wenn sie uns diesen Affenzirkus nicht eingebrockt hätte.

»Nein, du musst natürlich nicht ins Bett pinkeln. So ein Möbelhaus hat Toiletten, weißt du.« Sie grinste. »Aber du solltest auch einen Pyjama einpacken. Sicher wird eine ganze Menge Presse da sein und …«

»Presse!« Ich sagte es nicht, ich schrie es.

»Na, was glaubst du denn? Die lassen sich doch so eine Sache nicht entgehen! Drei Paare, die eine Nacht in den Betten eines …«

»Drei? Wieso drei? Ich dachte, wir sind allein!«

Entnervt und mit dem Gefühl, dass mein Leben mir entglitt, rutschte ich an der Wand nach unten und setzte mich auf dem Boden. Ich hatte ein lebhaftes Bild vor mir: drei Betten inmitten eines Möbelhauses und ein Haufen Menschen, die uns beim Schlafen zusahen, uns beobachteten, Fotos machten. In Gedanken zog ich mir die Decke über den Kopf.

»Ich will Molly.«

Nina runzelte die Stirn und ich erkannte, wie vergänglich Schönheit sein kann. Jedenfalls fand ich Nina auf einmal nicht mehr so schön. Ich wandte mich ab.

»Jetzt sei nicht albern.« Nina kam, setzte sich neben mich und legte den Arm um meine Schultern. »Komm, stell dich nicht so an. Wir machen es uns schön, ja?«

»Klar, mit einer Horde Fotografen und dreiundzwanzig RatzFatz-Kundendienstmitarbeitern, die stundenlang ihren Kopf auf unsere Bettdecke legen.«

»Es gibt auch drei Garnituren Traumwelt-Bettwäsche dazu.«

»Toll.«

Ich stand auf, stieg auf den Dachboden und holte Molly wieder ins Schlafzimmer. Nina warf mir einen Blick zu, der Häuser hätte zum Einstürzen bringen können. Ich zuckte mit den Schultern.

»Du willst heute Nacht bestimmt nicht auf dem Fußboden schlafen, oder?«

In dieser Nacht, die wir auf Molly verbrachten, hatte ich das Gefühl eines Halbsieges im Kopf. Doch es sollte den nächsten Morgen nicht überleben. Nina machte mir unmissverständlich klar, dass sie die Sache durchziehen wollte. Sie machte unsere Beziehung von einer Nacht im Bett des RatzFatz-Möbelhauses abhängig. Ich gab nach.

Als wir am Möbelhaus eintrafen, war es genau so, wie ich erwartet hatte: Eine Traube von Fotografen und sensationsgierigen Zeitgenossen, die drei Paaren beim Schlafen zusehen wollten, flankierten einen Filialleiter in einem roten Sakko, der mit ausgestreckter Hand auf uns zueilte. »Willkommen, willkommen im RatzFatz-Möbelhaus. Mit Ihnen sind wir dann also vollzählig.« Der Rest seines Gefasels ging in der Geräuschkulisse der auslösenden Kameras und der Umherstehenden unter. Nina nahm meine Hand und lächelte. Sie kann das. Nina hat für jede Situation ein passgenaues Lächeln in petto. Wir folgten dem Sakko ins Möbelhaus, im Schlepptau lauter Verrückte. Ich dachte scharf darüber nach, wie ich mich an Nina rächen konnte.

Im Herzen des Möbelverkaufsparadieses bat uns das Sakko zusammen mit den beiden anderen Paaren auf eine behelfsmäßige Bühne. Wie ein Prophet öffnete er die Arme, bevor er seine Ansprache begann: »Ich freue mich sehr, dass Sie heute so zahlreich zu uns gefunden haben, um unseren lieben Paaren …«, er zeigte mit dem ausgestreckten Zeigefinger auf uns, »… beizustehen.«

Ich musste wohl ein recht verächtliches Grunzen von mir gegeben haben. Jedenfalls quetschte Nina meine Hand und warf mir einen warnenden Blick zu. Das Sakko rieb sich die Hände, als hätte er gerade eine Hochglanzküche samt Elektrogeräten verkauft, und klebte sich ein fettiges Grinsen ins Gesicht. »Dann darf ich die Herausforderer nun bitten, sich in ihre Nachtwäsche zu kleiden und sich auf die Suche nach ihrem RatzFatz-Traumbett zu machen. Ich bin überzeugt, dass sie fündig werden.« Applaus brandete auf.

In einer extra aufgestellten Umkleidekabine packte ich Nina an den Schultern.

»Komm, lass uns abhauen.«

Aber Nina schüttelte den Kopf und demontierte alle weiteren Worte mit einem Kuss. »Komm schon, Peer, wir schaffen das.«

Und dann verriet mir dieses Klasseweib, dass sie vor einigen Tagen schon einmal hier gewesen war, um das ultimative Bett auszukundschaften. Sie hatte es gefunden im dritten Stock, ganz hinten links.

»Es ist ein Traum, Peer. Alles, was wir tun müssen, ist, jetzt auf dem schnellsten Weg dorthin zu laufen, besetzen und fertig. Das können wir doch. Jetzt zieh dich um, ja.«

Ich wusste, es war ein Wahnsinn. Ich wusste es, als ich mit einem niemals zuvor getragenen blau-weiß gestreiften Pyjama und Nina an der Hand durch die grölende Menge rannte. Ich wusste es, als wir bemerkten, dass Paar zwei denselben Weg nahm, uns abdrängte, überholte und mit einem olympischen Sprung in *unserem* Bett landete. Sofort rissen sie sich die Bettdecke bis zum Kinn hoch. Nina stieß schneidend die Luft zwischen ihren Zähnen aus. »Das ist unser Bett.«

»Wir waren aber zuerst da«, antwortete Paar zwei wie einstudiert. Der Tross unserer Verfolger hielt den Atem an. Willkommen zurück im Kindergartenalter.

Nina zischte und fixierte aus den Augenwinkeln den Filialleiter, ohne jedoch ihr Bett aus den Augen zu lassen: »Bestimmt haben Sie noch genauso ein Bett.«

Sie wies auf das Bett.

Das Sakko hob hilfesuchend die Arme: »Es ist das letzte seiner Art. Tut mir leid.«

Nina war beleidigt, und ich gönnte ihr in diesem Moment diese Niederlage aus ganzem Herzen. Das rote Sakko merkte, dass die Stimmung kippte, und klatschte in die Hände. »Aber wir haben doch noch andere, wirklich sehr schöne Betten.«

Und kaum zu glauben: Nina ließ sich überreden, ein anderes Bett zu beziehen. Wir stiegen in irgendwas aus hellem Ahorn mit Flechtoptik. Im Bett erfuhren wir, dass Paar drei im Zuge der allgemeinen Jagd spurlos verschwunden war. Sie hatten das Weite gesucht. Insgeheim beglückwünschte ich die beiden für diese vorausschauende, kluge Reaktion.

Kaum lagen wir in unseren Betten, wurden wir von einigen kräftigen Kerlen der Abteilung Möbelpacker mitsamt Bett unter den begeisterten Rufen der Menge emporgehoben und durch das Ladengeschäft getragen. Ziel unserer Reise waren drei getrennte Schaufensterbereiche, in die geschickte Dekorateure jeweils ein Schlafzimmerambiente gezimmert hatten. Jedes Bett bekam sein eigenes Schaufenster. Bereich drei blieb frei. Nachdem man uns positioniert hatte, schoben sich die Schaulustigen nach draußen vor das Schaufenster. Es wurde gelacht und geknipst, Kinder drückten ihre Nasen an die Scheibe, gedämpft drangen die Geräusche zu uns.

»Mama, schlafen die jetzt da drin?«

Ich sah Nina an. »Das ist wirklich das Blödeste, was dir jemals eingefallen ist.«

Nina sagte nichts. Während wir mit verschränkten Armen schweigend aufrecht im Bett saßen, ging Paar zwei im Schaufenster nebenan in die Offensive und begann eine Unterhaltung mit den Zuschauern draußen.

»Es ist wirklich sehr gemütlich hier drinnen!«, schrien sie.

Ich hielt mir die Ohren zu. »Wer entscheidet eigentlich darüber, wer das Bett gewinnt?«, fragte ich Nina.

»Die da.« Sie zeigte auf das Schaufenster. »Draußen gibt es einen Briefkasten, da können sie ihre Stimme abgeben.«

»Ach.«

Paar zwei plärrte weiterhin mit seinen Zuschauern. Offenbar hatten sie eine Kissenschlacht begonnen, jedenfalls wurden sie lautstark angefeuert.

Nina seufzte und sah mich an. In ihren Augen glitzerte es verdächtig. War sie etwa kurz davor zu weinen? Meine Nina, die, wenn überhaupt, dann nur aus tief empfundener Wut weinte. Die Tränen, die ich jetzt erahnte, kamen einer Kapitulation gleich und sie tropften Löcher in mein Herz.

»Ich hätte dich nicht herbringen sollen, Peer. Es tut mir leid.«

»Es wird abgestimmt, sagst du?«

»Ja.«

»Das heißt, wenn Paar Schreihals nebenan verliert, dann können sie ›unser‹ Bett nicht mitnehmen?«

»Nein, nur ein Paar kann gewinnen.«

»Dann sollten wir uns jetzt etwas einfallen lassen.«

Ich fing Ninas Blick ein. »Wie meinst du das?«

Ich nahm ihr Gesicht in meine Hände. Draußen wurde gejohlt. Ich achtete nicht darauf, sondern sah nur Ninas Augen, die gerade von Helioblau auf Ultramarin wechselten.

»Vergiss alles.«

Und dann verfingen wir uns in einem endlosen Kuss, der sämtliche Schaulustige von Schaufenster zwei für immer abzog. Den restlichen Tag zogen wir eine Show ab.

Genau genommen war es keine Show, wir waren es. Nina und ich. Ich und Nina. Ich lackierte ihre Fußnägel in Dunkelrot und Hellblau. Sie rasierte mich, zog den Rasierer in einem einzigen waghalsigen Schwung vom Kinn bis zum Hals. Ich kämmte ihre Haare, massierte ihre Füße, war Untergebener und Besitzer zugleich. Nina griff in meinen Nacken, spielte mit mir. Es war, als folgten wir einem geheimen Spielplan. Wir sprachen nicht, wir kommunizierten auf einer Ebene ohne Worte. Die Menschen draußen schmolzen zu einem bunten Knäuel zusammen, das für uns jegliche Bedeutung verloren hatte. Lachend schoben wir uns Erdbeeren in den Mund. Das Weinglas schmiegte sich weich auf unsere Lippen. Unsere Seelen lagen ausgebreitet da – die Knöpfe unserer Pyjamas blieben verschlossen.

Als es dunkel wurde, hatten die meisten Zuschauer ihren Beobachtungsposten verlassen. Nur zwei Journalisten schossen noch ein paar Fotos, dann zogen auch sie ab. Der Parkplatz vor unserem Schaufenster lag dunkel und verlassen da. Die aufdringliche Beleuchtung des Möbelhauses war erloschen, nur die Nachttischlampen an unserem Bett brannten. Fast behaglich. Ruhig. Das Sakko hatte uns versichert, auf uns aufzupassen.

»Sie werden schlafen wie in Abrahams Schoß«, hatte er gesagt und war gegangen.

Ich löschte das Nachtlicht und Nina schmiegte sich an mich.

»In einem Schaufenster haben wir noch nie geschlafen«, flüsterte sie.

»Ich hätte darauf verzichten können.«

Meine Gedanken verloren sich in der Dunkelheit. Wir würden gewinnen. Das hatte ich dem Gesichtsausdruck vom Sakko angesehen. Die Meute hatte für uns gestimmt. Morgen würde Nina ihr Traumbett bekommen und wir würden es an Mollys Stelle im Schlafzimmer aufstellen. Nachts würde das Mondlicht auf zwei aufgeschüttelte Traumwelt-Kissen fallen. Statt in Mollys Stahlfedern würden wir nebeneinander auf einer eingezäunten Matratze liegen. Wir würden liegen, nicht rutschen, nicht durch die Nacht gleiten. Molly würde auf dem Sperrmüll landen.

Ninas Lachen kitzelte mein Ohr und holte mich zurück ins Schaufenster. Sie küsste mich. »Das werde ich dir nie vergessen, Peer.«

Da war es wieder: zart schmelzende Vollmilchschokolade, Nusskrokant. Ich war süchtig. Oh, Nina! Ich würde es ihr nicht sagen. Eine Beziehung braucht Geheimnisse. Diese Frau trug mein Herz in ihrer Faust spazieren.

Es war Nacht im RatzFatz-Möbelhaus. Der Parkplatz lag einsam in der Stille. Morgen würden sie wiederkommen, würden Fotos knipsen und sich am Schaufenster entlangschieben. Sie würden die Stimmen auszählen. Nina und ich würden auf einer lächerlichen Bühne stehen. Hand in Hand und in Pyjamas.

Von Schaufenster zwei drang einstimmiges Schnarchen herüber. Ich lachte heiser auf. Sie schliefen. Schliefen in Ninas RatzFatz-Traumbett. Mein Herz klopfte schneller. Und mit der Klarheit eines einzigen Moments wusste ich, ich würde überall mit Nina schlafen, in einer Schreibtischschublade, im Handschuhfach oder in einem Schaufensterbett des RatzFatz-Einrichtungshauses. Molly war nur ein Spielzeug, eines von vielen, es würde andere geben, andere Schiffe, andere Ufer, an denen wir ankern konnten.

Diese Frau war so heiß, dass sie Schnee zum Schmelzen brachte. Ich wollte sie jetzt, auf der Stelle. Nina. Ich flüsterte ihren Namen, spürte ihren Atem an meinem Ohr. Ich glühte. Ich war ohne Worte heiser. Wie Perlen auf einer Zündschnur rief ich sie in der Dunkelheit. »Nina, Nina, Nina ...«

Wir hätten alles vergessen, uns fallen lassen können, auf einer Kaltschaummatratze im Schaufenster des RatzFatz-Möbelhauses. Ich hätte Molly aus meinem Gedächtnis verbannen können – wenn du nicht eingeschlafen wärst, Nina!

Die Autoren

Dietmar Bittrich, 1958 als Kind Hamburger Auswanderer in Triest geboren, ist Autor und Herausgeber. 1999 erhielt er den Hamburger Satirepreis und verfasste Bestseller wie ›Das Gummibärchen-Orakel‹ (1996) und ›Böse Sprüche für jeden Tag‹ (dtv 20676, 2003). Mehr über den Autor unter: www.dietmar-bittrich.de

›Bei den schwedischen Elchen‹ 38

(Erstveröffentlichung. Abdruck mit freundlicher Genehmigung des Autors. © 2016 Dietmar Bittrich)

Heinrich Böll, geboren 1917 in Köln, lernte nach dem Abitur im Buchhandel und studierte dann Germanistik. Er gehört zu den bekanntesten und wichtigsten deutschsprachigen Nachkriegsautoren. 1972 erhielt er den Nobelpreis für Literatur. Böll starb 1985 in Langenbroich/Eifel.

›Anekdote zur Senkung der Arbeitsmoral‹ 55

(Abdruck mit freundlicher Genehmigung des Kiepenheuer & Witsch Verlags, Köln 2008. Aus: H. Böll, Werke. Kölner Ausgabe, Band 12. 1959–1963 Hg. von R. C. Conard)

Claudia Brendler ist Autorin, Musikerin und Comedian und veröffentlichte bisher fünf Romane. 2015 hat sie bei dtv ihren ungewöhnlichen Frauenroman ›Fette Fee‹ (dtv 21566) herausgebracht. Zuletzt erschien ›Die Zeitenbummlerin‹ (2016), eine tragikomische, philosophische Rad-Novel. Der Schwebezustand, nicht nur auf dem Schwebebalken, sondern auch zwischen Komik

und Ernst, war immer schon ihr Lebensgefühl und wird zunehmend Heimat. Sie lebt in der Nähe von Frankfurt.
›Schwebebalkennächte‹ 82
(Erstveröffentlichung. Abdruck mit freundlicher Genehmigung der Autorin. © 2016 Claudia Brendler)

Katinka Buddenkotte, Jahrgang 1976, lehrte nach langen Lehr- und Wanderjahren die Betreiber von Callcentern, Jugendherbergen und Messeständen das Fürchten. Nach Aufenthalten in Berlin, Hamburg, Los Angeles und Düsseldorf lebt die Autorin mittlerweile in Köln.
›Mutter Erde weint‹ 132
(Abdruck mit freundlicher Genehmigung der Autorin. Aus: K. Buddenkotte, Mit leerer Bluse spricht man nicht © Katinka Buddenkotte)

Alex Capus, geboren 1961 in Frankreich, studierte Geschichte und Philosophie in Basel. Er arbeitete als Journalist bei verschiedenen Schweizer Tageszeitungen und bei der Schweizerischen Depeschenagentur SDA in Bern. Alex Capus lebt heute als freier Schriftsteller in Olten, Schweiz.
›Mein Nachbar Urs‹ 31
(Abdruck mit freundlicher Genehmigung des Verlags Nagel & Kimche im Carl Hanser Verlag. Aus: A. Capus, Mein Nachbar Urs, Zürich 2014)

H. P. Daniels, sagt über sich selbst: »H. P. Daniels lebt als Musiker und Autor in Berlin ... oder: Autor und Musiker ... die Reihenfolge ist mir egal. Oder ist das zu dünn. Soll ich all meine Preise und Stipendien aufzählen? Die liegen nur alle schon so lange zurück ... weil ich seit

Ewigkeiten an keinen Ausschreibungen mehr teilgenommen hab.«

(Abdruck mit freundlicher Genehmigung des Autors. Aus: Narrenflieger. Herausgegeben von Gabriele Haefs. 2014. © 2014 H. P. Daniels)

Rena Dumont, 1969 als Rena Zednikova im mährischen Prostejov geboren, flüchtete als Siebzehnjährige nach Deutschland. Später absolvierte sie in Hannover ein Schauspielstudium und ist seitdem an verschiedenen deutschsprachigen Bühnen und in zahlreichen Film- und Fernsehproduktionen zu sehen. Sie schreibt Drehbücher und Kurzgeschichten und veröffentlichte 2013 ihren ersten Roman ›Paradiessucher‹. Mehr über die Autorin und Schauspielerin unter: www.renadumont.de

(Erstveröffentlichung. Abdruck mit freundlicher Genehmigung der Autorin. © 2016 Rena Dumont)

Horst Evers, 1967 in Diepholz geboren, lebt seit seinem Lehramtsstudium in Berlin und nennt sich selbst »Geschichtenerzähler aus Berlin«. In Büchern wie ›Für Eile fehlt mir die Zeit‹ (2012) oder ›Wäre ich du, würde ich mich lieben‹ (2015) beschreibt er die kleinen und großen Sorgen seiner Mitmenschen. Evers ist ein klassischer Vorleser: Er tritt mit seinen Geschichten in Soloprogrammen oder zusammen mit kleinen Ensembles auf. 2008 erhielt er den Deutschen Kleinkunstpreis.

(Abdruck mit freundlicher Genehmigung des Autors. Aus: H. Evers, Die Welt ist nicht immer Freitag, Frankfurt 2002. © Horst Evers)

Frank Goldammer wurde 1975 in Dresden geboren. Er lernte einen Handwerksberuf und begann mit zwanzig zu schreiben. Sein erster Roman wurde 2006 veröffentlicht. Seit 2016 erscheint bei dtv seine historische Krimi-Reihe mit dem Dresdner Ermittler Max Heller. Frank Goldammer lebt mit seiner Familie in Dresden.

›Gute Nacht, Falscher Hase, dreizehn fünfzig‹ 59

(Erstveröffentlichung. Abdruck mit freundlicher Genehmigung des Autors. © 2016 Frank Goldammer)

Axel Hacke, 1956 in Braunschweig geboren, lebt als Schriftsteller und Journalist in München. Er arbeitete zwanzig Jahre für die ›Süddeutsche Zeitung‹, in deren Magazin bis heute seine Kolumne ›Das Beste aus aller Welt‹ erscheint. Seine journalistische Arbeit wurde mit vielen Preisen ausgezeichnet, und seine Bücher, zu denen Bestseller wie ›Der kleine Erziehungsberater‹ (1992), ›Der kleine König Dezember‹ (2000) und ›Der weiße Neger Wumbaba‹ (2004) gehören, wurden in zahlreiche Sprachen übersetzt.

›Malcolm, you sexy thing!‹ 193

(Abdruck mit freundlicher Genehmigung des Antje Kunstmann Verlags, München. Aus: A. Hacke, Das kolumnistische Manifest © Verlag Antje Kunstmann GmbH, München 2015)

Gabriele Haefs, geboren 1953, studierte Volkskunde, Sprachwissenschaft, Keltologie und Nordistik in Bonn und Hamburg. Die Übersetzerin aus dem Norwegischen, Dänischen, Schwedischen, Englischen, Niederländischen und Gälischen ist mit dem norwegischen Schriftsteller Ingvar Ambjørnsen verheiratet und lebt in Hamburg.

›Das Beste nicht vergessen‹ 127

(Abdruck mit freundlicher Genehmigung der Autorin. Aus: Wünsche sind frei. Frauen träumen. Herausgegeben von Annemarie Stoltenberg, Berlin 1998. © Gabriele Haefs)

Birgit Hasselbusch, 1969 in Hamburg geboren, hat in der Schule Bücher aus Langeweile rückwärts gelesen. Seitdem kann sie auch rückwärts sprechen: Deutsch, Englisch, Spanisch und Französisch. Sie arbeitet (in Hamburg) freiberuflich als Autorin, Journalistin und Moderatorin für Radio und Fernsehen – allerdings spricht sie hier vorwärts. Bei dtv sind u.a. ihre Romane ›Sechs Richtige und eine Falsche‹ (dtv 21556) und ›Sommer in Villefranche‹ (dtv 26122) erschienen.

›Kalifornien Dream-Girls‹ 164

(Erstveröffentlichung. Abdruck mit freundlicher Genehmigung der Autorin. © 2016 Birgit Hasselbusch)

Elke Heidenreich, geboren 1943 in Korbach/Waldeck, verbrachte ihre Jugend im Ruhrgebiet, studierte Germanistik, Theaterwissenschaft und Publizistik in München, Hamburg und Berlin. Seit 1970 arbeitet sie als freie Autorin und Moderatorin für Funk, Fernsehen und verschiedene Zeitungen.

›Serienfinne‹ 45

(Abdruck mit freundlicher Genehmigung des Carl Hanser Verlags, München. Aus: E. Heidenreich, Alles kein Zufall, München 2016)

Dora Heldt, 1961 auf Sylt geboren, ist gelernte Buchhändlerin und lebt heute in Hamburg. Mit ihren Romanen führt sie seit Jahren die Bestsellerlisten an, die Bücher werden regelmäßig verfilmt. Weitere Informationen unter www.dora-heldt.de

›Ela heißt jetzt Manu‹ 7
(Abdruck mit freundlicher Genehmigung der Autorin. © 2016 Dora Heldt)

Diana Hillebrand ist Autorin und Dozentin und lebt mit ihrer Familie in ihrer Wahlheimat München. Seit 2006 gibt sie Kurse in Kreativem Schreiben in ihrer »WortWerkstatt SCHREIB&WEISE«. Sie hat mehrere Bücher und Kurzgeschichten veröffentlicht und eine Vielzahl von Fachartikeln. 2013 wurden zwei ihrer Kinderbücher für einen Jugendsachbuchpreis nominiert. Mehr unter www.diana-hillebrand.de
›Das letzte seiner Art‹ 234
(Erstveröffentlichung. Abdruck mit freundlicher Genehmigung der Autorin. © 2016 Diana Hillebrand)

Mascha Kaléko (1907–1975) fand in den Zwanzigerjahren in Berlin Anschluss an die intellektuellen Kreise des Romanischen Cafés. Zunächst veröffentlichte sie Gedichte in Zeitungen, bevor sie 1933 mit dem ›Lyrischen Stenogrammheft‹ ihren ersten großen Erfolg feiern konnte. 1938 emigrierte sie in die USA, 1959 siedelte sie von dort nach Israel über. Mascha Kaléko zählt neben Sarah Kirsch, Hilde Domin, Marie Luise Kaschnitz, Nelly Sachs und Else Lasker-Schüler zu den bedeutendsten deutschsprachigen Lyrikerinnen des 20. Jahrhunderts.
›Ein vertrödelter Sonntag‹ 117
(Abdruck mit freundlicher Genehmigung des Rowohlt Taschenbuch Verlags GmbH. Aus: M. Kaléko, Das lyrische Stenogrammheft, Reinbek bei Hamburg, 1978)

Erich Kästner wurde 1899 in Dresden geboren und starb 1974 in München. Der Schriftsteller, Satiriker, Dramatiker und nicht zuletzt Autor der berühmten Kinderklassiker ›Das doppelte Lottchen‹, ›Das fliegende Klassenzimmer‹, ›Pünktchen und Anton‹ und ›Emil und die Detektive‹ wurde mit zahlreichen Preisen bedacht, u. a. mit dem Büchner-Preis und der Hans-Christian-Andersen-Medaille.

(Abdruck mit freundlicher Genehmigung des Atrium Verlags, Zürich. Aus: E. Kästner, In der Eisenbahn, in: Zwischen hier und dort. Hg. von Sylvia List, Zürich 2012. © by Thomas Kästner)

Ranka Keser ist 1966 in Rijeka/Kroatien geboren und lebt seit ihrem dritten Lebensjahr in Deutschland. Schon früh begann sie zu schreiben. Neben ihrer Arbeit als freie Journalistin ist sie auch Autorin für Erwachsene und Jugendliche. Ihre Bücher veröffentlicht sie unter ihrem Namen, aber auch unter Pseudonym. Die Autorin lebt in München. Mehr unter www.ranka-keser.de und www.nelly-arnold.de

(Erstveröffentlichung. Abdruck mit freundlicher Genehmigung der Autorin. © 2016 Ranka Keser)

Siegfried Lenz, geboren 1926 in Lyck/Ostpreußen, zählt zu den bedeutendsten und meistgelesenen Autoren der deutschen Nachkriegs- und Gegenwartsliteratur. Sein Werk wurde mit zahlreichen Preisen und Auszeichnungen geehrt, u. a. dem Goethe-Preis der Stadt Frankfurt und dem Friedenspreis des Deutschen Buchhandels. Er starb 2014 in Hamburg.

(Abdruck mit freundlicher Genehmigung des Hoffmann und Campe Verlags, Hamburg. Aus: S. Lenz, Das serbische Mädchen. Hamburg 1985)

Felix Lobrecht, 1988 in Berlin geboren, ist Poetry-Slammer, Autor, Comedian und Stammautor bei den Lesebühnen »Late-Night«-Lesen in Marburg und »Wal fällt auf Boot« in Gießen und bildet zusammen mit Malte Rosskopf das Slam-Team »Slamdog Millionaire«.

(Abdruck mit freundlicher Genehmigung des Satyr Verlags Volker Surmann, Berlin 2015. Aus: F. Lobrecht, M. Rosskopf, 10 Minuten? Dit sind ja 20 Mark!, Berlin 2015)

Caro Martini studierte englische und deutsche Literatur in Leipzig und London. Seit ihrer Jugend ist sie süchtig nach Büchern und hat schließlich selbst mit dem Schreiben begonnen. Wenn sie gerade nicht schreibt, kümmert sie sich um die zahlreichen Lebewesen in ihrem Haus: Kinder, Mann, Mops, Schäferhund, Katze, Igel und eine sich ständig ändernde Anzahl von Koi-Fischen. Bei dtv sind ihre Romane ›Beim nächsten Mann links abbiegen‹ (dtv 21588) und ›Alma & Jasmin‹ (dtv 21640) erschienen.

(Erstveröffentlichung. Vermittelt durch die Literaturagentur Kai Gathemann, München. Abdruck mit freundlicher Genehmigung der Autorin. © 2016 Ulrike Rylance)

Milena Moser, 1963 in Zürich geboren, machte eine Buchhändlerlehre, arbeitete als Journalistin, schrieb für Zeitungen und Magazine, lebte lange in San Francisco und wurde mit ›Schlampenyoga‹ (2005) und ›Die Putzfraueninsel‹ (dtv 21455) zu einer der erfolgreichsten Autorinnen der Schweiz.

(Abdruck mit freundlicher Genehmigung des Verlags Nagel & Kimche in der MG Medien Verlags GmbH. Aus: M. Moser, High Noon im Mittelland. Die besten Kolumnen, 2011)

Haruki Murakami, geboren 1949 in Kyoto, studierte Theaterwissenschaften und Drehbuchschreiben. 1974 gründete er den Jazzclub »Peter Cat«, den er bis 1982 leitete. Nach längeren Aufenthalten im Ausland kehrte er 1995 wieder nach Japan zurück. Sein Werk umfasst zahlreiche Romane und Erzählungen und wurde mehrfach ausgezeichnet. Außerdem hat Murakami die Werke von Raymond Chandler, John Irving, Truman Capote und Raymond Carver ins Japanische übersetzt.

(Abdruck mit freundlicher Genehmigung des DuMont Verlags, Köln. Aus: H. Murakami, Blinde Weide, schlafende Frau. Deutsch von Ursula Gräfe. © 2006 für die deutsche Ausgabe: DuMont Buchverlag, Köln, S. 124 ff. © 1983 Haruki Murakami)

Elke Pistor, Jahrgang 1967, studierte Pädagogik und Psychologie. Seit 2009 ist sie als Autorin und Publizistin tätig. 2014 erhielt sie das Töwerland-Stipendium, 2015 wurde sie für den Friedrich-Glauser-Preis in der Sparte Kurzkrimi nominiert. Zuletzt erschienen ihr Kriminalroman ›TREUETAT‹ (2015) und das heitere Katzenlexikon ›111 Katzen, die man kennen muss‹ (2016). Elke Pistor lebt mit ihrer Familie in Köln.

(Erstveröffentlichung. Abdruck mit freundlicher Genehmigung der Autorin. © 2016 Elke Pistor)

Jutta Profijt wurde gegen Ende des Babybooms in eine weitgehend konfliktfreie Familie hineingeboren. Nach einer kurzen Flucht ins Ausland kehrte sie ins Rheinland zurück und arbeitete als Projektmanagerin. Heute schreibt sie sehr erfolgreich Bücher und lebt mit ihrem Mann, fünf Hühnern und unzähligen Teichfröschen auf dem Land. Mehr über die Autorin unter www.jutta-profijt.de

(Erstveröffentlichung. Abdruck mit freundlicher Genehmigung der Autorin. © 2016 Jutta Profijt)

Rafik Schami wurde 1946 in Damaskus geboren. 1971 kam er nach Deutschland, studierte Chemie und schloss das Studium 1979 mit der Promotion ab. Heute lebt er in der Pfalz. Schami zählt zu den bedeutendsten Autoren deutscher Sprache. Sein Werk wurde vielfach ausgezeichnet und in viele Sprachen übersetzt.

(Abdruck mit freundlicher Genehmigung des Carl Hanser Verlags, München. Aus: R. Schami, Die Frau, die ihren Mann auf dem Flohmarkt verkaufte, München 2011)

Anton Tschechow, geboren 1860 im südrussischen Taganrog, studierte Medizin, veröffentlichte ab 1880 zahlreiche Erzählungen und widmete sich bald ganz dem Schreiben. Lebenslang engagierte er sich für sozial Schwache und stiftete mehrere Schulen. 1904 starb er während eines Kuraufenthalts in Badenweiler an Lungentuberkulose. Tschechow gilt bis heute als Meister der Kurzprosa und gehört, nach Shakespeare, zu den am häufigsten aufgeführten Dramatikern.

›Teure Stunden‹ 149

(Aus: Lustige Geschichten, Gesammelte Romane und Novellen, Band V, herausgegeben und übersetzt von Alexander Eliasberg und Korfiz Holm, München 1920)

Mark Twain, geboren 1835, gestorben 1910, führte ein abenteuerliches Leben als Setzerlehrling, Lotse, Goldgräber und Journalist, bevor er 1867 erste literarische Erfolge feiern konnte und als amerikanischer Schriftsteller schließlich Weltrang erreichte.

›Die Tagebücher von Adam und Eva‹ 196

(dtv Verlagsgesellschaft mbH & Co. KG, München 2008. Herausgegeben und übersetzt von Andreas Nohl. © für die Übersetzung Andreas Nohl)

Jan Weiler, 1967 in Düsseldorf geboren, besuchte die Deutsche Journalistenschule und arbeitete anschließend einige Jahre für das Magazin der ›Süddeutschen Zeitung‹, zuletzt als Chefredakteur. Seit 2005 ist er freier Schriftsteller und verfasst vor allem Romane, Kolumnen, Hörspiele und Drehbücher. Sein erfolgreichster Roman ›Maria, ihm schmeckt's nicht‹ (2003) wurde auch verfilmt. Der Autor lebt mit seiner Familie in Oberbayern und Umbrien.

›Das demenzielle Syndrom‹ 52

(Abdruck mit freundlicher Genehmigung des Rowohlt Verlags, Reinbek bei Hamburg. Aus: J. Weiler, Mein Leben als Mensch, Reinbek bei Hamburg 2009.)